日本語指示表現の文脈指示用法の研究

# ひつじ研究叢書〈言語編〉

第130巻　富山県方言の文法　　　　　　　　　　　　　　小西いずみ 著
第131巻　日本語の活用現象　　　　　　　　　　　　　　三原健一 著
第132巻　日英語の文法化と構文化　　　　　秋元実治・青木博史・前田満 編
第133巻　発話行為から見た日本語授受表現の歴史的研究　　　　森勇太 著
第134巻　法生活空間におけるスペイン語の用法研究　　　　　堀田英夫 編
第135巻　ソシュール言語学の意味論的再検討　　　　　　　松中完二 著
第136巻　インタラクションと学習　　　　　　柳町智治・岡田みさを 編
第137巻　日韓対照研究によるハとガと無助詞　　　　　　　金智賢 著
第138巻　判断のモダリティに関する日中対照研究　　　　　　王其莉 著
第139巻　語構成の文法的側面についての研究　　　　　　　斎藤倫明 著
第140巻　現代日本語の使役文　　　　　　　　　　　　　早津恵美子 著
第141巻　韓国語 cita と北海道方言ラサルと日本語ラレルの研究　円山拓子 著
第142巻　日本語史叙述の方法　　　　　　　　　　大木一夫・多門靖容 編
第143巻　相互行為における指示表現　　　　　　　　　　須賀あゆみ 著
第144巻　文論序説　　　　　　　　　　　　　　　　　　　大木一夫 著
第145巻　日本語歴史統語論序説　　　　　　　　　　　　　青木博史 著
第146巻　明治期における日本語文法研究史　　　　　　　　服部隆 著
第147巻　所有表現と文法化　　　　　　　　　　　　　　　今村泰也 著
第149巻　現代日本語の視点の研究　　　　　　　　　　　古賀悠太郎 著
第150巻　現代日本語と韓国語における条件表現の対照研究　　金智賢 著
第151巻　多人数会話におけるジェスチャーの同期　　　　　城綾実 著
第152巻　日本語語彙的複合動詞の意味と体系　　　　陳奕廷・松本曜 著
第153巻　現代日本語における分析的な構造をもつ派生動詞　　迫田幸栄 著
第154巻　「主題－解説」構造から見た韓国語 -n kes-ita と日本語ノダ　李英蘭 著
第155巻　接続表現の多義性に関する日韓対照研究　　　　　池玟京 著
第157巻　日本語指示表現の文脈指示用法の研究　　　　　　庵功雄 著

ひつじ研究叢書
〈言語編〉
第157巻

# 日本語指示表現の
# 文脈指示用法の研究

庵功雄 著

ひつじ書房

# まえがき

　本書は、現代日本語の指示表現の文脈指示用法について、包括的かつ他言語と交流可能な形での記述を目指したものである。

　筆者は、博士論文（庵1997c）および庵（2007）（以下、前著）において、日本語指示表現を結束性の観点から捉えて記述を行った。

　前著は結束性に関する文献として一定の評価を得た。しかし、筆者が意図していた他言語との対話という側面からの反応は必ずしも十分に得られなかった。

　本書では、この点を踏まえ、日本語のテキスト研究を、他言語の研究者との交流可能な形で記述することを目指した。

　具体的には、Hallidayの機能主義の考えに依拠し、共通の意味が異なる言語間でどのように形式に写像されるかという観点からの記述を心がけた。こうした言語観は宮島（1983, 1985）、井上（2013, 2015）とも通い合うものであり、さらには、張（2011）が提唱する言語教育のための対照研究という観点にも通じるものである。

　本書では、概念の規定にも留意し、定、定情報、定冠詞、文脈、分析のレベル、テキストタイプといった概念について、反証可能性と一般言語学的妥当性を合わせ持った規定を目指した。

　概念規定における本書の新規性として、次の2点が挙げられる。

　第一は、「省略」に関する捉え方である。本書では、日本語における表層上の項の不在を項の「非出現」と呼び、日本語ではこれが無標であることを指摘した。この捉え方は、黒田成幸氏の指摘に沿ったものであり（Kuroda 1965）、類型論的観点からのGivónの指摘（Givón（1985）ほか）にそくしたものでもある。何より、このように捉え直さない限り、日本語のテキストの十全たる分析はできないのである。

v

第二は、結束装置と結束性の構造化に関わる要素の区別である。本書では、前著と同じく、それ自体で結束性を作り出す結束装置としては指示表現と磁場表現（1項名詞および項の非出現）のみを認める。その上で、タクシスに関わる要素（テンス・アスペクト）と前景－後景に関わる要素（「のだ」および認識的モダリティ）をテキストの構造化に関わる要素として認定した。これらは、自ら結束性を作り出すわけではないが、線条性の制限によって1次元にならざるを得ない言語記号を用いて、テキストを、時間的関係やGrounding的関係において、2次元的な存在としてテキスト受信者（読み手、聞き手）の中に映像化することを可能にするものである。

　本書では他言語と比較可能な形での記述を試みたが、その真価は、定冠詞を持つ言語との比較（第13章）、Hallidayの枠組みの日本語への適用可能性の検討（第14章、第15章）において検証される。

　最終の第18章では日本語教育への応用可能性を論じたが、Hallidayの枠組みに近い立場から記述されている本書の内容は、Hallidayの言語理論と同じく、日本語教育や自然言語処理との親和性を持っていると考えている。今後、本書に対するこうした立場からの検討が加えられることを期待している。

　本書は、記述の具体的な内容において、前著を踏襲している部分が少なくない。ただし、その内容を大規模コーパスや歴史コーパスを用いて検証することによって、前著の記述の補足も行っている。

　本書が日本語のテキスト研究の活性化および一般言語学的枠組みの中での議論の一助となることを願っている。

2019年2月

庵　功雄

# 目　次

| | |
|---|---|
| まえがき | V |
| I　本研究の理論的枠組み | I |

## 第1章　序論 … 3

1. 日本語学と一般言語学　3
2. 本研究の目的と研究課題　4
3. 本章のまとめ　5

## 第2章　機能主義と対照研究 … 7

1. 機能主義と形式主義　7
2. ハリデーの機能主義の特徴　7
3. 機能主義、形式主義と対照研究　8
4. 対照研究とその目的　9
   4.1　宮島（1983）　9
   4.2　井上（2013, 2015）　IO
5. ハリデー理論を応用する際の留意点　II
6. 本章のまとめ　II

| | |
|---|---|
| II　記述のための装置 | I3 |

## 第3章　名詞の定性と指示性 … I5

1. 定と不定　I5
   1.1　定名詞句のタイプ　I5
   1.2　「定」と「定冠詞」　I8
   1.3　定性と定可能性　20
2. 特定と不特定　2I
3. 定情報　22
4. 本章のまとめ　24

VII

| 第4章 | 分析のレベル | 27 |
|---|---|---|
| 1. | 「作りの悪さ（ill-formedness）」から見た分析のレベル | 27 |
| 2. | 文法性 | 27 |
| 3. | 文連続のつながり | 28 |
| 4. | テキスト | 29 |
| 5. | 結束性 | 29 |
| 6. | 一貫性 | 30 |
| 7. | 本章のまとめ | 33 |

| 第5章 | 文脈をめぐって | 35 |
|---|---|---|
| 1. | 文脈の3レベル | 35 |
| 2. | 無文脈と文法性 | 35 |
| 3. | 閉文脈と結束性 | 37 |
| 4. | 開文脈と一貫性 | 40 |
| 5. | 本章のまとめ | 41 |

| 第6章 | テキストタイプをめぐって | 43 |
|---|---|---|
| 1. | Halliday & Hasan（1976）におけるレジスター | 43 |
| 2. | 2つのテキストタイプ | 44 |
| 3. | 自己充足型テキストと非自己充足型テキスト | 45 |
| 4. | 本章のまとめ | 47 |

| 第7章 | テキスト研究と文法研究 | 49 |
|---|---|---|
| 1. | テキスト言語学について | 49 |
| 2. | 文法と語用論 | 51 |
| 3. | 文脈のタイプと文法、語用論 | 51 |
| 4. | テキストタイプと文法、語用論 | 52 |
| 5. | 本研究の立場 | 53 |
| 6. | 先行研究の概観 | 53 |
| | 6.1　Halliday & Hasan（1976）（H&H） | 53 |
| | 6.2　林（1973=2013） | 56 |
| | 6.3　長田（1984） | 57 |
| 7. | 本章のまとめ | 58 |

| 第8章 | 指示詞（指示表現）の文脈指示用法 | 61 |
|---|---|---|
| 1. | 指示詞と指示表現 | 61 |
| 2. | 指示詞の機能 | 62 |
| 3. | 現場指示と文脈指示 | 62 |
| 4. | 2つの文脈指示 | 64 |
| 5. | 知識管理に属する文脈指示 | 65 |
| 6. | 文脈指示への2つのアプローチ | 67 |
| 7. | 金水・田窪モデルの功績 | 68 |
| 8. | 金水・田窪モデルの限界 | 68 |
| 9. | 結束性に基づく文脈指示 | 70 |
| 10. | 指示表現の分類 | 74 |
| 11. | 本章のまとめ | 77 |

| 第9章 | 結束装置とその関連概念 | 81 |
|---|---|---|
| 1. | 結束装置の定義 | 81 |
| 2. | 結束装置の種類 | 81 |
| | 2.1 指示表現 | 81 |
| | 2.2 磁場表現 | 82 |
| 3. | 項の非出現（いわゆる「省略」） | 83 |
| 4. | 「省略」という用語について | 84 |
| 5. | 1項名詞 | 86 |
| 6. | 指示表現と磁場表現が結束装置である理由 | 88 |
| 7. | テキストの構造化装置 | 88 |
| 8. | タクシスに関わる要素 | 88 |
| | 8.1 アスペクト | 89 |
| | 8.2 テンス | 90 |
| 9. | 前景－後景に関わる要素 | 91 |
| | 9.1 「のだ」 | 91 |
| | 9.2 認識的モダリティ | 93 |
| 10. | 結束装置とテキストの構造化装置の関係 | 94 |
| 11. | 本章のまとめ | 94 |

| | III 日本語指示詞の文脈指示用法の記述 | 97 |
|---|---|---|
| 第10章 | 指定指示の記述 | 99 |
| 1. | 問題となる言語現象 | 99 |
| 2. | 記述のための装置 | 100 |

IX

| | | |
|---|---|---|
| 2.1 | トピックとの関連性 | 100 |
| 2.2 | テキスト的意味（の付与） | 100 |
| 3. | 「この」しか使えない場合 | 101 |
| 3.1 | 言い換えがある場合 | 102 |
| 3.2 | ラベル貼りの場合 | 103 |
| 3.3 | 遠距離照応の場合 | 104 |
| 3.4 | トピックとの関連性が高い場合 | 107 |
| 3.5 | 「この」しか使えない場合の統一的説明 | 108 |
| 4. | 「その」しか使えない場合 | 110 |
| 4.1 | テキスト的意味との関係 | 110 |
| 4.2 | 「その」しか使えない場合の考察 | 111 |
| 5. | 「この」も「その」も使える場合 | 112 |
| 6. | 「ゼロ指示」の記述 | 114 |
| 6.1 | ゼロ指示が可能であるための必要条件 | 114 |
| 6.2 | ゼロが現れる環境 | 115 |
| 6.3 | 内包型の言い換えに由来するゼロ | 115 |
| 6.4 | トピックとの関連性が低い（先行詞が顕著ではない）場合 | 118 |
| 6.5 | トピックとの関連性が高い場合 | 118 |
| 6.6 | 3形式の分布 | 121 |
| 7. | 「この」と「その」の機能差 | 123 |
| 7.1 | 外延的限定詞としての「この」 | 123 |
| 7.2 | 内包的限定詞としての「その」 | 123 |
| 8. | 「この」「その」と「は」と「が」 | 124 |
| 8.1 | 問題となる言語現象 | 124 |
| 8.2 | 定量的分布 | 126 |
| 8.2.1 | 調査の概要 | 126 |
| 8.2.2 | 調査の結果 | 126 |
| 8.3 | 機能的有標性に基づく現象の解釈 | 127 |
| 8.4 | その他の場合 | 131 |
| 8.5 | 大規模コーパスによる追試 | 133 |
| 8.5.1 | 調査の内容 | 133 |
| 8.5.2 | 調査の結果 | 134 |
| 9. | 本章のまとめ | 138 |

| | | |
|---|---|---|
| **第11章** | **代行指示の記述** | 141 |
| 1. | 問題となる言語現象 | 142 |
| 2. | 1項名詞と0項名詞 | 143 |

| | | |
|---|---|---|
| | 2.1 先行研究 | 145 |
| | 2.2 名詞の項構造 | 150 |
| 3. | テンスを超えない照応 | 151 |
| 4. | テンスを超える照応 | 152 |
| 5. | 名詞句の構造 | 155 |
| 6. | 結束性理論の中の1項名詞の位置づけ | 156 |
| 7. | 1項名詞、0項名詞の定量的分布 | 158 |
| 8. | 限定詞の選択における通時的変化 「その」と「ゼロ」 | 159 |
| | 8.1 コーパスによる調査 | 159 |
| | 8.2 考察 | 162 |
| 9. | 1項名詞と指定指示、代行指示 | 163 |
| 8. | 本章のまとめ | 169 |

## 第12章　名詞の結束装置としての機能　175

| | | |
|---|---|---|
| 1. | 名詞の特性が関与する言語現象 | 175 |
| 2. | 間接照応と名詞の関係づけられ度 | 175 |
| | 2.1 問題となる言語現象 | 176 |
| | 2.2 1項名詞と0項名詞 | 177 |
| | 2.3 0項名詞と名詞の関係づけられ度 | 177 |
| | 2.4 先行研究 | 180 |
| | 2.5 ノ格名詞句のタイプ | 181 |
| | 2.6 名詞のタイプとDOR | 182 |
| | 2.7 名詞の関係づけられ度と間接照応 | 185 |
| | 2.8 0項名詞と限定詞 | 186 |
| 3. | 他言語における名詞の項 | 187 |
| 4. | 日本語における名詞の項の機能 | 188 |
| 5. | 本章のまとめ | 190 |

## IV　一般言語学との対話を目指して　193

## 第13章　定冠詞と文脈指示　195

| | | |
|---|---|---|
| 1. | 日本語研究において「定冠詞」が重要である理由 | 195 |
| 2. | 定冠詞が存在するとは | 195 |
| 3. | デフォルトの選択肢　論理的デフォルト的定（LDD） | 196 |
| 4. | 「定冠詞」と唯一性条件 | 197 |
| 5. | 「この」が定冠詞か「その」が定冠詞か | 197 |
| 6. | フィンランド語（Chesterman 1991） | 200 |

|  | 7. 本章のまとめ | 201 |
|--|--|--|

## 第14章　指示と代用 205

| 1. | 2種類の対立 | 205 |
|--|--|--|
| 2. | H&Hと指示、代用 | 206 |
| 3. | 指示に属する現象 | 207 |
| 4. | 指示詞と接続詞 | 208 |
| 5. | 「それが」 | 209 |
|  | 5.1　テキスト的意味の付与と予測裏切り性 | 210 |
|  | 5.2　有標の文脈と有標の形式 | 211 |
|  | 5.3　指示性から見た指示詞と接続詞 | 213 |
|  | 5.4　「それが」の意味の源泉について | 215 |
| 6. | 予測裏切り性を持つその他の接続詞 | 216 |
|  | 6.1　「それを」 | 217 |
|  | 6.2　「それなのに」「それにもかかわらず」 | 219 |
| 7. | 代用に属する現象 | 219 |
|  | 7.1　代行指示 | 220 |
|  | 7.2　名詞句の一部の代用 | 220 |
|  | 7.3　動詞句代用 | 221 |
|  | 7.4　先触れ語 | 221 |
|  | 7.5　強調表現 | 221 |
|  | 7.6　真性モダリティを持たない文 | 222 |
|  | 7.7　現象の説明 | 222 |
| 8. | 「指示」「代用」と接続詞 | 227 |
| 9. | 本章のまとめ | 233 |

## 第15章　Hallidayの機能主義と文脈指示 237

| 1. | ハリデーの機能主義と日本語への適用 | 237 |
|--|--|--|
| 2. | 「指示」「代用」と日本語指示表現の文脈指示用法 | 238 |
| 3. | 本章のまとめ | 239 |

|  | V　本研究の貢献と今後の課題 | 241 |
|--|--|--|

## 第16章　文脈指示研究に対する本研究の貢献 243

| 1. | 研究の枠組み | 243 |
|--|--|--|
| 2. | 言語事実の掘り起こし | 243 |
| 3. | 結束装置とテキストの構造化に関わる装置 | 244 |

|  |  |  |
|---|---|---|
| 4. | 名詞の構造とテキスト的機能 | 244 |
| 5. | 「省略」をめぐって | 245 |
| 6. | 「文法」のレベル | 245 |
| 7. | 本章のまとめ | 246 |

### 第17章　対照研究に対する本研究の貢献　247

|  |  |  |
|---|---|---|
| 1. | 言語教育と対照研究 | 247 |
| 2. | 概念規定の明確化 | 247 |
| 3. | 分析上の新しい視点 | 248 |
| 4. | 限定詞と定冠詞 | 248 |
| 5. | 本章のまとめ | 249 |

### 第18章　日本語教育に対する貢献　251

|  |  |  |
|---|---|---|
| 1. | 「言い換え」と日本語教育 | 251 |
| 1.1 | 名詞句による言い換えと文による言い換え | 251 |
| 1.2 | 言い換えとラベル貼り | 251 |
| 1.3 | 「のだ」と「わけだ」 | 253 |
| 2. | 指示詞の機能の違いと外国にルーツを持つ子どもに対する日本語教育 | 254 |
| 3. | 本章のまとめ | 255 |
|  | 参考文献 | 257 |
|  | あとがき | 265 |
|  | 索　引 | 267 |

# I

本研究の理論的枠組み

第1章
# 序論

　本研究は、日本語指示詞の文脈指示用法を記述的に研究し、その考察結果を一般言語学との対話が可能な形で提示することを目的とするものである。

## 1. 日本語学と一般言語学

　筆者は日本語学＊1 の建学の理念として、次の2点を挙げたことがある（庵 2013a）。

(1) a. 個別言語としての日本語の研究

　　b. 日本語教育のための文法研究

このうち、(1b) については、日本語教育文法に関する一連の研究において筆者の考えを述べてきているので（庵 2011, 2013a, 2017b, 2018 ほか）、本書では (1a) に限定して議論したい。

　そのために、まず仁田（1988）の一部を引用する。

(2) 筆者は、国語学と日本語学とが二つながら別々のものとして存在している、とは思わない。日本語を研究対象とする一つの個別言語学が存するだけである。（中略）一つの個別言語学は、他の個別言語学との関係において一つの個別言語学なのである。（中略）国語といったコトバは、日本人の我々が使うことによって、結果として日本語を表すにすぎない＊2。それにも拘わらず、そういったコトバを日本語の個別言語学的研究に冠するのは、研究の担い手に、いわゆる国語学も一つの個別言語学である、といったことへの意識・自覚が希薄であることによるものと思われる。（中略）日本語が一つの個別言語であるといったことが逃れようがないことであれば、日本語についての研究も、また、一つ

3

の個別言語学であるといったことから逃れようがない。とすれば、やはり、日本語についての研究は、その精神のあり方の健全な望ましい現れのためにも、「国語」の学ではなく、「日本語」の学であるべきである。　　（仁田1988: 56–57）

　筆者にとっての「日本語学」は、この仁田（1988）のことばに尽きていると言ってもよい。

　本書は、筆者の博士論文（庵1997c）をほぼそのままの形で出版した庵（2007）を継承、発展させたものだが、そこにおいても、筆者が目指したのは、日本語以外の研究者との対話が可能な形での日本語の言語事実の記述ということであった。そして、それを通して、ささやかであっても、日本語という個別言語の研究から一般言語学への貢献を果たしたいと念じてきた。

## 2.　本研究の目的と研究課題

　以上のように、本研究は、日本語指示詞の文脈指示用法を素材に、個別言語としての日本語の研究が一般言語学に対してどのような貢献を行うことが可能かを論じることを目的とするものである。

　この目的を果たすために、本研究では、以下の研究課題（research question）を設定する。

- (3) a.　日本語指示詞の文脈指示用法を結束性（cohesion）の観点から記述する。
  - b.　aの記述を行う際に、他言語と対照可能な記述装置を設定する。
  - c.　言語現象の説明に、ハリデーの機能主義を用い、その枠組みの日本語への適用可能性を論証する。

　(3a) は、日本語指示詞の文脈指示用法の記述装置として「結束性」を用いるということであるが、これに関して、次の点も、研究課題に加える。

- (3) d.　日本語においては、「結束性」は「文法」で研究可能な分野である。

　(3b) は、日本語という個別言語の研究が一般言語学にどのよ

うに貢献しうるか、という本研究の目的から出てくるものであり、「定性」「定情報」「定冠詞」「省略」「名詞の項構造」などといった点について、言語を超えた普遍性と日本語の個別性を考えていきたい。

（3c）は、本研究の理論的モデルに関するものである。本研究では、理論的モデルとしてハリデーの機能主義を用いる。筆者はハリデー文法の専門家（Hallidian）ではないが、文法研究のモデルとして、ハリデーの選択体系文法（Systemic Functional Theory）に親近感を持っている。

ただし、詳しくは次章で述べるが、対照研究のモデルとしてハリデーの機能主義を考える場合、チョムスキー的な形式主義モデルとは異なる研究上のアプローチを取る必要があると考えている。

具体的には、ハリデーのモデルを2つの異なる言語の対照に用いる場合には、機能上の対応関係が、どのような形でそれぞれの言語において具体的な形式にコード化されているのかについて、研究者自身がそれぞれの言語の特徴にそくして、具体的に措定しなければならないということである。

この点で、生成文法のように、共通の構造を設定し、言語間の異なりはパラメーターであるとする考え方を、ハリデーの枠組みに適用するのはハリデーの言う機能主義の考え方に反すると思われる。

ただし、このように、対応関係を個別的に考えなければならない以上、このモデルが実際の2言語の対照に具体的に使えない可能性もある。少なくとも、そのように使えるということは、アプリオリに前提にできることではなく、証明すべき命題である。

こうした問題意識を受け、本研究では、ハリデーの三層構造観（詳しくは次章参照）のうち、Textual な部分に関するモデル（Halliday & Hasan 1976）が日本語にも適用可能であることを証明することを研究課題として設定する。


## 3. 本章のまとめ

以上、本章では、本研究全体の導入として、本研究の目的と研究

第1章 序論　　5

課題について概説した。以下の各章では、本章で設定した研究課題
にそくして、記述のための装置を設定した上で、日本語指示詞の文
脈指示用法について具体的に検討していく。

---

＊1 「日本語学」には様々な定義があり得るが、本書では、この語を日本語文
法研究を指すものとして用いる。
＊2 これは、「国語」が1項名詞であることを示している。一方、「日本語」は
固有名詞であるが、固有名詞は最も典型的な0項名詞である。1項名詞、0項名
詞について詳しくは第11章で論じる。

第2章
# 機能主義と対照研究


本章では、本書の理論的枠組みについて述べる。

本書は、ハリデーの機能主義（functionalism）にもとづき、記述を進めていく。それと同時に、他言語との対照という観点を常に念頭に置きながら、記述を進めていく。


## 1. 機能主義と形式主義

筆者は、ハリデーの機能主義に sympathy を持つ立場から研究を行っている。特に、ハリデーの次の言明に強く惹かれ、この立場に立った対照研究を行うべく、本書の記述を行っている。

（1）形式主義的文法研究では「これらの形式はどのような意味を表すか」が問題になるのに対し、機能主義的文法研究では「これらの意味はどのように表現されるか」が問題となる。

(Halliday 1994: xiv)

ここでは機能主義が形式主義と対置されている。筆者は、第一言語（母語）習得についての考え方などにおいては、チョムスキーの形式主義に共感するところも多いが、実際の言語分析や対照研究においては、ハリデーの機能主義的な考え方に共鳴するところが多い。


## 2. ハリデーの機能主義の特徴

筆者がハリデーの機能主義に惹かれる理由の1つは、この枠組みでは、さまざまなレベルの言語現象が対照可能であるということである。対照研究におけるこの「柔軟性（flexibility）」は井上（2013）にも相通じるものがある。

ハリデーの文法論においては、文（ハリデーは「節（clause）」

7

を用いる）は 3 つの層（stratum）においてそれぞれ選択が行われることで形成されると考えられている。

　例えば、(2) は、他動性（transitivity）、法（mood）、主題（theme）それぞれの体系において下記のように分析される。また、それぞれは、観念構成的メタ機能（ideational metafunction）、対人関係的メタ機能（interpersonal metafunction）、テキスト的メタ機能（textual metafunction）に属する。

　このように、ハリデーの分析においては、1 つの節（文）は、3 つの異なる層から構成されると考えられている*1（児玉 1991）。

(2)　John　　　　　shot　　　　　the body.
　　　主題(theme)　題述(rheme)　　　　　　　Theme
　　　主語　　　　　定形(finite)　残余(residue)　Mood
　　　行為者(actor)　作用(process)　対象(goal)　Transitivity

　また、ハリデーのレジスターという考え方も重要であると考えている。ハリデー理論で言う「レジスター」は、コーパス言語学におけるこの語の使われ方とは異なり、テキストを構成する変数の総体の意味で使われている。

(3)　レジスター ＝ Field　（表現内容）
　　　　　　　　　＋ Tenor　（対人関係）
　　　　　　　　　＋ Mode　（伝達様式）

　ハリデーによれば、実際のテキスト（話しことば、書きことばを問わず）は、この 3 つの変数の組み合わせで構成されるという。この見方は、言語教育において有効であると考えられる。例えば、(4) のように Field が同一であっても、Tenor と Mode が異なることで、実際に産出されるテキストは全く異なるものとなる。

(4)　Field（お金を借りる）
　　　Tenor（友だち or 先輩）
　　　Mode（メール or 電話 or 対面）


## 3. 機能主義、形式主義と対照研究

本書の 1 つの目的は対照研究であるが、この点からもハリデーの

枠組みは魅力的である。それは、（4）からも明らかなように、この枠組みではさまざまなレベルの比較が可能であるからである。

これに対し、生成文法に代表される形式主義では、共通の構造が設定できる部分のみが比較されるという傾向が強い*2。これは、少なくとも、後述する言語教育のための対照研究にとっては大きなマイナスである。


## 4. 対照研究とその目的

本書の研究課題の1つに対照研究があるが、対照研究には大きく分けて、言語理論のための対照研究と、言語教育のための対照研究があると思われる。

このうち、言語理論のための対照研究は、主として生成文法を中心とする形式主義的アプローチのもとに行われており、多くの成果が得られているといってよい。

ただし、このアプローチは、形式（構造）から意味を考えるものであるため、形式化可能な対象しか対照しない（できない）という一種のドグマに陥りやすいとも言える。

一方、これまで見てきたように、ハリデーの文法理論は、意味を出発点にし、その意味がどのように形式に表されるかを考えるものである。こうした考え方は、言語教育のための対照研究にとっては望ましいものであると言える。なぜなら、第二言語（L2）話者が第二言語を用いて表現しようとすることの多くは、彼／彼女が第一言語（L1）で表現したい内容であるのが普通であるからである。

こうしたタイプの対照研究にとって参考になるものとして、ハリデー以外に宮島（1983）と井上（2013, 2015）が挙げられる*3。


### 4.1 宮島（1983）

上のような意味に基づく対照研究を行う上で参考になるのが、日本語とヨーロッパ語の移動動詞の意味領域の違いを考察した宮島（1983）である。同論文では、移動動詞に用いられる「表現手段」の言語差が論じられている。

例えば、ドイツ語の"hereingeflogen"と日本語の「飛び込んでくる」を比べると、両者はほぼ同様の語構成を持っているものの、ドイツの"her-"と"ein-"はともに副詞的であるのに対し、日本語は全て動詞的な要素から構成されているという違いがある。一方、英語は「入る」に関しては"enter"という1語表現と"go/come in"という組み立て的な表現をともに持っているが、「出る」に関しては"go/come out"という組み立て的な表現しか持っていない。これは、「入る」についてはフランス語の"entrer"を借用したものの、「出る」については"sortir"を借用しなかったことに由来する。

　宮島（1983）は、「「移動」という現象自体は普遍的である。（中略）しかし、そのありかたは、言語によって、かなりちがう」（宮島1983 = 1994: 43）という観点から書かれたものだが、これは、上述の「同じ意味が異なる言語間でどのように写像されるか」を考える上で、重要かつ具体的な示唆を与えてくれるものであると言える。


## 4.2　井上（2013, 2015）

　対照研究に関する考え方で重要と考えられるのが井上（2013: 182）の次の記述である。

（5）二つのことばや文化を比べて考えるとは、それぞれの特徴をすりあわせ、「こう考えれば、両者を公平に見ることができる」という落としどころを見出すということである。（傍点原文）

　井上（2015）ではこのことが具体的に論じられている。一例として、井上氏は彭（2006）の言う「誘いを断るときに、中国人は行けないということを先に言うのに対し、日本人は理由を先に言う（ので中国人はその意図をはかりかねることがある）」という記述を取り上げて考察を行っている。井上氏の結論は次の通りである。すなわち、この問題には次の2つのことがらが関与しており、それぞれの言語で優先される内容が異なるだけであり、「物事をはっきり言うか言わないか」という違いの問題が本質なのではないというこ

とである＊4。

(6) ①コミュニケーションにおいて、「相手の発話に合わせて話
を続ける」ことがより重視される（中国語）か、「相手が残
念に思うことは言わない」ことがより重視される（日本語）
か。
②「重要な情報を先に述べて話を収束させる」ことを優先
する（日本語）か、「相手に質問の余地を与えて話が続くよ
うにする」ことを優先する（中国語）か。


## 5. ハリデー理論を応用する際の留意点

このように、意味を出発点とする考え方は対照研究の有力なあり
方であると言える。しかし、ハリデー理論が持つ柔軟性は諸刃の剣
でもある。

すなわち、ハリデー理論においては、本来は言語間の構造の違い
は研究者自身が考察し、モデルを作らなければならないのだが、日
本におけるハリデー理論の使われ方は、少なくとも日本語の分析に
関する限り、チョムスキー理論と同じように、英語におけるハリデ
ーの分析手法を横滑りさせただけのものになっていることが多い。
これでは、この理論の真の価値は見出せない。

本書の目的は、対照研究の分野におけるハリデー理論の日本語へ
の適用可能性を、理論的、実証的に明らかにすることである。


## 6. 本章のまとめ

本章では、本書の理論的枠組みとして、ハリデーの理論を取り上
げ、対照研究におけるその有効性と、同理論を考える上での留意点
について述べた。

次章からは、他言語との比較を念頭に置きつつ、記述のための諸
概念を規定していくことにする。

**\*1** 庵（2012:7章）では、このハリデーの三層構造が三上章の分析と整合的であるという見方を示している。

**\*2** ただし、カートグラフィー理論などは、構造を精錬することによって、より多くの統語現象の比較を可能にしようとする試みであると見なせる（cf. 遠藤2014）。

**\*3** 共通の意味領域を設定して、日本語と英語のテンス・アスペクト体系の比較を試みたものに庵（2019予定）、Iori（2018）がある。

**\*4** 実際、日本語で理由だけで話を終われるのは理由が重要であるからであり、(a) ～ (c) からわかるように、結論だけを述べて話を終えるのは（中国語だけでなく）日本語でも不自然である（(a) ～ (c) は井上（2015:8-9）より）。

 (a) A：明日映画を見に行かない？／
   B：ごめん。明日は授業なんだ。［理由］
   A：（残念そうに）そうか。わかった。また今度ね。

 (b) A：明日映画を見に行かない？／
   B：ごめん。明日は行けない。［結論］
   A：（残念そうに）?? そうか。わかった。また今度ね。

 (c) A：明日映画を見に行くんだけど、行かない？／
   B：ごめん。明日は行けない。［結論］
   A：え、どうして？／
   B：明日は授業なんだ。［理由］／
   A：（残念そうに）そうか。わかった。また今度ね。

# II

記述のための装置

第3章

# 名詞の定性と指示性

　本章から第9章までは、日本語の指示表現の文脈指示用法を、他言語と比較可能な形で記述するために必要な諸概念を規定していくが、本章では、名詞について考察する上で重要な概念である定／不定、特定／不特定などについて規定する。


## 1. 定と不定

初めに規定するのは、定と不定である。

Lyons（1977）、福田（2016）、建石（2017）などにしたがい、定と不定を次のように規定する。

(1) a.　聞き手が名詞句の指示対象を特定できる（と想定される）とき、その名詞句は「定（definite）」である。

　　 b.　聞き手が名詞句の指示対象を特定できない（と想定される）とき、その名詞句は「不定（indefinite）」である。

この定義にあるように、定／不定は「聞き手」を基準とする概念である。西ヨーロッパ言語やアラビア語などでは名詞句の定性（definiteness）を冠詞（article）で表す。

　そうした言語において、名詞句が定であることを表すものを定冠詞（definite article）、不定であることを表すものを不定冠詞（indefinite article）と言う*1。


### 1.1　定名詞句のタイプ*2

　定名詞句には次のようなタイプがある（cf. Givón 1984, Hawkins 1978）。

(2) a.　発話現場内に存在する名詞（句）

　　 b.　話し手と聞き手が共通に知っている名詞（句）

c.　固有名詞

d.　総称名詞

e.　指示対象がデフォルト的に決まる名詞（句）

f.　指示対象がテキスト内で特定されている名詞（句）

　まず、（2a）（2b）が上述の意味での「定」であることは自明であると思われる。

　（2c）の固有名詞の場合は少し複雑である。日本語では聞き手が指示対象を同定できると見なせない場合や話し手が直接的に知らない場合、話し手はその固有名詞を「という」や「って」を伴った形で導入しなければならない（田窪 1989）。

　（3）　A₁：　昨日<u>田中</u>∅に会ったよ。

　　　　A₂：　昨日<u>田中という人</u>に会ったよ。

　　　　B₁：　<u>あの人</u>、元気だった？

　　　　B₂：　<u>その人</u>、あなたとどういう関係の人？

　したがって、話し手は、聞き手が B₁ のような指示対象を知っていることを明示する形式を使うことが予測される場合には A₁ を、聞き手が B₂ のような指示対象を知らないことを明示する形式を使うことが予測される場合には A₂ を使わなければならない。この場合、「という／って」などを伴う形式は固有名詞ではなく普通名詞と見なすべきである[*3]。

　（2d）の総称名詞は指示対象がステージレベル（stage level）ではなく、個体レベル（individual level）で同定可能な場合である[*4]。

　（4）　<u>パンダ</u>は子供たちの人気者である。（名詞文）

　（5）　<u>パンダ</u>は体が大きい。（形容詞文）

　（6）　<u>パンダ</u>はいつも笹を食べている。（動詞文）

　（7）　<u>パンダ</u>が笹を食べていた。

　（4）〜（6）が総称名詞の例である。ある名詞句が総称名詞句になるか否かは（固有名詞句の場合とは異なり）名詞固有の性質ではなく、普通名詞が文中で特定の位置を占めることにより獲得される性質である。その特質とは、述語が恒時（tenseless）時制をとることである。実際、（6）の下線部が総称名詞として解釈されるのに

対し、その文を具体的な時空間内に位置づけた（7）の下線部には普通名詞句の解釈しかない。

（2e）指示対象がデフォルト的に決まる場合というのは次のような場合である。

（8）首相は虚言癖の持ち主だ。

（9）部長は何をしてる？

（8）（9）の下線部の指示対象は、①この文がどこで発話されたかということと、②この文の発話者はどこの国／部局 etc. の人か、ということに依存して決まる。

例えば、（2018年9月現在）（8）はドイツ人がドイツで発すれば「メルケル氏」を指し、日本人が日本で発すれば「安倍氏」を指すが、ドイツ人が日本で、あるいは、日本人がドイツで発した場合「メルケル氏」を指すのか「安倍氏」を指すのか曖昧になる。つまり、この場合の指示対象は最もあり得そうなもの（デフォルト）として決まる（より詳しい議論については第12章参照）。

このタイプの名詞には「首相、部長」のような役割を表すものの他に「兄、父」のような親族名詞（kinship noun）がある。日本語では後者の場合通常指示対象が一義的に決まる（ここではこれらの名詞の呼格（vocative）用法は考慮外とする）。これは日本語では英語などのように限定詞（この場合は所有代名詞）の使用が義務的でないことを補うための手段と考えられる*5。このタイプの名詞について詳しくは第12章を参照されたい。

（10）a.　1人称の親族を指す名詞

　　　　…祖父／祖母、父・親父／母・おふくろ、夫・主人／妻・家内、息子／娘、兄／姉、弟／妹、孫、伯父／叔母、いとこ etc.

　　　b.　2人称の親族を指す名詞

　　　　…おじいさん・おじいさま／おばあさん・おばあさま、お父さん・お父さま／お母さん・お母さま、ご亭主・ご主人（様）／奥さん・奥様、息子さん・ご子息／娘さん・お嬢さん、お兄さん・お兄さま／お姉さん・お姉さま、弟さん／妹さん、お孫さん、叔父さん・叔父

さま／叔母さん・叔母さま、いとこさん etc.

以上の（2a）〜（2e）の名詞（句）が「定」であることは特定のテキストを参照しなくても分かる。これに対して、（2f）のタイプではテキストを参照する必要がある。

このタイプの典型は、「不定名詞（句）→定名詞（句）」というパターンをとるものである。

(11)昔々あるところに<u>おじいさん</u>がいました。ある日、<u>おじいさん</u>は山へ芝刈りに行きました。

(12)昨日、<u>学生</u>が訪ねてきた。{この／その／φ}<u>学生</u>は娘の友人だと言っていた。

## 1.2 「定」と「定冠詞」

定／不定という概念自体は言語普遍的であると考えられるが、それを冠詞で表すか否かは言語によって異なる。

この状況は名詞の「数（number）」に関する現象に似ている。

日本語では、名詞の単数と複数を義務的には区別しない。

(13)机の上に<u>リンゴ</u>がある。

(14)公園で<u>男の子</u>が遊んでいる。

そのため、（13）（14）は「リンゴ」「男の子」の単複が決まらない限り、英語などの「数」が文法カテゴリーである言語には訳せず、（13）は（13′a）（13′b）の、（14）は（14′a）（14′b）のいずれかに対応することになる。

(13′) a.　There is <u>an apple</u> on the table.

　　　 b.　There are <u>some apples</u> on the table.

(14′) a.　There is <u>a boy</u> playing in the park.

　　　 b.　There are <u>some boys</u> playing in the park.

これだけを見ると、「数」は日本語の文法に全く反映していないように見えるが、事実はそうではない。

(14)を代名詞や指示表現で受けた場合を考えてみよう。

(14)　公園で<u>男の子</u>が遊んでいる。

(14″) a.　{彼／その男の子}はうちの近所に住んでいる。

　　　 b.　{彼ら／その男の子たち}はうちの近所に住んでいる。

（14）を（14″a）で受けた場合、（14″a）の「彼／その男の子」が義務的に単数と解釈されるため、遡って（14）の「男の子」も義務的に単数解釈となる。一方、（14）を（14″b）で受けた場合、（14″b）の「彼ら／その男の子たち」が義務的に複数と解釈されるため、遡って（14）の「男の子」も義務的に複数解釈となる＊6。

これは先行詞が「人」の場合だが、（13）のような先行詞が「もの」の場合は事情が異なる。

（13）　机の上にリンゴがある。

（13″）a.　{それ／そのリンゴ} は母が送ってくれた。

　　　　b.　{それら／それらのりんご} は母が送ってくれた。

（13）を（13″a）で受けた場合でも「リンゴ」は単数とは限らないし、「リンゴ」が複数であったとしても、（13″b）の使用は義務的ではない（むしろ、（13″b）は（13″a）より自然さが落ちる）。

では、先行詞が「もの」のときは単数と複数は区別されないかと言うとそうでもなく、（21）のようにカテゴリーが複数である場合には、複数形である「これら／それら／あれら」の使用が義務的になる（cf. 三井 2013）。

（15）　机の上にリンゴとみかんがある。

（15′）{?それ／それら} は母が送ってくれた。

以上をまとめると、次のようになる。

表1　日本語と英語の「数」表示

| 先行詞 | 人 | | もの | |
|---|---|---|---|---|
| | 単独 | 照応 | 単独 | 照応 |
| 英語 | ○ | | | |
| 日本語 | × | ○ | × | △ |

○：表示が義務的、×：表示が非義務的、
△：場合により表示が義務的

　表1から、英語では「数」が文法カテゴリーであるため、どのような場合でも数表示が義務的であるのに対し、日本語では先行詞が「人」の「照応」用法と、先行詞が複数のカテゴリーにまたがる「もの」の「照応」用法において、数表示が義務的になることがわ

第3章　名詞の定性と指示性　　19

かる。言い換えると、日本語では「数」が文法カテゴリーではない
ものの、「数」の表示が義務的になる場合も存在するということで
ある。

これと同様のことが「定性」の場合にも言える。すなわち、英語
には「定冠詞」が存在するため、名詞（句）が「定」である場合に
は定冠詞またはそれと範列的な（paradigmatic）関係にある限定詞
の使用が義務的になる。

一方、日本語には英語と同じ意味の「定冠詞」は存在しないため、
全ての場合に、名詞（句）が「定」であることをマークしなけれ
ばならないわけではない（第12章で見るように、定であることを
有形の形式でマークできない場合も存在する）。その一方で、日本
語の「この」は文脈指示用法において、英語やフランス語の定冠詞
に近い機能を持つ（第10章参照）。これは、表1における「人」の
「照応」用法の場合に類似しており、日本語の「この」が機能的に
は「定冠詞」と見なし得ることを示している（第12章参照）。

## 1.3 定性と定可能性

定性について考える上で興味深い現象がある。

(16) 空地のところまでくると、ちょうど家から、だれか出てき
た。暗いのでだれともわからないが、男であった。男はあ
たりをはばかるようにして、どこかへ姿を消したが、その
男は市助になにか用があって訪れたに違いなく、そうすれ
ば市助は当然起きていて、仕事場にいることになる。

(多岐川恭『お江戸捕物絵図』BCCWJ：LBd9_00012)

(17) 江戸川は、「いやいや、確かに調べてはいるんですが、それ
がいかんとかいうことじゃありません」

［副駅長］「そうですか。私も本一冊ぐらいなら問題はない
と思っていただきました。本は『風の宴』という小説で、
実はまだ読んでいないんです。とにかくいただきました」

(斎藤栄『みちのく三内丸山殺人旅行』BCCWJ：LBn9_00031)

前述のように、日本語では「定」は文法カテゴリーではないた
め、定を表すために限定詞を使うことは義務的ではない。そのため、

（16）（17）のように、名詞を繰り返すことにより、定をマークすることが潜在的には可能である＊7。

　こうしたタイプの照応は、（16）の「男」のような有生（animate）名詞の方が（17）の「本」のような無生（inanimate）名詞よりも行いやすいが、無生名詞では不可というわけではない。しかし、こうしたタイプの照応が難しい名詞も存在するようである。

（18）かぜをひいている人がせきをすると、かぜのばいきんが<u>空気</u>の中にまきちらされます。#φ（／この／その）空気をすうと、ばいきんがのどの中につきます。

（「こうないほうそう」林（1973=2013））＊8

（19）私は今<u>ある言語</u>を習っている。{#φ／この／その} 言語は発音が難しくて大変だ。

　（18）（19）では名詞を繰り返した形の照応が難しい。これは、これらの名詞が定として使いにくいということであると考え、庵（2007）同様、こうした名詞は「定可能性」が低いと考える＊9。


## 2. 特定と不特定

　定／不定が聞き手による同定可能性に基づく区別であるのに対し、特定／不特定は話し手による同定可能性に基づく区別である。

　建石（2017）、福田（2016）などにしたがい、特定と不特定を次のように定義する。

（20）a.　話し手が名詞句の指示対象を特定できるとき、その名詞句は「特定（specific）」である。

　　　b.　話し手が名詞句の指示対象を特定できないとき、その名詞句は「不特定（non-specific）」である。

　定／不定と特定／不特定の関係は次のようになる。


表2　話し手／聞き手にとっての特定と不特定（福田2016）

| 話し手にとって／聞き手にとって | 特定 | 不特定 |
|---|---|---|

| 特定 | 定［1］ | 不定［2］ |
|------|--------|----------|
| 不特定 | ×［3］＊10 | 不定［4］ |

［1］の領域についてはこの後数多く論じるので、ここでは省略し、［2］〜［4］の領域について述べると、次のようになる。

［2］と［4］に属する典型的な形式は「ある」と「誰か」である＊11。

(21)昨日、<u>ある</u>人に会った。(不定－特定)

(22)昨日、そこで<u>誰か</u>に会いましたか。(不定－不特定)

特定／不特定の区別は名詞句について考える上で重要ではあるが、本書では専ら「定」について考えるので、言及は以上に留める。


## 3. 定情報

先に定名詞句を(2a)〜(2f)のタイプに分けて考察した。

その内、(2d)(2e)と(2f)について考えてみると興味深い現象が観察される。

(23)<u>パンダ</u>は子供たちの人気者である。(総称指示)(＝(4))

(24)<u>首相</u>は虚言癖の持ち主だ。(デフォルト的指示)(＝(8))

(25)昨日、<u>学生</u>が訪ねてきた。(a)｛この／その／φ｝学生は娘
　　の友人だと言っていた。　　　　　　　　　　　　　　(＝(18))

上述のように、(23)(24)(25a)の下線部の名詞はいずれも「定」である。しかし、この三者(厳密には(23)(24)と(25a))は機能的には異なる。次例を考えていただきたい。

(23′)｛!この／!その｝パンダは子供たちの人気者である。

(24′)｛!この／!その｝首相は虚言癖の持ち主だ。

(25a)では限定詞＊12として「この」「その」「ゼロ」のいずれもが使用可能であり、かつ、そのいずれを使っても指示対象が異なるということはない。

これに対し、(23)のような総称指示の場合および(24)のようなデフォルト的指示の場合は、「この／その」を付けると、「ゼロ」の場合とは指示対象が異なってしまう。

例えば、（23′）は現場に存在するパンダ、あるいは先行文脈で言及されているパンダの属性記述をする文になってしまうし、（24′）も同様の特定された首相に対する言及を表してしまう。そして、そのいずれの場合も、その場合の下線部の指示対象は「この」「その」がない場合とは異なる。

　ところが、このような総称指示やデフォルト的指示の場合でも、その名詞句が2度目に繰り返された場合である（23″a）や（24″a）について考えると、この場合には（25a）と同様に「この」「その」「ゼロ」のいずれもが使用可能になる。

（23″）パンダは子供たちの人気者である。（a）しかし、{この／その／∅} パンダはかつて狩猟の対象にされ、絶滅の危機に瀕したことがある。

（24″）首相は虚言癖の持ち主だ。（a）しかし、{この／その／∅} 首相が退陣する可能性はほとんどない。

　以上のことから、限定詞の選択を考えるには、考察対象を（23″a）、（24″a）、（25a）のように、先行詞がテキスト内で2度目以降に言及された場合に限定しなければならないことがわかる。なぜなら、（23′）、（24′）のような場合には「この」「その」「ゼロ」は範列的な対立をなしていないからである。

　このように、先行詞がテキスト内で2度目以降に言及された場合は文脈指示の研究において重要である。この場合の名詞句のステータスを「定情報（definite information）」と呼ぶことにすると、次のことが言える[13]。

（26）テキスト内で2度目以降に言及された名詞句を定情報名詞句（definite information NP）と呼ぶと、定情報名詞句をマークする限定詞「この」「その」「ゼロ」は範列的な対立をなし、潜在的には3者は交換可能である。

　この定義に関して次の点に注意していただきたい。

　その第一は、「定情報」は「定」の下位概念であるということである。したがって、全ての定情報名詞句は「定」であるが、「定」であっても「定情報」ではない名詞句も存在するということである（総称名詞、固有名詞は初出時既に「定」だが、テキスト内で繰り

返して使われない限り「定情報」にはならない)。

　第二の留意点は、定情報名詞句とは先行詞がテキストで2度目以降に「言及」された場合であり、その言及のされ方にはよらないということである。したがって、(27a)のように名詞句が繰り返されている場合だけではなく、(27b)のように先行詞が言い換えられている場合も下線部の名詞句は定情報名詞句である。

(27) a.　私は<u>紅茶</u>が好きだ。<u>紅茶</u>は疲れた神経を癒してくれる。

　　 b.　私は<u>紅茶</u>が好きだ。<u>この飲物</u>は疲れた神経を癒してくれる。

　最後に、「この」「その」「ゼロ」が「潜在的に」交換可能であるということは必ずしもこの3者が常に使用可能であるということではないということである（この点については第10章参照）。


## 4.　本章のまとめ

　本章では名詞に関わる重要な概念である定／不定、特定／不特定、定情報について論じた。これらのうち、対照研究上最も重要なのは定情報であり、本書ではこの後、定情報について主に論じていく。

　また、定冠詞に関する議論に関連して、日本語における「数」の表され方についても論じた。

---

＊1　英語やフランス語のように定冠詞と不定冠詞がともに存在する言語もあれば、定冠詞、不定冠詞のいずれか一方しか存在しない言語もある。また、ロシア語のようにヨーロッパ言語の中でも冠詞を持たない言語もある。なお、フランス語には定冠詞、不定冠詞に加え、部分冠詞も存在する（小田2012）。
＊2　本小節の内容は基本的に庵（2007:4章）に基づく。
＊3　英語では、"the sun"、"the moon"のように、指示対象が1つしか存在しないために定になるものが固有名詞から区別されている（Halliday & Hasan (1976) は唯一指示（homophoric）と呼んでいる）。これは、英語では通常固有名詞には定冠詞がつかないのにこれらの名詞には定冠詞がつくためだが、日本語では、こうした場合には限定詞がつかず、その意味で通常の固有名詞句と「太陽」「月」などの名詞句を区別する必要は認められないので、本書では両者

を区別せず共に固有名詞として扱う。

**＊4** これら 2 つのレベルに関連する詳しい議論については井川（2012）を参照されたい。

**＊5** 日本語で所有代名詞を明示しないことについて詳しくは第 12 章で論じる。

**＊6** この部分の議論について詳しくは仁田（1997）を参照。

**＊7** この条件を満たしても「ゼロ」が不適格である場合もあり得る。これについては第 10 章で考える。

**＊8** ＃は非結束性を表す。詳しくは次章参照。

**＊9** こうしたゼロ照応の可否における日本語と中国語の許容度の違いを論じたものに陳（2018）がある。

**＊10** 建石（2017）は［3］に属する例として、（ア）を挙げているが、これは、指示対象の名前が思い出せないだけで、指示対象レベルでは特定と考えてよいと思われる。

　　（ア）　A：ほらっ、<u>あの人</u>、よくドラマに出てくる俳優、渋い、二枚目の。
　　　　　　　　誰？
　　　　　　B：それって、田村正和のこと。
　　　　　　A：そう、田村正和。私、あの人が好きなのよね。　　（建石 2017）

**＊11** 建石（2017）は「ある」が「不定－不特定」で使われる場合を指摘している。

　　（イ）　このグラウンドは 1 周が 400 メートルあります。つまり、例えば
　　　　　　{ある人／誰か} が 5 周走ったとすると 2 キロ走ったことになるわ
　　　　　　けです。　　　　　　　　　　　　　　　　　　　　（建石 2017）

**＊12** 限定詞（determiner）は名詞を唯一的に限定する要素であり、定冠詞を持つ言語では、定冠詞および定冠詞と範列的な関係にある語がこれに含まれるが、日本語には定冠詞がないので、本書では、名詞句を修飾する指示詞（特に「この」「その」）および「ゼロ」を指す語としてこの語を用いる。

**＊13** この定情報という概念は Prince（1981）の言う "Textually evoked" という概念に相当する。なお、情報の新旧と名詞句の定性に関する Prince（1981）の整理は次の通りである（カッコ内は該当するもの）。

　　表 3　情報の新旧と定／不定（Prince 1981）

|  | 新情報 | 旧情報 |
|---|---|---|
| 定 | Unused（固有名詞、総称名詞） | Textually Evoked（定情報） |
| 不定 | Brand-new（普通名詞句） | |

第 3 章　名詞の定性と指示性　　**25**

第4章
# 分析のレベル

　本研究では、主に、文を越える言語現象を考察対象とするが、その中に、つながりという点から考えて2つのタイプがある。本章では、この点を中心に、分析のレベルについて考える。


## 1. 「作りの悪さ(ill-formedness)」から見た分析のレベル

　言語を分析する際、様々なレベルを設定することができる。例えば、(1) と (2) は初級日本語学習者に多い誤用で、ともに作りが悪い (ill-formed) が、(1) は形態論レベル、(2) は統語論レベルのものであると考えられる。

　(1) ＊私は大阪に<u>行きた</u>ことがあります。

　(2) ＊太郎は<u>花子を</u>結婚した。

　一方、(3a) は単独の文としては正しい (well-formed) が、(3) を1つの意味的まとまり (テキスト。詳しい定義は後述) として解釈することはできない。そういう意味で、(3) 全体は ill-formed であるが、そのレベルは (1) (2) とは異なる。

　(3) 私は<u>紅茶</u>が好きだ。(a) <u>φ飲物</u>は疲れを癒やしてくれる。＊1

　このように、作りの悪さには少なくとも、文脈が絡まないレベルと文脈が絡むレベルがあることがわかる。


## 2. 文法性

　文脈にかかわらずに作りの悪さを問題にできるレベルが「文法性 (grammaticality)」である。

　本書では、代行指示に関する部分 (第11章) において、文法性

27

を用いた議論を行う。

## 3. 文連続のつながり

次の文を考えてみよう。

(4) 先日築地で寿司を食べた。(a) その寿司はおいしかった。

(5) 先日築地で寿司を食べた。(a) この寿司はおいしかった。

(6) 先日築地で寿司を食べた。(a)（φは）おいしかった。

(4)～(6) の文連続には「つながり」がある。

ここで、それぞれの (a) 文だけを取り出すと、次のようになるが、これらは全て、「文脈指示*2」の「第一発話（discourse-initial）」における用例としては解釈不能である*3。

(4′) その寿司はおいしかった。

(5′) この寿司はおいしかった。

(6′) おいしかった。

一方、次の例を考えてみよう。

(7) 私は紅茶が好きだ。(a) この飲物は疲れを癒やしてくれる。

(8) 私は紅茶が好きだ。#(a) 飲物は疲れを癒やしてくれる*4。

(7) の文連続には「つながり」があるが、(8) にはそれがない。同じくそれぞれの (a) 文だけを取り出すと、次のようになる。

(7′) この飲物は疲れを癒やしてくれる。

(8′) 飲物は疲れを癒やしてくれる。

ここで、(7′) は、(4′)～(6′) と同様、文脈指示の第一発話では解釈不能になるが、(8′) は、(4′)～(6′) とは異なり、単独の文としては、第一発話においても文法的である。

このように、文連続にはつながりがある場合とない場合がある。さらに、次の例を考えてみよう。

(9) A：太郎は今朝5時に起きたんだよ。

　　 B：（φは）釣りに行ったんだね。

(10) A：太郎は今朝5時に起きたんだよ。

　　 B：今日は雨が降るんじゃないか。

(9) と (10) のいずれにも「つながり」があるが、(9) が（(6)

28　　Ⅱ　記述のための装置

と同じく）必須補語が欠けていることによってつながっているのに
対し、（10）にはそうした「文法的な」装置は存在しない。

　このように、「つながり」にも異なる2つのタイプがあることが
わかる。本章では、この点について考える。


## 4.　テキスト

「つながり」について考える前に、「テキスト」について定義する。

　本書では、意味的にまとまりをなす文連続を「テキスト
（text）*5」と定義する。この場合、「テキスト」は、話しことば
（音声言語）も書きことば（文字言語）も含む。また、長さの制限
もない（これらの定義はHalliday & Hasan（1976: 1–2）に従った
ものである）。


## 5.　結束性

次に、「つながり」について考える。

　本書では、（4）〜（7）、（9）のような文法的装置*6によっても
たらされる「つながり」を「結束性（cohesion）」と呼ぶ。

　結束性については、庵（2007）と同じく、Halliday & Hasan
（1976）（以下、H&Hと略記する）にしたがって、次のように定
義する。

(11) ある文がその文だけでは解釈が完結しない要素を内包し
　　 ているとき、その文は先行／後続する文（連続）に解釈
　　 を依存しており、そのことによってその文連続は全体
　　 でテキストを構成する。この場合、その文連鎖は「結
　　 束的（cohesive）」であり、そのテキストには「結束性
　　 （cohesion）」が存在する。

　（11）について、（12）を例に簡単に説明する（より詳しい説明
は第8章および第9章において行う）。

(12) 先日築地で寿司を食べた。(a) その寿司はおいしかった。

$(= (4))$

前述のように、（12a）の「その寿司」は先行文脈と切り離される
と、文脈指示としては解釈できなくなる（詳しくは第8章参照）。
そのため、「その寿司」は自らの解釈を先行文脈に依存する。そし
て、その結果、（12）の文連続に「つながり」、すなわち「結束性」
が生じているのである。

　なお、（13）のように、文連続を構成する各文はそれ自体、単独
の文としては文法的であるにもかかわらず、全体としては結束性が
存在しない場合がある。

（13）私は紅茶が好きだ。#（a）飲物は疲れを癒やしてくれる。

　こうした場合、その文連続は非結束的（incohesive）である
と言う。このように、本研究では、結束性に関しては、文法性
（grammaticality）と同じく、作りの悪さを質的に論じることがで
きると考える（この点についてより詳しくは次章参照）。


## 6.　一貫性

　本章5節では文法的な装置によって「つながり」がもたらされる
場合を見たが、（14）のように、そうした文法的な装置がなくても
全体がテキストになる場合がある。

（14）A：太郎は今朝5時に起きたんだよ。

　　　 B：今日は雨が降るんじゃないか。　　　　　　　（＝（10））

（14B）には（13）のような依存関係を持つ要素は存在しない。
それでは、（14）がテキストと解釈されるのはなぜかということだ
が、これに関しては、Widdowson（1978）に説得的な議論がある。

　まず、Widdowson（1978: 27）は次の対話を挙げる。

（15）A：What are the police doing?

　　　 B：They are arresting the demonstrators.

（16）A：What are the police doing?

　　　 B：The fascists are arresting the demonstrators.

（17）A：What are the police doing?

　　　 B：I have just arrived.

このうち、（15）と（16）には"they"、"the"という形式的な指標（formal sign）があるため、英語母語話者はこの文連続を結束的と判断できる。Widdowson（1978）は、このことを命題による展開（propositional development）と呼んでいる*7。

なお、（15）と（16）を比べると、（16）の方が処理しにくい。これは、（16）は、"the"を含む定名詞句（definite noun phrase）は（現場指示でない限り）先行文脈にその指示対象を持つという事実から計算しなければならないためである（定冠詞が持つこの機能については、第10章、第12章で取り上げる）。したがって、「ある種の団体では"police"と"fascist"がほぼ同義語として使われている」といった背景知識があると、（16）は理解しやすくなる（ただし、（17）とは異なり、そうした知識を持っていることがテキスト理解にとっての必要条件ではない）。

これに対し、（18）の場合は、表層のテキストだけを追ってもそうした結束的な関係は見出せない。こうした場合には発話内行為（illocutionary act）が必要となる。すなわち、（18B）はカッコ内の情報を端折って発話しており、（18A）はその言語化されていない部分を補って解釈しているために（18）はテキストになっている。

(18) A：What are the police doing?

　　　 B：(I don't know what the police is doing because) I have just arrived.　　　　　　　　　　　　　　　（Widdowson 1978: 28）

Widdowson（1978）は、（18）のように、解釈に発話内行為を必要とするテキストには、結束性はないが一貫性（coherence）はあると考えている。すなわち、一貫性は結束性の上位概念である*8。

以上を踏まえて、（19）を考えてみよう。

(19) A：太郎は今朝5時に起きたんだよ。

　　　 B：今日は雨が降るんじゃないか。　　　　　　　　　　　（＝ (10)）

この場合も、結束性はないが、全体がテキストをなしていると判断されるので、一貫性は存在する。（19）が適切に解釈されるためには、「太郎が普段は朝寝坊である」「日本には、普段朝寝坊の人間

が早起きをするとその日雨が降る、という俗信がある」という2つの百科事典的知識（encyclopedic knowledge）をAとBが共有していることが必要である。この知識が共有されている状況下では、（20B）はカッコ内の要素を補った発話をすることが可能となる。

（20）A：太郎は今朝5時に起きたんだよ。

　　　B：（太郎は滅多に朝早く起きない。その太郎が早起きしたのなら、）今日は雨が降るんじゃないか。

　つまり、（19）も（17）と同じく、結束性は持たないが一貫性は持つテキストである。

　なお、（17）と（19）には違いがあるとも言える。すなわち、（17）はごく容易な推論から解釈可能であるのに対し、（19）は、日本語社会における百科事典的知識を要する文である分、解釈が困難であると言える。例えば、非日本語母語話者には（19B）を適切に解釈することは難しいと思われる。

　しかし、実は、（19）のようなタイプのテキストは数多く存在する。例えば、「4コマ漫画」や"cartoon"はその文化圏以外の人間にとって理解することが難しいと言われるが、これも、（19）と同種の現象であると言えると思われる。

　ここで問題となるのは、そもそも一貫性を持たない文連続は存在するのかということである。これは難しい問題だが、少なくとも、話し手／書き手（＝テキスト送信者 encoder）が文連続を発した場合、それを受け取る聞き手／読み手（＝テキスト受信者 decoder）はその文連続が全体として意味を持つテキストであると解釈しようとするはずである（これは、Grice1975の「関連性の公理（maxim of relevance）」から考えて妥当であると考えられる）。その際、その文連続は「テキスト受信者にとっては」テキストではないということになるかもしれない（これは、（19）が非日本語母語話者にとって解釈不能であるケースと同様である）が、「テキスト送信者にとっては」そうした文連続もテキストである（つまり、一貫性を持つ）と考えられる。

　以上のように考えると、一貫性に関しては、テキスト送信者が意図的に支離滅裂な内容を発する（これは、Grice（1975）が仮定し

32　　Ⅱ　記述のための装置

ている協調性に意図的に反しているので、考察対象とする必要はないと思われる）のでない限り、一貫性を持たない文連続は存在しないと考えるべきであろうと思われる*9。


## 7. 本章のまとめ

　本章では、まず、「作りの悪さ」にレベルによる違いがあることを確認し、次に、文連続間の「つながり」について考えた。

　文連続が全体として1つのまとまった「テキスト」を構成する際、そこには、文法的な装置によるつながりである「結束性」と、発話内行為によるつながりである「一貫性」があり、後者は前者の上位概念であることを見た。以下、本書では「結束性」を持つテキストについてのみ考察するが、本書におけるこのことの意味については、第5章～第7章でさらに詳しく議論する。


---

**\*1**　φはそこに有形の言語要素が存在しないことを表す。

**\*2**　(4)(5)は現場指示としては解釈可能だが、本書では現場指示は考察対象としない。なお、指示詞の機能および用法の分類については第8章で詳述する。

**\*3**　(4′)(5′)が指示詞が解釈不能になるために先行文脈とつながらなくなるのに対し、(6′)は「おいしい」が取る必須補語（項）が欠けているために先行文脈とつながらなくなっている。この点については、第9章で詳述する。

**\*4**　#は、文法的ではあるが、先行（場合によっては後続）文脈とつながった（＝結束的な）解釈が得られないことを表す。

**\*5**　"text"の日本語表記としては「テクスト」が用いられることが多いが、本書では、庵（2007）同様、「テキスト」を用いる。

**\*6**　第7章で詳述するように、本研究では、これらは「文法的」な装置と考える。

**\*7**　これに関して、Widdowson（1978: 24–27）の次の議論も参考になる。Widdowsonは、（ア）が不自然（odd）な文連続であるのに対し、（イ）は自然であるとする。

　　（ア）　A：What did the rain do?
　　　　　　B：?The crops were destroyed by the rain.
　　（イ）　A：What happened to the crops?
　　　　　　B：{The crops/They} were destroyed by the rain.

これは次のように説明される。まず、（ア）では、Aは「雨が何かを引き起こした」ことは知っていても「作物（crops）」のことは何も知らないにもかかわらず、そのAが知らないことを文頭という通常、聞き手にとって既知の情報が来るべき位置に持ってきているため、この2文は結束的な単位（cohesive unit）を形成できていない。一方、（イ）では、Aは「作物」に何かが起こったということを知っているため、この2文が結束的な単位を形成し、この2文は結束的（cohesive）なのである。このことからもわかるように、結束性においては、非結束的ということが質的に設定できる。

＊8　結束性と一貫性の関係については、Widdowsonのもの以外にも de Beaugrande & Dressler（1981）をはじめ、さまざまな考え方がある。それらについてはStoddard（1991）が詳しいが、少なくとも、対照研究における操作性（operationality）という観点から考える限り、本章で採用したWiddowson（1978）の考え方が最も適切であると考えられる。

＊9　(13) のような非結束的な文連続も、こうした意味で一貫性は持たざるを得ないと考えておくことにする。

第5章

# 文脈をめぐって

　前章では、「つながり」について考えたが、テキストの問題を考える上では「文脈」も重要である。本章では、「文脈」について考える。

## 1. 文脈の3レベル

　まず、次の2例を考えてみよう。

（1）＊昨日、田中さん<u>を</u>会った。

（2）私は<u>紅茶</u>が好きだ。(a) #<u>飲物</u>は疲れを癒やしてくれる。

（＝第4章（3））

（3）A： 太郎は今朝5時に起きたんだよ。

　　　B： 今日は雨が降るんじゃないか。　　　（＝第4章（10））

　（1）（2）とも「作りが悪い（ill-formed）」が、作りの悪さのレベルが異なる。

　（1）は、どのような文脈においても正用にならない＊1。一方、前章で見たように、（2a）は単独では正文だが、（2）は、全体としてはテキストを構成できない。これに対し、前章で見たように、（3）は、結束性は持たないが一貫性は持つテキストである。

　このような違いは、想定される「文脈」の違いから説明できる。

## 2. 無文脈と文法性

　まず（1）（2）だが、これらの作りの悪さは特定の場合によらない。

　本書では、こうした場合を「無文脈（context-free）」、このレベルにおける「作りの良さ（well-formedness）」を「文法性（grammaticality）」、文法性を持つ文のことを「文法的（grammatical）」

35

な文と呼ぶことにする*2。どのような立場であれ、「文法」が言語研究における自律的（autonomous）な部門として研究可能であると考える立場に立つ限り、このレベルが想定されていると考えられる。それは次の理由による。

このレベルを想定する場合、母語話者は、次の2つの部分からなる文法能力（grammatical competence）を持っていることが（明示的であれ、暗黙のうちであれ）前提とされていると考えられる。

(4) a. 母語話者は、母語の任意の文の文法性を判定できる。
   b. 母語話者は、モニターができる環境では文法的な文のみを産出する*3。

まず、(4a) だが、これが成り立たないとすると、内省によって文法性を定めることができなくなるため、演繹的に文法を論じることができなくなる。一方、(4b) が前提できないとすれば、母語話者のデータをいくら集めても、その中には正用と誤用が混在しているということになり、帰納的に文法を論じることができなくなる*4。

以上から、自律的な研究分野として「文法」を想定する限り、(4) を前提とする必要があることがわかる*5。

ただし、このレベルが文脈を必要としない（「文法性」は自律的に決められる）としても、それはあくまでプロトタイプ的な部分についてのみであり、周辺的な部分においては、母語話者間でも文法性判断についての不一致（「ゆれ」）が見られるようになる。

「ゆれ」には、1）構造的なもの（統語的変異 syntactic variation）、2）地域的なもの（地域的変異 regional variation）、3）通時的なもの（通時的変異 diachronic variation）などがある。

1）の例としては、二項述語に関する階層（角田 2009）がある。例えば、日本語の場合、二項述語の典型である「対象変化他動詞」では「ガ－ヲ」以外の格枠組みが現れることは（ほぼ）ないのに対し、その典型から外れた「感情」などでは「ガ－ガ」のような格枠組みも見られるようになる。

実際、「割る」のような対象変化他動詞では、「対象」の深層格を表す名詞句がガ格をとった例は1例もなかった（受身を除く）*6。

36　　II　記述のための装置

一方、「感情」の例である「好きだ」の場合は「ガ－ガ」が規範的であると考えられるものの、次のような実例もある。

(5) 馴れ合いのように暮らしても　君を傷つけてばかりさ

　　こんなに君を好きだけど　明日さえ教えてやれないから

(尾崎豊作詞・歌「僕が僕であるために」)

実際、BCCWJで検索しても、「が－好きだ」3448例に対し、「を－好きだ」757例で、「を」も一定の割合で使われている*7。

次に、2)に該当するのは、いわゆる「方言」の問題というよりも、沖(1999)が指摘するような「気づかれない(気づかれにくい)方言」の問題である。これに関する例としては、条件を表す「バ」と「タラ」に関する真田(1989)、田尻(1992)などの調査が挙げられる(庵(2012)、(2017b)も参照)。

最後の3)の例としては、五段動詞の可能形(可能動詞)と、いわゆる「ら抜きことば」の関係が挙げられる(井上1998、小松1999、庵2012など参照)。

このように、「無文脈」と言っても周辺的な部分では個人の文法性判断の「ゆれ」が生じるわけだが、一方で、本書をはじめとする多くの「文法」研究が(4)を前提としていることを踏まえ、本書では、「無文脈」というレベルを設定することとする。


## 3. 閉文脈と結束性

次に、前章で取り上げた結束性に関する問題を文脈という観点から考える。次の例を考えてみよう。

(6) 少なくとも10年前、20年前だったら、国民の圧倒的多数が反対していたら、党内から異論が噴出したものだ。ところが、16日の本会議で造反を示唆したのは村上誠一郎議員ぐらい。「反知性主義」と「ヒラメ」がはびこる自民党。(a)この {／#その／# φ} 政党は末期的だ。

(日刊ゲンダイ電子版2015.7.17)

(7) 非同盟・中立のインドも、知る人ぞ知る、第三世界の軍事大国である。核武装し、正規空母や原子力潜水艦を保有し、

過去にインド・パキスタン戦争、中印戦争の当事国となったこともある。(a) その {／#この／?? φ} インドがパキスタンの核武装を許すわけがない。

(佐々淳行『危機の政治学』BCCWJ：LBg3_00012)

(8) 早大から福岡ダイエー・ホークスに入団して、一年目の今年から大活躍する和田毅投手。六大学リーグではあの江川卓（法大）を抜き四百七十六奪三振の新記録を樹立した左腕だ。(a) この {／その／?? φ} 和田が大学時代の昨年、ある記録に挑戦して大きな話題となった。「連続無失点記録」である。 (志村亮・田中教仁・鍛治舎巧『経済界』

2003年9月9日号　BCCWJ：PM33_00027)

(9) 来年四月一日に合併する住友工業系の鉄鋼商社、住金物産（本社・大阪市）とイトマン（同）は二日、大阪中央区の住友金属本社で合併準備委員会の初会合を開いた。(a) φ {／この／その} 会合では、イトマン社員の動揺を防ぐため、合併後も当面はそれぞれの組織や給与水準を尊重し、性急な一本化はしないことで合意した。 (朝日新聞朝刊1992.10.3)

　(6)～(9)は前章で見た結束性を持つ（すなわち、結束的な）テキストである。それぞれの (a) 文のうち、「この／その」を含むものは、単独では始発文では使えない。「ゼロ」には、(8a) のように始発文で使えるものと、(9a) のように使いにくいものがある。

　(6)～(9) からもわかるように、結束的なテキストであっても、「この／その／ゼロ」の許容度はさまざまである。しかし、重要なのは、これらの許容度（結束性）は、前節で見た文法性の場合と同じく、ここに存在する言語的文脈を参照するだけで判断することができるということである。

　このことを一般化して述べると次のようになる。

(10)言語的文脈を参照するだけで、ある文連続がテキストであるか否かを判断できるとき、そのテキストは「閉じている」、その文脈を「閉文脈」と呼ぶ*8。

　「閉文脈」と「無文脈」の違いは、「無文脈」における「作りの良さ」は文脈を参照することなく決められるのに対し、「閉文脈」に

おける作りの良さは具体的な文脈を参照しなければならない点にある。

　一方、両者の共通点は、「閉文脈」においても、解釈に必要な情報は言語的文脈に限られ、百科事典的知識を参照する必要はないということである。

　ここで言う「百科事典的知識」には、前章で見たような文化的なものや、話し手と聞き手の社会的な関係、その文連続が発せられたときの時事的なものなどが含まれる。最後のものの例を1つ挙げる。

(11)私自身、差別的なライターが差別的な文章を書いた程度のことで、いちいち驚いたりはしない。

　　　700人からいる議員の中に、明らかな差別思想を抱いているらしい人間が幾人か混じっていることにも、いまさら驚かない。

　　　ただ、もし仮に、総理大臣の職にある人間が、杉田論文を問題視しない考えの持ち主であったのだと考えると、やはり平静ではいられない。

　　　とはいっても、やや長めのため息を吐き出す程度のことだ。

　　　息を吐いた後は、大きく息を吸う。

　　　私は大丈夫だ。

　　　目は泳いでいない。

　　　　　　　　（小田嶋隆「「新潮45」はなぜ炎上への道を爆走したのか」
　　　　　　　　　　　　　　　　　　　　　日経ビジネス電子版 2018.9.21)

　このテキストの最後の2行以外はここに書かれている情報だけで解釈することができる。その意味で、その部分は「閉文脈」である。

　また、最後の2行を文字通りに解釈しても文意が通らないわけではない。しかし、この文章が書かれたときの状況に照らして考えると、この2行は、この文章が書かれたときに行われていた自民党総裁選挙の討論会において、安倍首相の言動が不自然であり、目が泳いでいたことを指している。

　この文章におけるこの部分の含蓄的意味（connotation）は、上記の事情を共有していない読者にとっては理解不可能である。

第5章　文脈をめぐって　　39

つまり、このテキストを十全に解釈するためには、この「目は泳いでいない」がどのような含蓄的意味を持っているのかを理解する必要があるのである。

　こうした時事的な百科事典的知識の多くはそのとき限りのもので、その言語共同体に属していたとしても、時間の経過とともにわからなくなっていくものである。また、非母語話者にとって理解が難しいものでもある。

　「結束性」を問題とする「閉文脈」は、文脈が必要（これを「無文脈」に対して「有文脈」と呼ぶことにする）であるという点で、「文法性」を問題とする「無文脈」とは異なるものの、言語的文脈だけを参照すればいいという点で、作りの良さを「質的」に判断できるという点は「無文脈」と共通しているのである。


## 4.　開文脈と一貫性

　最後に、前2小節で見たものと異なるタイプのテキストを考える。次の例を見ていただきたい。

(12)近鉄はパ・リーグ優勝を賭けて、1988年10月19日、川崎
　　　球場でロッテとダブルヘッター第2戦を戦った。(a)｛この
　　　／その／あの｝試合は球史に残るものとなった。

(12a) では「この／その／あの」が全て使えるが、指示のあり方は同じではない。

(13)a. #この試合は球史に残るものとなった。（第一発話で）
　　 b. #その試合は球史に残るものとなった。（第一発話で）
　　 c.　あの試合は球史に残るものとなった。（第一発話で）

　すなわち、「この／その」を使ったものは、前章で見たように、文脈指示の第一発話では使えない。これに対し、「あの」を使った(13c) は、聞き手／読み手が当該の試合について活性化された知識を持っていると判断できる場合には使うことができる。

　このことを踏まえて考えると、(13) で「あの」が使える環境では、Aは (14) を使うことができる。

(14)A：　また、ああいう試合を見たいね。

40　　Ⅱ　記述のための装置

B：　そうだね。

しかし、(14) は、そうした共有知識を持たない第三者にとって
は理解不能なテキストである。つまり、(14) は共有知識を持たな
い人間にとっては解釈がテキストの中で閉じていない。このよう
な文脈を「有文脈」の中の「開文脈」と呼ぶことにする。「開文脈」
で問題になるのは「一貫性」である＊9。

なお、以上からもわかるように、指示詞の中でも、コ系統、ソ系
統とア系統では、文脈指示に関する性質が異なる。この点について
は、第8章で改めて考える。


## 5.　本章のまとめ

本章では、「文脈」について考えた。

本書では、3つのレベルの「文脈」を考えるが、そのうち、「無
文脈」は「文法性」が問題となるレベルであり、「有文脈」のうち
の「閉文脈」は結束性が問題となるレベルである。

「無文脈」では「文脈」が原則として問題とならない（ただし、
周辺的な場合には「ゆれ」の問題が生じる）のに対し、「結束性」
が問題となるレベルである「閉文脈」では「文脈」が問題となる点
で両者は異なる。一方、「閉文脈」では、言語的文脈だけではわか
らない百科事典的知識は必要ではなく、「作りの良さ／悪さ」を質
的に決められるという点は、「無文脈」と「閉文脈」の共通点であ
る。

これに対し、「一貫性」が問題となるレベルである「開文脈」で
は、発話内行為が要求されたり、解釈のために百科事典的知識が必
要とされたりする。

これらのレベルの異なりとテキストタイプの関係については次章
で改めて考える。

---

＊1　ちなみに、(ア) が言えるように、「会う」の格枠組み (case frame) のう

ち、「対象（theme）」の深層格を持つものを対格でマークする言語は多く、そのため、(1)のような誤用は日本語学習者によく見られる。

（ア）I met Tanaka yesterday.

＊2　逆に、このレベルにおける「作りの悪さ（ill-formedness）」を「非文法性（ungrammaticality）」、そうした作りの悪い文を「非文法的（ungrammatical）」な文と呼ぶ。

＊3　(4b)では「モニターができる環境」ということが重要である。つまり、これが成り立つのは、話しことばなら言い直し、書きことばなら推敲が可能という場合においてのみであるということである。この条件を外してしまうと、母語話者のデータの中にも言い間違いなどがいくらでも存在する（チョムスキーの言う performance または E-Language に相当）ので、原理的に（4b）は成立しない。

＊4　(4)は、言語教育における「規範（prescription）」としても必要であると考えられる（庵 2017b）。

＊5　ただし、一部のコーパス言語学のように、そうした「自律性」を認めない立場においては、この限りではないかもしれない。

＊6　現代日本語書き言葉均衡コーパス（BCCWJ）を、検索ツール中納言を用いて、次の検索式で検索した結果である（短単位検索）。

（イ）キーから前方1語：品詞＝名詞

　　　キー　　　　　　：品詞＝助詞

　　　キーから後方1語：語彙素＝割る

＊7　中納言での検索式は次の通りである（短単位検索）。

（ウ）キーから前方1語：品詞＝名詞

　　　キー　　　　　　：品詞＝助詞

　　　キーから後方1語：語彙素＝好き

　　　キーから後方2語：語彙素＝だ

なお、「が－好きだ」には「動作主」の例も含まれているので、「対象」としての用例数は実際は3448例よりやや少ない。

＊8　この「閉じている」という用語法は、数学の集合論の用語にならった名付けである。集合に属する任意の2要素に、ある演算Rを施した結果得られる要素が再びその集合に属するとき、その集合はRに関して閉じていると言う（遠山 1982）。例えば、自然数の集合 N ＝｛1,2,…,n,…｝は加法については閉じているが、減法については閉じていない（例えば、1－2 = -1 だが -1 は N に属さない）。

＊9　ただし、前章で指摘したように、「一貫性」には「作りの悪さ」、すなわち「非一貫性（incoherence）」を想定することが難しいという特徴がある。

## 第6章

# テキストタイプをめぐって

　前章では文脈について考えたが、指示表現や結束性について考える上ではテキストタイプについての考察も重要である。本章ではこの点について考える。

## 1. Halliday & Hasan（1976）におけるレジスター

　テキストタイプについて議論する上で重要な意味を持つ概念に、Halliday & Hasan（1976）（以下、H&H と称する）の言うレジスター（register）がある *1。

　レジスターは、出来事（Field）、発話当事者の関係性（Tenor）、様式（Mode）から構成され、「三者が全体としてテキストを構成する状況の文脈を定義する」（H&H: 22）。すなわち、H&H に従えば、テキストは、Field、Tenor、Mode という 3 つの変数の組み合わせによって構成されることになる。

　ここで、三者それぞれの定義は次の通りである（H&H: 22）。

(1) a. Field は出来事全体であり、その中で話し手／書き手の意図的行動とともに、テキストが機能するものである。

　　b. Tenor は、発話参与者間の発話役割、社会的な関係性（永続的なものも一時的なものも含む）を指す。

　　c. Mode は、出来事の中におけるテキストの機能であり、そこにはテキストが発せられる際の様態（channel）（話しことば／書きことば、即時的／計画的など）*2 および、ジャンル／修辞的様式（rhetorical mode）（物語的／教訓的／説得用／あいづちなど）が含まれる。

　テキストに関するこの H&H のとらえ方は魅力的であり、実際のテキスト分析においても、日本語教育を含む言語教育においても

43

その応用可能性は高いと考えられるが、本書では、分析に関わる理論的モデルとしては、こうした「連続的な（continuous）」ものを採らず、以下に述べる「離散的な（discrete）」モデルを採用する。

## 2. 2つのテキストタイプ

テキストタイプを機能的に分類するとそこに2つの類型が存在することが分かる。

1つは、テキストの中で描かれている出来事が言語的文脈を参照するだけで第三者にも解釈可能になる種類のものであり、もう1つは、言語的文脈を参照しただけではテキスト内部の出来事が第三者には解釈可能にならずそれ以外の非言語的文脈を参照する必要があるものである。

本書では、前者のタイプのテキストを「自己充足型テキスト（self-sufficient text）」、後者のタイプのテキストを「非自己充足型テキスト（non-self-sufficient text）」と呼ぶ。自己充足型テキストの典型は書きことばであり、非自己充足型テキストの典型は話しことばであるが、自己充足型テキスト／非自己充足型テキストという区別と書きことば／話しことばという区別は独立のものである。

自己充足型テキストと非自己充足型テキストとの最大の違いは状況への依存度にある。

Chafe（1994）はテキストが状況への依存度（situatedness）という観点から考察可能であることを指摘している。この観点からすると、非自己充足型テキストの典型である話しことばが状況依存的（situated）なのに対し、自己充足型テキストの典型である書きことばは本質的に脱状況的（desituated）である（Chafe 1994: 44–45）。

つまり、書きことばにおけるテキスト受信者（decoder＝読み手）は話しことばにおけるそれ（＝聞き手。これはテキスト送信者（encoder＝話し手）と交代する可能性がある）とは異なり、テキスト送信者（書き手）と時空間的要素を共有できないため、書きことばによって形成されるテキスト世界に属する要素は基本的には明

示的に言語によって導入されたものでなければならない。逆に、書きことばがこうした性質を持っているために、時空間的に隔たったところに情報が伝達され得るのである。

　非自己充足型テキストの典型である話しことばでは発話現場内の要素は全て利用可能である。発話現場内の諸要素とは直示中心（deictic center）*3 を基準に決められる要素で、基本的には話しことばでのみ利用可能である。

　例えば、(2) は、直示中心に関する情報を話し手と聞き手が共有している話しことばでは解釈可能だが、そうした情報を読み手が共有できない（自己充足型テキストの典型である）書きことばでは解釈不能である。

　(2)　私は昨日あそこで夕食を食べた。*4


## 3.　自己充足型テキストと非自己充足型テキスト

　ここで、上述の議論の焦点をより明確にするために、話しことばと書きことばの機能の違いを的確に表現している文章を引用する。

　(3)　話すように書け、は噴飯ものである。…話しことばと、書きことばとは、お粥と赤飯ほども違うのである。…試みに読者は行きつけの酒場にテープレコーダーを持ち込んで、そこのマダムと御自分との会話を録音なされるがよい。会話態というものがいかに書きことばから遠く隔たっているか痛感なさるにちがいない。…話しことばでは、言語表現以外の伝達道具、例えば声の調子や身振りなどがものをいう。「ねえ、これ、買ってよ」この文を発したのが粋な中年増で、声音が…「猫なで声」だったとしたら、われわれは、特に男の場合、財布を取り出さざるを得ないであろう。…このように話しことばでは、声音や口調が重要な意味を担う。書きことばでは、その声音や口調を描写しない限り、このようなことは起こらないのである。

（井上ひさし（1984）「話すように書くな」
『自家製文章読本』文庫版47–49)

ここで指摘されているように、典型的な書きことばは脱状況的であり、そのテキスト内部の要素の解釈はそのテキスト内部で完結する。そしてそのことによって、解釈時から時空間的（特に時間的）に隔たったテキストが解釈可能になるのである＊5。

　ただし、書きことばにも状況依存的な要素は含まれている。それは、そのテキストが書かれた時点の百科事典的知識に依存するものである。例えば、次のテキストを考えてみよう。

(4) 江戸時代、船場の商家での出来事。夜その家の奉公人用の厠に入ると声が聞こえる。気味が悪いので、近所の物知りの老人に尋ねた。老人が厠を調べてみると、節約を旨とする船場の商家のことで、落とし紙に古い証文が使われていた。それを見た老人曰く。「これや。これが物言うたんや（＝言ったのだ）」「こんなものが物言いますか」「書いたもん（＝もの）が物言うたんや」。

　これは小噺だが、そのオチは現代ではわかりにくい。それは「書いたものが物を言う」という表現に文字通りの意味の他に「契約には証拠（証文）が必要だ」といったイディオムとしての意味があるという百科辞典的知識（encyclopedic knowledge）が共有されなくなったためである。なお、これは通時的な変化だけの問題ではない。風刺漫画を見てそれが何を風刺しているのかがわからないケースその他このようなテキスト送受信者間のコミュニケーションギャップの問題は多く存在する。これを換言すると、次のようになる。

(5) 百科辞典的知識は時空間的に隔たったテキスト送信者とテキスト受信者の間で共有されない可能性がある＊6。

　以上のような点を考慮した上で、本書では分析の対象を自己完結型テキスト（典型的には書きことば）に限定する。それは、自己完結型テキストでは通常テキストが計画された（planned）形で提示されるため（Ochs 1979）、テキスト形成に関わるさまざまな機能が典型的な形で取り出せるからである（cf. Leech（1983: 60））。

## 4. 本章のまとめ

本章では、テキストタイプについて考察した。

テキストは、状況への依存度という観点から、自己充足型テキストと非自己充足型テキストに大別できる。両者を区別することは、言語教育においても有効であると考えられる。

一般に、日本における読解教育では、筆者の主張を取り出すことが課題とされることが多いが、これは、本章の用語で言えば、自己充足型テキストの中から当該の条件に合う記号列を取り出すという作業に該当する。これも、書きことばが原則として自己充足型テキストであるからこそ可能な作業であることに注意されたい。

テキストタイプの区別は、指示表現の分析において重要な役割を担うが、これについては、第8章で改めて取り上げる。

---

＊1　レジスターという用語はコーパス言語学でも使われるが、コーパス言語学における用法が「ジャンル」に近いものであるのに対し、H&Hのレジスターは、「テキスト」の構成原理に相当するマクロなものであること、および、それ自体が変数によって構成されているという点において、コーパス言語学における用語法とは大きく異なることに注意されたい。
＊2　テキストの作られ方における、ここで言う「様態（Mode）」の重要性については、Ochs（1979）、Chafe（ed.1980）などを参照されたい。
＊3　直示中心とは、直示表現（deixis）の解釈に必要な「今（時間）、ここ（場所）、私（人称）」のことである（Levinson 1983）。（ア）のように直示表現を含む文は直示中心を基準に解釈される。
　　（ア）　私は明日あの教室に来る。
一方、（イ）はどんな場合でも一義的に解釈可能である。
　　（イ）　山田太郎は2017年10月23日に教室Bに来る。
　直示表現を考察する上で、直示中心は重要な意味を持つ。なお、直示表現のことを三上（1953）は「境遇性」を持つ語と表現している。
＊4　この文には「あそこ」が現場指示的に解釈される場合と観念指示的に解釈される場合があり得、後者の解釈の方がより脱状況的であるとは言える。しかし、後者の解釈が可能な書きことばは日記などに限られ、典型的な書きことばである小説の地の文などではこの解釈は不可能である。
＊5　なお、（典型的な）話しことばと（典型的な）書きことばが機能的に異なるからといって、テキスト言語学はどちらかのみを研究対象とすればよいとい

うことにはならない。それは、話しことばの中にも講演のように計画性
（plannedness）（Ochs 1979）の高いものもあれば、書きことばの中にも日記や
コラムのように状況依存性の高いものもあるというように、両者は連続してい
るからである（この点は井上（1984）でも述べられている）。

*6　通時的には文法体系が変化してしまう可能性もあるので、この規定におけ
る「時間」は文法体系は共通している場合のことに限定して考えた方がよいか
もしれない。

第7章

# テキスト研究と文法研究

　前3章では、テキストを分析するための枠組みとして、「つながりのレベル」、「文脈のレベル」、「テキストタイプ」という観点から考察を行ってきた。

　本章では、以上の考察を受けて、テキスト言語学における本研究の位置づけを論じる。また、本章末では、本研究と関連する先行研究についても論じる。

## 1. テキスト言語学について

　伝統的言語学では、記述の最大単位は長らく「文」であった。これは、換言すれば、「文法」的に（この場合の「文法」には音韻論と形態論を含む）有意な記述ができる言語学上の単位は、小さいものから順に次のようなものであり、その最大のものが文であるということである。

　（1）音素、形態素、単語、句、節、文

　このことにはそれなりの根拠がある。つまり、音素、形態素、単語の配列順序には一定の規則性があるのである。

　したがって、例えば、/botaN/ や /taboN/ などは日本語の可能な音素配列である（ただし、その配列の音連続が実在の単語として存在するとは限らない）のに対し、/Nbota/ はそうではないとか、「鳥が飛んだ」は可能な単語の配列だが、「が鳥飛んだ」はそうではないといったことが起こるのである。

　これと同様の意味での不適格性は、文の配列においては見られにくく、そうしたことが文以上の単位を「文法」的に記述することを敬遠させる原因になってきたと考えられる（cf. 池上1984）。

　しかし、次の（2）〜（5）のような文連続に接したとき、日本

49

語母語話者なら一致して、何らかの不適格性を感じるであろう*1。

(2) 昔々あるところに、一人のおじいさんが住んでいました。

    (a) ??ある日、おじいさん<u>が</u>山へ芝刈りに出かけました。

(3) 順子は「あなたなしでは生きられない」と言っていた。

    (a) ??<u>∮</u>順子が今は他の男の子どもを二人も産んでいる。

(4) Kは病気知らずが自慢だった。

    (a) ??<u>そのK</u>は急病であっけなく逝ってしまった。

(5) 私は紅茶が好きだ。

    (a) #<u>∮</u>飲物はいつも疲れを癒やしてくれる。

なお、この際、各文連続のa文は「単文としては」いかなる不適格性も含んでいないということに注意されたい。つまり、この場合の不適格性は純粋に「文連続としての」ものである*2。

一方、(2)〜(5)の各文の下線部だけを変えた(2′)〜(5′)は全く問題なく感じられるであろう*3。

(2′) 昔々あるところに、一人のおじいさんが住んでいました。

    (a) ある日、おじいさん<u>は</u>山へ芝刈りに出かけました。

(3′) 順子は「あなたなしでは生きられない」と言っていた。

    (a) <u>その</u>順子が今は他の男の子どもを二人も産んでいる。

(4′) Kは病気知らずが自慢だった。

    (a) <u>そのK</u>が急病であっけなく逝ってしまった。

(5′) 私は紅茶が好きだ。

    (a) <u>この</u>飲物はいつも疲れを癒やしてくれる。

このことが正しいとすれば、日本語母語話者は、同じく文連続であるものに対しても、全体としてまとまりをなしているものと、そうでないものを選別する言語直感を持っているということになる。

このことは、言い換えると、文を越えるレベルにも「適格性」が存在することを意味している。

こうしたテキストレベルでの問題を扱う分野をテキスト言語学(text linguistics)と言う(cf. de Beaugrande & Dressler 1981、池上1984)*4。

本章では、以上の議論を受け、テキスト言語学の枠内における本書の位置づけについて論じる。

## 2. 文法と語用論

　テキスト言語学の中での本書の位置づけを考える上で、重要な示唆を与えてくれるのが Leech（1983）の言う「文法（grammar）」と「語用論（pragmatics）」の区別である＊5。

　本書では「文法」と「語用論」の関係については基本的に Leech（1983）に従うが、それによると両者は次のような公準（postulate）で区別されるという（Leech 1983: 1–78）。

　まず、文法は、「規則に支配され（rule-governed）」、「慣習的（conventional）」で、その説明は「形式的（formal）」で「離散的な（discrete）」「範疇（category）」により記述される。

　一方、語用論は、「原理に支配され（principle-governed）」、「非慣習的（non-conventional）」で、その説明は「機能的（functional）」で「連続的な（continuous）」「値（value）」により記述される。

　以上の議論を受けて、「規則（rule）」を次のように規定する。

　(6) 規則は「文法」を規定するもので、場面性と切り離して規定できる。

　ここで言う「場面性」とは、話し手、聞き手が誰であるか＊6 とか、その間の関係や、それらのテキスト参与者間で共有されている前提、テキストが産出される場に関する要素（発話場所、発話時、発話現場に存在する要素など）を指す＊7。

　「規則」の規定からこれらの要因を排除するのは、これらが個々のテキストにおいて変動するものであり、それらを考察対象に含めると、記述が個別的になってしまい、有意な一般化が得られにくくなるからである。

## 3. 文脈のタイプと文法、語用論

　以上のように、「文法」と「語用論」を考えたとき、第5章で見た「文脈」のタイプは両者とどのような関係にあるのだろうか。

　第5章では、次の3つの「文脈」を考えた（カッコ内はそこで問

題となる性質を表す)。

(7) a. 無文脈（文法性）

b. 閉文脈（結束性）

c. 開文脈（一貫性）

　まず、(7a) が「文法」に属すことは定義上、明らかである＊8。
また、第4章でも述べたように、(7c) の「一貫性」が問題になる
レベルでは、「非一貫性」が考えにくいという事実がある。「非一
貫性」が定義できないということは、結局、「一貫性」が定義でき
ないということであり、(7c) のレベルでは「文法」の前提である
「離散性」や「範疇性」が満たされないことになる。このことから、
(7c) は「語用論」に属すことになる。

　問題となるのは、(7b) である。これに関して、Leech (1983)
は、「文」を越えるレベルには「文法」は存在しないとしている
（本章1節および池上1984の議論も参照）。しかし、(2) ～ (5)
で見たように、文を越えるレベルにも、「離散的な」判断が可能な
場合が存在する。それは、(7b) の「結束性」が問題となるレベル
である。


## 4. テキストタイプと文法、語用論

　前小節では、「文脈」のタイプと「文法／語用論」の関係を考え
たが、前章で取り上げた「テキストタイプ」も「文法／語用論」の
区別と関連性を持っている。

　前章では、次の2つのテキストタイプを取り上げた。

(8) a. 自己充足型テキスト

b. 非自己充足型テキスト

このうち、(8b) はテキストの中だけで解釈が自足しないタイプ
のテキストであるから、(7c) に対応すると考えられる。

　一方、(8a) はテキストを参照するだけでその解釈が自足するタ
イプのテキストであるから、(7a)、(7b) に対応すると考えられる。

　したがって、(8a) は「文法」に、(8b) は「語用論」に属すと
考えられる。

## 5. 本研究の立場

これまでの議論をまとめると、次のようになる。

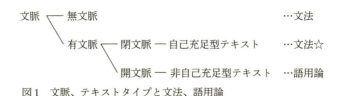

図1 文脈、テキストタイプと文法、語用論

すなわち、本書では、文を越えるレベルにも「文法」として扱える部分（図1の☆の部分）が存在すると考える。そして、この部分の研究を「テキスト文法（text grammar）」と称する。テキスト文法は、テキスト言語学の一部を構成する研究分野である。

## 6. 先行研究の概観

本書の考察対象を上記のように限定した上で、本書全体の内容に関連する先行研究を概観する。個別の内容に関する先行研究については、それぞれの場所で言及する。

### 6.1 Halliday & Hasan（1976）（H&H）

まず取り上げるのは Halliday & Hasan（1976）（H&H）である。同書は西洋言語学において「結束性」を研究対象として取り上げた最初のもので、その後の研究に大きな影響を与えている（cf. Stoddard 1991）。本書の結束性の定義（10）も同書の定義（9）に従ったものである。

(9) Cohesion occurs where the INTERPRETATION of some element in the discourse is dependent on that of another. The one PRESUPPOSES the other, in the sense that it cannot be effectively decoded except by recourse to it. When this happens, a relation of cohesion is set up, and the two elements, the presupposing and the presupposed, are thereby at least

potentially integrated into a text.

(10) ある文がその文だけでは解釈が完結しない要素を内包して
いるとき、その文は先行／後続する文（連続）に解釈を依
存しており、そのことによってその文連続は全体でテキス
トを構成する。この場合、その文連鎖は「結束的」であり、
そのテキストには「結束性」が存在する。　（＝第4章 (11)）

　この (9) の定義の優れているところは、結束性を解釈の依存関
係に由来するものとしているところにある。このように解釈を依存
する要素がある場合、その解釈は言語的に解消されなければならな
いので、そうした要素が文中にあると、その要素を含む文はその要
素の解釈を得るために、（多くの場合先行する）他の文（連続）に
依存することになり、その結果、それらの文連続がテキストをなす
ことになる。このプロセスは「文法」的であり、「規則」によって
記述できるものである。つまり、(9) の定義は「結束性」を「文
法」的に扱うことを可能にするものなのである。

　テキスト言語学の理論におけるこの文献の価値は次のような点に
見出される。

　その第一は、「テキスト内指示（endophora）」と「テキスト外
指示（exophora）」とを区別し、「テキスト外指示は結束的ではな
い」(H&H: 18) として、両者の機能の違いを明確にした点であ
る（この点については第8章で詳しく述べる）。

　テキスト内指示は、照応が言語的文脈内で完結するもので、テキ
スト外指示は照応が言語的文脈内では完結しないものである。例え
ば、相手が手にした本を指さして (11) を発することは可能だが、
その時 (11) が他の文を「引きつけて」一体となることはない。

(11) その本は面白かった。

　これに対し、(12) の「その本」は先行文脈で言及されている
「本」（より厳密には「先日生協で買って読んだ本」）と同一物指示
にならなければならず、そのことによって、この2文がテキストに
なることに貢献している。

(12) 先日生協で本を買って読んだ。その本は面白かった。

　なお、第一の点に関連して、「1、2人称は本質的にテキスト外指

示的であり、3人称はテキスト内指示的である」（H&H: 48）という指摘も重要である。

　これは、1、2人称は「話し手」「聞き手」という発話役割を指すのに対し、3人称は特定の個体を指すということに基づいている。

　1、2人称と3人称のこの区別は基本的に Benveniste（1966）の言う「人称」と「非＝人称」の区別に対応する。つまり、「私」「あなた」（に相当する語）は特定の誰かを指示するのではなく、その文を発した人（addresser）とその文を発せられた人（addressee）を指す。これがバンブニストの言う意味の「人称」という語の意味である。

　これに対し、3人称の代名詞は特定の人や物を指している。言い換えれば、ある名詞の代理をしている。その一方で、発話役割を指してはいない。これがバンブニストが3人称は「人称」ではない（「非＝人称」である）と言うときの意味である。

　このことから、例えば、（13a）と（13b）は第一発話でも使えるが、（14）は使えない（もし使うと、（15）などの疑問文を誘発する）といったことが説明できる。

(13) a.　<u>I</u> saw a boy at the park.（第一発話でも可）

　　 b.　Did <u>you</u> see a boy at the park?（第一発話でも可）

(14)　　 <u>She</u> saw a boy at the park.（第一発話では不可）

(15)　　 Who saw?

　また、日本語についても、（13′a）と（13′b）は（1、2人称の代名詞が「省略」されているにもかかわらず）第一発話で使えるのに対し、（14′）はそうではなく、（15′）などの疑問文を誘発するといった現象が見られる*9。

(13′) a.　公園で男の子を見ましたよ。（第一発話でも可）

　　　 b.　公園で男の子を見ましたか？（第一発話でも可）

(14′)　　 #公園で男の子を見た<u>そうです</u>。（第一発話では不可）

(15′)　　 えっ、誰が？

　この文献の第二の功績は、照応の中に「指示（reference）」と「代用（substitution）」という2つの異なるタイプのものを見出したということである。この点について詳しくは安井・中村（1984）

第7章　テキスト研究と文法研究　　**55**

も参照していただきたいが、本書でも第14章で詳論する。

　ここまで同書の功績について述べてきたが、この研究にも問題点は存在する。その最大のものは、テキストの形成に関して、語彙・文法的な手段である「結束性」しか考慮していないということである。実際には、前述のように表層には何ら結束性に関わる要素が存在しない文連鎖がテキストになっていることも多い。つまり、前述したように、テキストの構成に関わるものには「結束性」だけではなく、Widdowson（1978）らが言うような「一貫性」レベルのものも存在するのである。

## 6.2　林（1973=2013）

　次に取り上げるのは林（1973）（ひつじ書房から再版2013）である。同書は小学校2年生の教科書に現れる全ての文をサンプルに、テキスト（「文章」）の中で文の呼応を問題とする「起こし文型」について考察し、それを「始発型」「承前型」「転換型」（「自由型」）に分けて詳説したものである。

　この研究の第一の価値は、日本語のテキストを構成する要素を網羅しそれに考察を加えたということにある。これは基本的精神においてH&Hと共通するものだが、それに先行する時期に発表されたものであり*10、その点でも日本のテキスト言語学の嚆矢と言うべき極めて重要な研究であると言える。

　この研究の第二の価値は、その分析の中心をなす「承前型」の分析において、テキストにつながりをもたらすものとして、「記号（agent）」と「要素（element）」を区別している点にある。これによって、接続詞や指示詞のように語の文法的性質として文をつなぐ能力を持つもの（承前記号）だけでなく、テキストの中で繰り返された要素や、動詞の必須項の中で省略された要素などがテキストにつながり（結束性）をもたらしているということが明らかになったのである（同書の今日的価値について詳しくは、庵・石黒・丸山編（2017）、庵（2017a）を参照されたい）。

## 6.3　長田（1984）

　最後に取り上げるのは、長田（1984）である。同書は文と文が繋がって構成される「連文」を研究対象とし、連文を連文たらしめている機能を渡辺（1971）に倣って「連文的職能」と呼び、その具体的な解明に力を注いでいる。

　長田（1984）の言う連文的職能とは例えば次のようなものである。

（16）国境の長いトンネルを抜けると雪国であった。夜の底が白くなった。<u>信号所</u>に汽車が止まった。

（川端康成『雪国』、長田（1984: 88）より）

（17）<u>信号所</u>では乗客の乗降は取り扱わない。

　（16）の「信号所」は辞書項目（lexical entry）ではなく、（17）のような総称文におけるような抽象化されたものでもなく、「<u>国境の長いトンネルを抜けたところにある信号所</u>」という具体的に限定されたものである。長田（1984）は、このように名詞が文中で限定され、そのことによって文と文の間につながりがもたらされるのは、名詞が「素材表示部の意義」だけを持ち、「関係構成部の意義」を持たない語類であることによるという。

　同書の研究対象である連文的職能を最も典型的に担うのは指示詞であり、その意味で同書が指示詞の機能を、「（指示語によって）限定される語即ち被限定語を個別的表現の極限に近づけるのに必要にして十分な内容を、自らの位置に持ち込み、持ち込むことによって被限定語を限定し、それによって被限定語を個別的表現の極限に近づける力を持っている」（長田1984: 29）ことと規定したことは重要である。この点を具体的に見てみよう。

（18）元文元年の秋、新七の船は、出羽の国秋田から米を積んで出帆した。<u>その船</u>が不幸にも航海中に風波の難にあって、半難破船の姿になって、積荷の半分以上を流失した。

（森鴎外『最後の一句』、長田（1984: 31）より）

　この例の「その船」はそれだけでは（現場指示でない文章の中では）指示対象を持ち得ないが、その指示対象は先行文脈にある単なる「船」ではなく、長田（1984）が指摘するように、「<u>元文元年の</u>

秋、出羽の国秋田から米を積んで出帆した新七の船」であり、「その」という指示詞（長田（1984）の「持ち込み詞」）の機能はこの下線部の情報を当該の文に「持ち込む」ことにある。この指摘は指示詞のテキスト内指示用法が持つ機能を的確に捉えている。この点については第10章で詳論する。


## 7. 本章のまとめ

　本章では、テキスト言語学、および、その中での本書の位置づけについて論じた。本書では、「閉文脈」「自己充足型テキスト」における結束性について論じるが、この結束性を問題にするレベルは、Leech（1983）の主張とは異なり、同書の言う意味での「文法」に属すと考えられる。

　本章では、さらに、本研究にとって重要な意味を持つ先行研究についても論じた。

---

**＊1**　ここで言う「母語話者」は、第5章（4）に示す文法能力を内在化している者という意味であり、必ずしも、第二言語として日本語を習得した者を排除するものではない。以下、本書ではこの語はそうした意味で理解されたい。
なお、文法能力が文法研究や言語教育にとって持つ意味については、庵（2017b）を参照されたい。
**＊2**　この場合の不適格性は、第4章で見た結束性に関わる非適格性、すなわち、非結束性（incohesiveness）である。
**＊3**　これらがどのようにして結束性を獲得するか（結束的なテキストになるか）については、第3部で詳述する。
**＊4**　情報としてはやや古くなっているが、日本国内外のテキスト研究について概観したものに庵（1997b）がある。
**＊5**　"pragmatics"の訳語として、庵（2007）では「運用論」を用いたが、本書では一般的な用語法に従い、「語用論」を用いる。
**＊6**　これを「発話役割（speech role）」と言う（cf. Benveniste 1966, Levinson 1983）。
**＊7**　これらは、前章で取り上げたH&HのTenor（やMode）に対応するものであることに注意されたい。なお、蒲谷宏氏らの「敬語表現」に関する研究（蒲谷ほか（1998）など）や、川口義一氏の「文脈化」に関する一連の研究

（川口（2017）ほか）なども、ここでLeechが述べている内容にそくした研究であると言えるように思われる（「文脈化」については太田（2014）も参照）。こうしたところにも、ハリデー理論の言語教育における有用性が見て取れる。

\*8　もちろん、これは、「文法」が自律的に（autonomously）研究可能であるという立場に立てば、という条件付きであり、そうした考え方は一種の「フィクション」であるという立場に立つとすれば、これは成り立たない。しかし、そうした「非自律的」な立場に立つとすれば、そもそも、Leech（1983）の議論自体が意味を持たなくなるので、本書では「自律的」な文法観を採用する。

\*9　このことの意味についてさらに詳しくは第9章および庵（2013a: §17）参照。

\*10　『文の姿勢の研究』は1973年に出版されたが、その基となった論文は1967〜1968年に『計量国語学』誌に発表されている。

第8章

# 指示詞（指示表現）の文脈指示用法


第3章～第7章において、本書の分析対象を規定した。本章では、それらの議論を受けて、本書の中心的な分析対象である指示詞（指示表現）の文脈指示用法について考える。


## 1. 指示詞と指示表現

まず、「指示詞」と「指示表現」という用語について規定する。

「指示詞」は、品詞論的に意味での品詞ではなく、ここに属す語は、品詞論的には、連体詞（この系*1、こんな系、こういう系など）、（代）名詞（これ系、こいつ系、こちら系など）、副詞（こう系）などに分かれる（庵2017b）。

研究史的には、山田（1908）においてはこのように品詞論的に配分されていた語群を、佐久間（1936）が「こそあど」という形で取り出すことを提唱し、三上（1955, 1970）がこれらの語群が持つ統語的性質に関する議論を活発化させたという流れがある*2。

本書でも、こうした流れを受け、コ系統／ソ系統／ア系統の対立を「指示詞」の問題として捉える立場を取る。

一方、日本語では、（1）のように、テキスト内で再度言及された名詞句（第3章で考察した「定情報名詞句」）を、指示詞をつけずに表すことができる*3。言い換えると、こうした名詞句はコ系統／ソ系統／ア系統の名詞句とパラダイムをなす。

(1) 難民申請を不認定とされたアフガニスタン人男性（25）に対し、大阪入国管理局が昨年11月、不法滞在認定に対して
(a) 男性が起こした不服請求を受けて開く口頭審理の期日を、入国管理法施行規則で定めた文書によらず、電話で通知していたことが6日分かった。

(b) 男性は日本語がほとんどできないため、親族の立ち会いや代理人による証拠提出ができるなどの権利が、本人には伝わっておらず、(c) 1人で出席した男性は即日、不服請求を却下された。(d) 男性の支援者は「人権無視のやり方」と批判している。　　　　　　　　（毎日新聞夕刊2000.1.6）

　本書では、(1) の実下線部の名詞句のような指示詞をともなわない定情報名詞句を「ゼロ名詞句」（「ゼロ」と略称することもある）と呼び*4、コ系統／ソ系統／ア系統に「ゼロ名詞句」を加えたものを「指示表現」と呼ぶ。


## 2. 指示詞の機能

　次に、指示詞（ここでは「ゼロ」を除く）の機能を考える。
　次の例を考えていただきたい。
　(2) その本を取ってください。
　(2) は、この文だけが提示された場合、視覚障害者には解釈不能である（「本」が視野に入っていない場合は誰にとっても解釈不能である）。これは、指示詞（を伴う表現）が適切に解釈されるためには、視覚情報（多くの場合は「指さし」）が不可欠であることを示している。これは、指示詞が「直示表現（deixis）」であることによる（cf. 田中1981）。


## 3. 現場指示と文脈指示

　上述のように、指示詞の研究を大きく進める役割を果たしたのは三上章である。三上（1955: 177）は、上記 (2) のような「現場指示（deictic）」用法について、次のように述べている（このタイプの対立は三上（1970）で「対立型」と呼ばれている）。
　(3) 相手と話手の原始的な対立の様式が楕円的である。両者は楕円の二つの焦点に立ち、楕円を折半してめいめいの領分として向かい合っている。
　この場合、話し手の近くのものはコ系統、聞き手の近くのものは

ソ系統で指される。これを図示すると次のようになる。

図1　対立型

次に、三上（1955: 178）は次のように述べている（このタイプの対立は三上（1970）で「融合型」と呼ばれている）。

(4) 目を移すと、二人は差向いから肩を並べる姿勢になって接近する。相手と話手とは「我々」としてぐるになり、楕円は円になる。

この場合、話し手（及び聞き手）から近いものはコ系統で指され、遠いものはア系統で指される。これを図示すると次のようになる（正保（1981）も参照）。

図2　融合型

以上の2つのタイプはともに現場指示であるが、指示詞には、この他に言語的な先行詞を持つ「文脈指示（anaphoric）」用法がある。

文脈指示に関する最初の重要な研究は久野（1973）である。久野（1973）は文脈指示のア系統とソ系統に関し次のように述べている。

(5) ア－系列：その代名詞の実世界における指示対象を、話し手、聞き手ともによく知っている場合にのみ用いられる。
　　ソ－系列：話し手自身はその指示対象をよく知っているが、聞き手が指示対象をよく知っていないだろうと想定した場合、あるいは、話し手自身が指示対象をよく知らない場合

第8章　指示詞（指示表現）の文脈指示用法　　63

に用いられる。

久野（1973）は、この一般化から次の（6）（7）に見られる文法性の差が説明できるとしている（（6）（7）は久野（1973）より。なお、原文は漢字カタカナ書き）。

(6) 話し手：昨日、山田さんに会いました。あの（#その）人、いつも元気ですね。

　　聞き手：本当にそうですね。

(7) 話し手：昨日山田さんという人に会いました。その（#あの）人、道に迷っていたので助けてあげました。

この久野（1973）の一般化を批判的に検討し、指示表現の研究を深化させたのが金水・田窪（1990, 1992）である*5。

金水・田窪（1990）はメンタルスペース理論に由来する独自の談話管理理論に基づいて指示表現を分析したものである。金水・田窪（1990: 93）ではア系統が使える条件として次の3つが挙げられている（これらのどれか1つが満たされるときに限りア系統が使える）。

(8) a. 独り言など、聞き手の影響が文脈的に排除されていること

　　b. 指し示される要素が現場または経験スペースにおいて話し手・聞き手に共有されていること。

　　c. その他のある語用論的条件を満たすこと*6。

文脈指示にはこれ以外のタイプも存在するが、これについては次の小節で述べる。


## 4. 2つの文脈指示

上述のように、文脈指示には2つのタイプがある。ここではこれについて考えるが、まず、次の2例を考えていただきたい。

(9) 話し手：昨日、山田さんに会いました。あの（#その）人、いつも元気ですね。

　　聞き手：本当にそうですね。　　　　　　　　　　　　（＝（6））

(10)(a)［米ラスベガスのカジノで、37歳のウエートレスがスロ

ットマシンで3495万ドル（約37億4000万円）を獲得した。スロットマシンによるこれまでの最高記録は、1998年11月にラスベガスで67歳の女性が手にした2760万ドルで、過去最高額を塗り替えた。]

　カジノの広報担当者によると、(b) この女性は26日夜、同市内のホテルで1回3ドルのマシンに挑戦。いつもは21ドル負けるとやめていたが、この日は6ドル分、追加したところ、最後に大当たりが出たという。

（毎日新聞夕刊2000.1.29）

　(9) と (10) はともに先行詞を持つ文脈指示であるが、その機能は異なる。(9) の場合、話し手も聞き手も先行詞「山田さん」を知っているので、次のように文脈が整えば、先行詞は不要である。

(11)F006：知ってる？絵手紙って。

　　　F004：あれ？あれ何ていう名前の島だっけ。

　　　F006：竹島。

　　　F004：えー、竹島。うーん。まちがえちゃった。日間賀島
　　　　　　って言おうとしちゃった。竹島。

（名大会話コーパス data013）

　これに対して、(10) の場合、[　]で囲んだ先行詞 (a) を省略することは不可能である（省略すると、(b) は解釈不能になる）。


## 5．知識管理に属する文脈指示

　以上見たように、指示詞の文脈指示用法には次の2つの対立のタイプがあると考えられる。

(12)a.　ソ系統−ア系統

　　b.　コ系統−ソ系統

このうち、これまで主に論じられてきたのはaのタイプである（文脈指示用法でコ系統とア系統が対立することはない）。この問題の議論の出発点となったのが、前述の久野（1973）の議論である。

(13)a.　ア系統：その代名詞の実世界における指示対象を、話
　　　　　　　　し手、聞き手ともによく知っている場合にのみ用いる。

b. ソ系統：話し手自身は指示対象をよく知っているが、聞き手が指示対象をよく知っていないだろうと想定した場合、あるいは、話し手自身が指示対象をよく知らない場合に用いられる。

この久野（1973）の一般化を受けて、黒田（1979）、Yoshimoto（1986）、金水・田窪（1990）、春木（1991）などで議論が続けられたが、黒田（1979）を承け、談話管理理論に基づいて指示詞の全用法を包括的に説明しようとする金水・田窪（1990, 1992）によってこの問題は解決を見たと言える。

金水・田窪（1990, 1992）は話し手の知識領域を直接経験領域と間接経験領域に大別し、「特に理由がない限り、話し手の直接経験的領域に存在する対象は直接経験的対象として指示する」（金水・田窪（1992: 189））という指示方略を立て（金水・田窪モデルでは現場指示と文脈指示の区別は本質的なレベルでは破棄され、両者は一体的に捉えられている）、その上で、ア系統は直接経験的領域（過去及び遠方）にあるものを指すものであり、ソ系統は間接経験的領域にあるものを指すものであると規定する。

この規定により、（14）のように、相手の発話によって初めて導入された要素や、（15）のような仮定的スペースにしか存在しない要素を指す場合にソ系統しか使えない理由は自動的に説明される。なぜなら、そうした要素は話し手の直接経験領域には存在し得ないからである。

(14) A： 昨日、<u>三藤さん</u>に会ったよ。

B： えっ、三藤さん？だれ、<u>その（#あの）人</u>。

（金水・田窪 1990）

(15) もし今<u>金</u>があったら、<u>その（#あの）金</u>でマンションを買うんだが。

(16) A： 昨日、<u>山田さん</u>に会いました。<u>あの（#その）人</u>、いつも元気ですね。

B： 本当にそうですね。

(17) A： 昨日<u>山田さんという人</u>に会いました。<u>その（#あの）人</u>、道に迷っていたので助けてあげました。

（18）（独言で）（a）<u>あの（／#その）人</u>いつも元気だなぁ。

　一方、（16）のような場合にア系統が用いられることにも問題はない。なぜなら、この場合、「山田さん」が話し手であるＡの直接経験領域にあることは明らかであり、しかも、Ａが「という」という形式を使っていないことからも分かるように、Ａは聞き手であるＢが「山田さん」を同定できることを知っているので（田窪1989）、この点からもア系統の使用が妨げられるということはない。（18）のような独言の場合も同様である。

　最も問題になるのは、（17）のような場合に通常ア系統が使えないということである。<u>Ａにとって</u>（16）と（17）で「山田さん」のステータスが変わるということはないので、なぜ後者の場合にはア系統が使えないのかということが問題とされてきたのであった。

　これに対する金水・田窪（1992）の解答は、（17）でソ系統が使われるのは、「山田さん」のことを知らない（と想定される）聞き手に対して、「山田さん」に対する話し手の思い入れを内包するア系統を用いて「山田さん」を指示するということが配慮に欠けた行為になるという語用論的な要因によるものであって、決して、ア系統の語彙的意味に由来する問題ではない、というものである（これは基本的に堀口（1978）や黒田（1979）の考え方を発展させたものである）。筆者もこの説は正しいと考える*7。

　以上見たように、久野（1973）が提示した文脈指示におけるソ系統とア系統の対立という問題は、金水・田窪（1992）において解決を見たと言える。つまり、この場合の対立は基本的に話し手が当該の個体を「知っている」か否かによって規定され得るものである。本書ではこの点を重視し、このタイプの文脈指示を「知識管理に属する文脈指示」と呼ぶ。


## 6. 文脈指示への2つのアプローチ

　前小節では、（12）で挙げた文脈指示における2つのタイプのうち、（12a）のソ系統とア系統の対立が金水・田窪（1992）などの談話管理理論という観点からの説明に適していることを見た。

このように、指示詞の研究において金水・田窪モデルの有効性は極めて高いと言える。しかし、後述するように、閉文脈に属し、書きことばにおける本質的用法であると考えられる（12b）のタイプの文脈指示に関してはこのモデルはあまり有力であるとは言えない。

ここでは、その点を明らかにするために金水・田窪モデルの功罪を論じ、その後で（12b）のタイプの文脈指示は結束性という観点から考えるべきであることを述べる。


## 7. 金水・田窪モデルの功績

まず、金水・田窪モデルの功績を論じる。前述のように、金水・田窪（1990, 1992）は談話管理理論という知識モデルを用いて、指示詞の全用法を統一的に説明しようとするものであり、その理論が指示詞研究に与えた影響は計り知れないものがある。

金水・田窪モデルでは、話し手の知識は「直接経験的領域」と「間接経験的領域」に分けられる。前者に属するのは話し手の過去の経験や現場の事物であり、後者に属するのは言語的情報によって構築される要素である。また、「聞き手」の知識・知覚などは（他者の知識・知覚などは直接は知り得ないという一般的な制約に従って）「間接経験的領域」に属することになる（金水・田窪1992: 182ff.）。

前述のように、このモデルの導入によって、指示詞の研究が「談話管理理論」という一般性の高い理論の中で位置づけられることになったことの意義は大きい。また、金水・田窪（1990）における「指示トリガー・ハイアラーキー」などはこのモデルの類型論的比較のモデルとしての有効性を示唆している。


## 8. 金水・田窪モデルの限界

上述のように、金水・田窪モデルは現場指示や、文脈指示におけるソ系統とア系統の対立の説明には極めて有効である。しかし、このモデルにも問題点がある。それは、文脈指示におけるコ系統とソ

系統の対立（（12b））に関する部分である。

　金水・田窪モデルに従えば、コ系統は話し手の直接経験領域に存在するのに対し、ソ系統は話し手の間接経験領域に属するということになる。また、このモデルでは現場指示と文脈指示は一体視されるので、「操作可能性、所有・所属関係、導入者の優先権、情報の多寡などの点で、話し手が指し示す対象を「近い」と認定できる対象でなければコは用いられない」（金水・田窪1990）とされる。また、「話し手からの心理的距離に関して中和的なソに対し、<u>近称のコは明らかに文脈指示においては有標</u>」（金水・田窪（1990）。下線筆者）であるとも言われる。

　しかし、このような一般化に対しては次のような問題点がある。

　第一は、次のようなタイプの文連鎖では体系的にソ系統しか使えないということである。

(19)順子は「あなたなしでは生きられない」と言っていた。<u>その（#この）順子</u>が今は他の男の子供を2人も産んでいる。

(20)もう1席の『かわり目』はお酒の話だ。<u>小米朝落語</u>というと、昨年演じた『たちぎれ線香』のように若旦那が活躍するネタが得意だというイメージがある。<u>その（#この）彼</u>が、酔っぱらいのおっさんが主役のこのネタを演じる。

（「第2回桂小米朝独演会パンフレット」）

(21)<u>ワールド</u>は関西リーグで［全国選手権5連覇中の］神戸製鋼に6－12と善戦。FWを軸にした縦攻撃とHB団のパントで神戸製鋼の横の揺さぶりに対抗した。<u>その（#この）ワールド</u>を三洋は徹底したFWの力勝負で粉砕した。重圧を受けたマッガーンと松尾がタッチにけり出すキックに終始するまで追い込み続けたのだ。　　（毎日新聞朝刊1994.1.5）

　(19)(20)の定情報名詞句（下線部の名詞句＝テキスト内で2度目以降に言及された名詞句。第3章参照）は文の主語である。一方、(21)の定情報名詞句は主語ではないが、通常語順を逸脱して文頭に移動しており、「メッセージの出発点（departure of message）」として機能している*8。そうした意味でこれらの名詞句は共に卓越性（saliency）を持っていると考えられる。にもかか

わらず、こうした場合ソ系統しか使えない。

第二は、コ系統は文脈指示において有標である、という点である。

次の表1は朝日新聞朝刊「天声人語」の1985年から1991年までの全用例中、「この」と「その」が指定指示*9 のガ格で使われている全用例を調査対象としたものの結果であるが、これを見ても、少なくとも定量的には上述の命題（コ系統は文脈指示において有標）には疑問の余地があることが分かる。しかも、この場合、「この」はより無標と考えられる「は」と多く結びついているのに対し、「その」は有標と考えられる「が」と結びつきやすいという傾向を示している（これらの点については第10章で述べる）。

表1 「は」と「が」

|  | は | が | 合計 |
|---|---|---|---|
| この | 321 ↑ | 107 ↓ | 428 |
| その | 58 ↓ | 119 ↑ | 177 |
| 合計 | 379 | 226 | 605 |

$\chi^2(1) = 93.64$、$p<.001$、$\phi = 0.393$
（↑は有意に多いこと、↓は有意に少ないことを表す）

以上の2点で、金水・田窪モデルには問題があると考えられるが、これはこのモデルに内在する問題点であると考えられる。つまり、文脈指示のコ系統とソ系統の対立は本質的に「知識管理」とは異なった原理、すなわち、「結束性」に支配されており、そのため、「談話管理」に属する現象を扱うのに適した金水・田窪モデルではこうした現象にうまく説明が与えられないと考えられるのである。

こうした点を考え、次に「結束性」の観点から文脈指示を考えることの重要性を論じる。


## 9. 結束性に基づく文脈指示

前2小節では指示詞研究における金水・田窪モデルの功績を認める一方、そのモデルで説明できない問題が存在することを指摘した。

さらに、本章5節では（16）～（18）のようなタイプの「文脈

指示」については金水・田窪モデルが有効であることを見る一方、このモデルでは（19）～（21）のようなタイプの文脈指示は説明できないことも指摘した。この2つの事実を合理的に説明するために、本書では「文脈指示」を次のように考える。

(22)文脈指示には「知識管理」の原理に従うものと、「結束性」の原理に従うものがある。

この規定の有効性は次のような事実から支持される。

先に、（17）のような場合にア系統が使えない理由が、聞き手であるBに対する配慮によるものであることを見た。

(17)A：昨日、山田さんという人に会いました。(a) その（／#あの）人道に迷っていたので助けてあげました。

B：その（／#あの）人、ひげを生やした中年の人でしょ。

これが聞き手に対する配慮の結果であることは、（16）のように聞き手が指示対象（「山田さん」）を知っている（と話し手が想定できる）ことが明らかな場合にはア系統しか使えず、ソ系統は使えないこと、および、聞き手が想定されていない、（18）のような独言の場合にはア系統しか使えないことからわかる。

(16)A：昨日、山田さんに会いました。(a) あの（／#その）人、いつも元気ですね。

B：本当にそうですね。

(18)(a) あの（／*その）人、いつも元気だなぁ。

一方、（14）（15）のように話し手が直接知り得ない要素はソ系統でしか指せない。

(14)A：昨日、三藤さんに会ったよ。

B：えっ、三藤さん？だれ、その（#あの）人。

(15)もし今金があったら、その（#あの）金でマンションを買うんだが。

こうしたことから金水・田窪（1990, 1992）は次のような一般化を行った。

(23)a.　話し手が直接的に知り得る要素はア系統で指す。

b.　話し手が間接的にしか知り得ない要素はソ系統で指す。

この規定は指示対象に対する話し手の「知識」のあり様に依存す

るものである。換言すれば、ア系統とソ系統の対立は話し手の知識の中での指示対象のステータスの違いに由来するのである。

一方、コ系統とソ系統の対立には聞き手の有無は関与せず、コ系統を使うかソ系統を使うかに話し手の知識の中の指示対象のステータスの違いが反映しているとも考えられない。つまり、金水・田窪（1992）のように、（23）と平行的に（24）のような規定をすることの根拠はア系統とソ系統の場合に比べ薄弱だと言わざるを得ない。

(24)a. 話し手が直接的に知り得る要素はコ系統で指す。

　　b. 話し手が間接的にしか知り得ない要素はソ系統で指す。

金水・田窪モデルが（24）のような規定をする根拠はそれをすることで、現場指示と文脈指示が統一的に扱えるということであると思われるが、前小節で挙げたような問題点に対して「予測可能な形で」答えることができないとすれば、現場指示と文脈指示を統一的に扱うということにそれほどの利点があるとは言えないことになる。ここで重要なのは「予測可能な形で」という部分である。ここで言う予測可能性とは具体的には（25）（26）の下線部に「この」が入るか「その」が入るかを特定できるといったことである。

(25)A君は泳ぎが得意で国体に出たこともあるんです。（　　　）A君が溺れ死ぬなんて信じられません。

(26)新幹線が開業して32年になる。考えてみると、私が（　　　）乗物に初めて乗ったのは18歳で初めて上京したときだった。

コ系統とソ系統を（24）やそれに由来する形で規定した上で上述の意味の予測可能性を持った記述をするのは困難であると思われる。

では、そうした予測可能性を持った記述をするにはどうしたらよいかということだが、そのためにはコ系統とソ系統の対立を記述するための原理を「知識管理」ではなく、「結束性」に求めることが必要であると考える。なぜなら、上述の議論から明らかなように、コ系統とソ系統の対立には話し手の知識は関与しておらず、テキスト的レベルの原理が両者の対立を支配しているからである。

コ系統とソ系統の対立の説明原理を結束性に求めることで例えば、（25）のような先行文脈から形成される予測を裏切るような叙

述が行われるときには「この」や「ゼロ」ではなく「その」が用いられることや、(26)のように先行詞が言い換えられているときには「その」や「ゼロ」ではなく「この」が用いられることなどが説明できる。これらの点について詳しくは第10章の議論を参照されたい。

　次章以降では、以上の議論に基づき、結束性の観点から文脈指示を考えていくが、その前に強調しておきたいのは、本書は金水・田窪モデルを全面否定しているわけでも、モデル自体の部分修正を意図しているわけでもないということである。

　本書が主張しているのは、指示詞の全用法のうち、文脈指示のコ系統とソ系統の対立だけは金水・田窪モデルでは説明できないので、その部分だけは「結束性」に基づくモデルによって説明しようということである。ただし、そのことの前提として、金水・田窪モデルが前提とする現場指示と文脈指示の統一的説明は放棄し、文脈指示（の中心的な用法）は現場指示とは別の原理（結束性）に支配されていると考える。その上で、本書で扱う結束性に基づく文脈指示を(27)のような特徴を持つものと規定する。

　なお、後述のように、本書ではア系統にはここで言う、テキスト内指示としての文脈指示の用法を認めない。そして、(27)で言う意味の文脈指示を「狭義文脈指示」、現場指示、絶対指示と区別する意味で言う文脈指示を「広義文脈指示」と呼ぶことにする。

(27)a.　指示対象が義務的にテキスト内に存在する。

　　　b.　コ系統、ソ系統、ゼロが範列的対立をなす。

　次に(27)について述べるが、この規定の特徴は「ア系統が含まれていない」ことと「ゼロが含まれている」ことである。

　このうち、前者の理由は前述の通りである。すなわち、ア系統の使用条件は話し手／書き手が指示対象を知っているか否かであり、それはテキストの作られ方に関与する「結束性」には無関係である。

　一方、後者の規定が必要なのは、日本語では限定詞が統語範疇ではなく、また名詞句の「省略」（「非出現」）が統語的に許されているからである*10。次例を考えていただきたい。

(28)a.　近所に男が一人で住んでいる。{この／その／φ} 男は

大学生だ。

b. There lives a man by himself in my neighborhood. {The ／That／* φ} man is a university student.

(29) a. 近所に男が一人で住んでいる。{この男は／その男は／φ（は）} 面白い奴だ。

b. There lives a man by himself in my neighborhood. {The man／That man／* φ} is a unique guy.

　（28）からわかるように、日本語ではテキスト内で言及された要素に再度言及する際、限定詞が不要であり得る（ただし、これには第10章で述べるような条件がある）が、英語ではこれは不可能である。同様に、(29)から日本語では(28)と同様の環境でコ系統、ソ系統のほかに名詞句の非出現（省略）も可能であることがわかるが、これも英語では不可能である。もちろん、日本語でもこれらのゼロ表現が自由に使えるわけではないが、少なくとも、こうした場合に「統語的には」可能性があるということは重要である。

　以上(27)の必要性を述べたが、(27)はここで扱う文脈指示をテキスト内指示（endophoric）として規定したものである。テキスト内指示はHalliday & Hasan（1976）の用語で、先行詞がテキスト内に義務的に存在する場合を指すものが、これは基本的に閉文脈に対応する概念であり、指示表現の研究に不可欠なものである。

　以上で、「結束性に基づく文脈指示」に関する概念規定は終わったが、第3部での議論に向けて日本語におけるテキスト内指示の外延を定めるために、次節では指示表現の用法の分類を行い、本書の考察対象を限定する。


## 10. 指示表現の分類

　指示表現の分類に関しては、英語におけるHalliday & Hasan（1976）のものが参考になる。

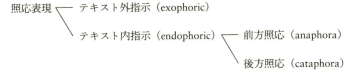

図3　照応表現の用法の分類（Halliday & Hasan 1976）

　図3から分かるように、「テキスト内指示」は「テキスト外指示」と相補分布をなす概念である。したがって、「テキスト外指示」とは「指示対象がテキスト内に義務的には存在しない場合の指示」であると規定できる。このように、テキスト内指示とテキスト外指示は相補分布をなす概念であるので、本書での目的である「テキスト内指示」の外延を定めるためには、指示詞の全用法からテキスト外指示の用法を除けばよいことになる。ここで、テキスト外指示に属するものには次のようなものがある。

(30) a.　現場指示
　　 b.　絶対指示
　　 c.　観念指示
　　 d.　視点遊離指示

　(30a)の現場指示は発話の現場において五官で認知できる対象（音、匂い、味、肌触りなど）を指示対象とする場合でテキスト外指示の典型的なものである。

　(30b)の絶対指示は堀口（1990）の用語で、指示対象が直示中心（deictic center ＝ 今、ここ、私）を基準に決まる場合である。例としては次のようなものがある*11。

(31) 今の堀井に必要なのは、五輪でも負けない、という自信ではないか。昨年十一月のW杯ハーマル大会での日本新記録樹立の時には"一発屋"の感があったが、実績を作った。とくに<u>この日</u>は安定した強さを印象づけ、五百メートル出場キップを手にしたようなものなのだから。

（毎日新聞朝刊 1994.1.8）

　(31)は新聞で多用される用法で、朝刊ならその前日を夕刊ならその当日を指す。したがって、この例では「この日＝1月7日」である。絶対指示の用法は基本的にコ系統に限られる（例外は「あ

の世」のみ）。そのほかの例としては「このごろ*12、この＋日時（ex. この3日＝発話時から一番近い3日）、この＋期間（ex. この1週間＝最近1週間）」などがある。このように、直示中心のうち、「今」を基準にする絶対指示は存在するが（ただし、「この時＝今」にはならない）、「ここ」「私」を基準にする絶対指示は存在しない*13。

（30c）は「ア系統の文脈指示」とされるものだが、本書ではこれを「観念指示」と呼ぶ（cf. 春木1991）。観念指示が（結束性に基づく）文脈指示ではない理由は前述の通りであるが、これが「テキスト外指示」であるのは先行詞の必須性の違いという点から説明できる。例えば、独言で（18）が使えることからわかるように、（16）の「あの人」の先行詞は「義務的に」存在しなければならないわけではない（もちろん、先行詞が言語化されていた方が話の展開が容易になる場合が多いが、先行詞の存在は義務的ではない）。

(16)昨日、山田さんに会いました。あの（#その）人、いつも元気ですね。

(18)あの（*その）人、いつも元気だなぁ。

一方、コ系統（絶対指示を除く）、ソ系統にはこれに対応する用法はない。

(18){*この／*その} 人、いつも元気だなぁ。

　　（現場指示ではない第一発話としては不適）

以上のことからも、観念指示はテキスト外指示であると言える*14。

（30d）の視点遊離指示は書きことばの「描かれた現場」内の要素を指す用法である。例えば、（32）の「おばあさん」の指し方は基本的に現場指示の場合と変わらない。この用法はコ系統が大部分であるが、（33）のようなア系統の用法も稀に存在する。

(32)急行停車駅の峰山にも網野にも気づかず、四〇分ほど眠ると「大社」は砂丘に沿って走っている。少なかった乗客はますます減って、この車両に乗っているのは三人連れのおっさんと一人旅のおばあさんと私の五人だけになっている。（中略）進行方向が変るとたいていの人は前向きに座り直す

のだが、この（#その）おばあさんは進行方向に背を向けたままである。　　　　　　　　　（宮脇俊三『最長片道切符の旅』）

(33) 山の麓煙吐いて列車が走る
　　　木枯らしは雑木林を転げ落ちてくる
　　　銀色の毛布つけた田んぼにポツリ
　　　置きざられ手雪を被った案山子が一人
　　　おまえも都会の雪景色の中で
　　　ちょうどあの案山子のように
　　　寂しい思いしてはいないか
　　　体を壊してはいないか　　　　（さだまさし作詞・歌「案山子」）

ただし、書きことばにおける現場は「描かれた現場」であり、通常の現場のようにいきなりそこに存在する要素を「見る」ことはできないため、まず要素を言語的に導入してその後それを直示的に指すという手順を踏まなければならない。なお、この用法には、視点がテキスト世界にあることを示す事実として、述語がル形になるという特徴がある。

　ここで本書の立場からした指示表現の用法による分類を掲げておく。この表の内、テキスト内指示に属するのは「狭義文脈指示」のみであり、それ以外はテキスト外指示である。

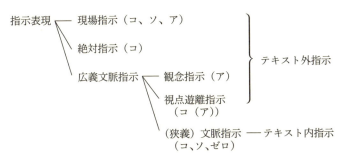

図4　指示表現の分類

## 11.　本章のまとめ

本章では、指示表現の機能と文脈指示用法についての概念規定を

行った。本書では、指示表現の狭義文脈指示用法を考察対象とするが、そこでの記述を行うためには、知識管理に基づくアプローチは適切ではなく、結束性に基づくアプローチが求められる。また、本章の最後に、本書の立場からした指示表現の諸用法の分類を掲げた。

---

*1　日本語の指示詞は「コソア」とも呼ばれるように、コ／ソ／アで始まるパラダイムをなすところに大きな特徴がある。言い換えると、日本語の指示詞は、「こ／そ／あ＋範疇を表す形式」という構造を持っている。本書では、範疇を無視して「こ／そ／あ」の部分のみを問題とするときは、「コ系統／ソ系統／ア系統」という語を用い、範疇を問題とするときは、「この／その／あの」を「この系」と呼ぶように、「各範疇のコ系統の語＋系」という語を用いることにする。

*2　指示詞の研究史については、金水・田窪（1992）が詳しい。

*3　このことの類型論的意味については第12章で詳論する。

*4　「ゼロ」は、（1b）のように「は」でマークされることが多いが、（1a）（1d）のようにそれ以外の助詞でマークされることもある。なお、（1c）のように、修飾語をともなっていても「この系」の限定詞（determiner）を伴わないものは「ゼロ」と考える。

*5　この点について詳しくは、金水・田窪（1992）、庵（2007）を参照されたい。

*6　cの例としては次のような「教示」の文脈が挙げられる。
　　（ア）　ぼくは大阪にいるとき山田という先生に習ったんだが、君もあの先
　　　　　生につくといいよ。　　　　　　　　　　　　　　（金水・田窪1990: 94）

*7　上述のように、（16）と（17）の各々の下線部の名詞句は「意味論的には」等価であるから、ここで言うア系統とソ系統の対立からは排除して考えた方がよいと考えられる。

　（17）でソ系統を使わなければならないのは（その個体に対して話し手と同様の知識を持っているとは想定できない）、聞き手が存在するからにすぎない。確かに、聞き手が存在するときにはその個体を「間接領域扱い」しなければならないのは事実だが、それはあくまで運用論レベルの問題であり、それをその個体が属する領域の違いという意味論的な問題として記述するべきではないと思われる（これはまさに金水・田窪（1992）の趣旨だと思われる）。

　これに対し、田窪・金水（1996）は同じ個体を複数の領域に置くことを認めるモデルでこの問題を扱っているが、なぜ（17）と同じステータスを持つと思われる（18）は「間接領域扱い」できないのかが不明である（もしその理由を「聞き手の存在」に求めると、「聞き手」は意味論的な概念ではないとする全体の論旨が崩れる）。以上のことから本書では、（16）（17）（18）は全て「意味論的には」話し手の直接経験領域にある要素を指すと考え、（17）でソ系統が使

われるのは語用論上の問題であると考える。

**＊8**　この「メッセージの出発点」という概念については、文献間に用語の錯綜が見られる。すなわち、Halliday（1994）らはこうした要素は「主題」で、テキスト的メタ機能のレベルに属するもので、文法関係を表し対人的メタ機能のレベルに属する「主語」とは区別されるとするのに対し、Chafe（1994）らはこうした要素は全て「主語」であり、「主題」は日本語の「は」でマークされる要素などのように形態上のマーカーがあるものに限られるとしている。

**＊9**　指定指示とは、（イ）のように「この」「その」全体で先行詞と照応する用法である（詳しくは第10章参照）。

（イ）　先日すしを食べた。{この／その} すしはうまかった。

**＊10**　日本語におけるいわゆる「省略」をどのように考えるべきかについては次章で詳述する。

**＊11**　この用法について詳しくは金（2006）参照。

**＊12**　「このごろ」に「発話時以前で発話時に近い時期」を表す絶対指示の用法しかない一方、「このころ」には（狭義）文脈指示の用法しかない。

（ウ）　結婚を承諾する前、雅子さんは外務省を十日以上欠勤した。気持ちの整理をするために、静かに考える時間が必要だったのだろうか。関係者によると、このころ皇太子さまは雅子さん宅にひんぱんに電話をかけ、思いを伝えられたという。　　（朝日新聞朝刊 1993.1.7）

**＊13**　堀口（1990）は（エ）などを「場所を表す絶対指示」の例としているが、これらは現場指示の一部と考えればよいと思われる。

（エ）　ユートピアとは、「どこにも無い場所」という意味。なるほど、この国は桃源郷的である。　　（朝日新聞夕刊 1993.3.8）

**＊14**　観念指示には、春木（1991）が「周知のア」と呼ぶ次のようなタイプも存在する。

（オ）　「（安倍首相の連続3選は）難しいだろう。信頼がなくなってきた。何を言っても言い逃れ、言い訳に取られている」

小泉氏は4月14日、水戸市で講演後、記者団にこう語った。学校法人「森友学園」や「加計学園」などの問題で政権への不信がぬぐえなければ、首相が総裁選に勝つことは困難との認識を示したものだ。

首相にとって小泉氏は、自らを党幹事長や官房長官などの要職に起用し、首相への道をひらいた恩人とも言える存在だ。それだけに、党内では「あの小泉氏が首相を見限ったのか」（若手）と臆測を呼んだ。　　（読売新聞 Online 2018年5月5日）

第9章

# 結束装置とその関連概念

　本章では、結束性を作り出す文法的手段である結束装置について論じる。合わせて、結束装置と機能的に類似しているが結束装置とは言えないテキストの構造化に関わる文法的な装置について考える。

## 1. 結束装置の定義

　第4章で「結束性」を（1）のように定義した。この定義中の、それ自身の解釈を他の部分に依存し、それによってテキストの形成に貢献する要素を本書では「結束装置（cohesive device）」と呼ぶ。

（1）ある文がその文だけでは解釈が完結しない要素を内包しているとき、その文は先行／後続する文（連続）に解釈を依存しており、そのことによってその文連続は全体でテキストを構成する。この場合、その文連鎖は「結束的」であり、そのテキストには「結束性」が存在する。

## 2. 結束装置の種類

　上のように結束装置を定義したときに結束装置に含まれるものとして、本書では次の2種類の要素を挙げる。

（2）a.　指示表現
　　 b.　磁場表現

以下ではまず、指示表現と磁場表現について規定する。

### 2.1　指示表現

　前章で見たように、本書では「（狭義）文脈指示で用いられ、潜在的に範列的対立をなす表現」を「指示表現」と呼ぶ。この定義に

当てはまり得るのは、コ系統、ソ系統とゼロであり、ア系統は当てはまらない。また、視点遊離指示も除外される。

このように規定された指示表現が結束装置であるのは当然である。なぜなら、指示詞は典型的な指標（indexical）であり、それ自体では指示対象を特定できない（三上（1953）の言う「記号の境遇性」）。しかも、コ系統とソ系統は「文脈指示」で用いられるのでその解釈は「言語的文脈」によって完結しなければならない。

一方、(3)のような定情報としてのゼロ表現もそれ自体テキスト内で限定されており、文脈から切り離されると解釈できなくなるという点で指示詞と共通の特徴を持っている。

(3) 公園で男性が倒れていた。φ男性は頭から血を流していた。
(3′) #男性は頭から血を流していた。（始発文としては不適格）
cf. (3″) 公園で男性が倒れていた。（始発文としても適格）

なお、「ゼロ指示」が可能であるためにはいくつかの条件を満たすことが必要である（この点については第10章を参照されたい）。

## 2.2　磁場表現

磁場表現は内部に「項」を含み、そのことによって結束性を生み出すもので、ア）項の非出現と、イ）1項名詞がある。

磁場表現という名称は、物理的現象である「磁場」からの比喩である。磁場とは空間内に磁石（のような磁気を帯びた物質）を置いた時、その周りにできる磁気を帯びた同心円状の空間のことで、砂鉄などをまくと視覚的にもその存在を確かめられる。

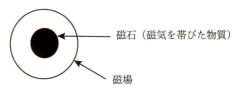

図1　磁場表現

「磁場」の特徴は、自らの周りの要素を引きつけることにあり、その点が「項」が持つ機能と（比喩的にではあるが）重なる。

本章3節〜5節では磁場表現について具体的に取り上げ、本章6

節では、指示表現と磁場表現が結束装置となるメカニズムを考える。

## 3. 項の非出現（いわゆる「省略」）

まず、「項の非出現」について考える。次例を見られたい。

(4) a.　昨日も φ（を）食べました。（動詞）

　　b.　φ（は）きれいでした。　（形容詞）

　　c.　φ（は）小さな町でした。（名詞＋だ）

(5) a.　えっ、何を？

　　b.　えっ、何が？

　　c.　えっ、どこが？

（4a）〜（4c）では述語の必須成分が欠けている（出現していない）。これらが（4a）〜（4c）のように、話し手と聞き手の間にこの談話に先立つ文脈において共有知識が存在しない第一発話で用いられた場合、それぞれ（5a）〜（5c）のような疑問を誘発する。

こうした現象は寺村（1982: 83）はじめ多くの文献で、述語の「項」「必須補語」「共演成分」などと呼ばれるものを特定するために利用されてきた。そうした意味でこのテスト法は文＝文法的のものであるように見える。

しかし、文＝文法ではこのテストは項を特定するという静的な目的に利用されていたにすぎない。これに対して、本書ではこうした述語成分は文連続中に存在することでその文連続に結束性をもたらす能力を潜在的にもつと考える。次例を見られたい。

(6)（a）私はポテトチップスが大好きです。（b）昨日も（φを）食べました。

（6b）には「食べる」という動詞が含まれているが、この動詞が取るガ格（動作主）、ヲ格（対象）という2つの名詞句は共に表層に現れていない。この内、1人称であるガ格名詞句が表層に現れていないことは結束性に（少なくとも一次的には）貢献していない。

これは、ガ格名詞句だけを欠く（7A）に対して（7B）と答えて談話を閉じることが（文法的には）可能である（もちろん、この談話は「自然な」ものではない）ことからわかる。一方、ヲ格名詞句だ

第9章　結束装置とその関連概念　83

けを欠く（8A）に対し（8 B₁）と答えて談話を閉じることは（文法的にも）不可能であり、必ず（8 B₂）といった疑問を誘発する。

(7) A：昨日も（φが）ポテトチップスを食べました。

　　B：ああ、そうですか。

(8) A：昨日も私は（φを）食べました。

　　B₁：#ああ、そうですか。

　　B₂：えっ、何を？

　このように、(6b) で表層に出現していないヲ格名詞句の同定はb文の解釈において不可欠である。ここで、a文中でこの欠如成分と意味素性が一致するのは「ポテトチップス」なので「φ＝ポテトチップス」という解釈が成り立ち、それにより、(6a) ～ (6b) は単なる文連続ではなく、意味的一体性を持ったテキストとなっている。

　ここで重要なのは、動詞の必須項が現れていないことによって文連続に結束性がもたらされているということである。この意味で、「項」という概念は、文＝文法的な静的なものであると同時に、テキスト形成に関わるテキストレベルの動的なものなのである。


## 4.「省略」という用語について

　ここで用語について述べておきたい。これまでの文献では名詞句が表層に現れていない場合に「省略（ellipsis）」という語が使われている（ex. 久野 1978、Tsutsui 1983、筒井 1984、甲斐 1991）が、この用語には問題があるように思われる。

　1つは、「省略」という語に「本来存在するはずのものを省く」といった意味合いがあるとすると、(6b) は「昨日も私はポテトチップスを食べました」という文から派生したということになるが、この文は（少なくとも (6a) に続く文としては）不自然な印象を与える。つまり、「省略」という立場を採ると、中間段階に表層の文としては不自然なものを想定しなければならなくなるのである。

　さらに、「省略」という場合に1、2人称と3人称の「省略」が持つ機能の違いが認識されていないことが多いことも問題点である。

　第7章で、(9a) (9b) は、ガ格名詞句が「省略」されているに

84　Ⅱ　記述のための装置

もかかわらず、第一発話で使えるのに対し、(10) はそうではなく、(11) のような疑問を誘発することを見た。これは、同じ「省略」であっても、1、2 人称の場合、それは照応する必要がないのに対し、3 人称の場合は照応する必要があることを示している。

(9) a. (φが) 公園で男の子を見ましたよ。(1 人称)

　　b. (φが) 公園で男の子を見ましたか？(2 人称)

(10) 　#(φが) 公園で男の子を見たそうです。(3 人称)

(11) 　　えっ、誰が？

黒田成幸氏は早くから、日本語において「代名詞」に当たるのは「彼／彼女」のようないわゆる人称代名詞ではなく、音形を持たない語（ゼロ代名詞）であることを指摘している（Kuroda 1965）。

この見方に立てば、英語と日本語の違いは、英語で音形を持つ代名詞が使われる環境において、日本語では音形を持たない代名詞が使われるという違いにすぎないことがわかる。

実際、第 7 章で指摘したように、(9)(10) における日本語のゼロ代名詞の振る舞いと、(12)(13) における英語の有形の代名詞の振る舞いは並行的である。

(12) a. I saw a boy at the park.

　　b. Did you see a boy at the park?

(13) 　　She saw a boy at the park.

(14) 　　Who saw?

また、Givón（1983, 1984, 1985）が指摘するように、一般に、情報的に新規性が低いものほど音形が小さくなる傾向があり、最も情報的新規性が低いものは、統語的に許される限り「ゼロ」となる。

以上のことを考慮すると、日本語の現象は「省略」ではなく、「ゼロ代名詞」が先行詞と照応するということであり、英語で音形を持つ代名詞が先行詞と照応するのと全く同じように捉えられる。

こうした点を踏まえて、本書では統語的に必須である要素が表層に存在しないことをその要素の「非出現（non-realization）」と呼び、基本的に日本語ではこの状態が無標であると考える（ただし、3 人称の名詞句は初出時には必ず「出現」しなければならない）。

一方、「省略」という語は名詞句が表層化されないことが統語

的にほとんど許されない英語のような言語のために用いるべきであると考える。このことの傍証として、英語の結束性を考察したHalliday & Hasan（1976）が「省略」を「代用」の一種であるとしていることが挙げられる。つまり、(15) からわかるように、彼らにとって「省略」とは「ゼロ形式による代用」（Halliday & Hasan 1976: 142）の場合のことなのである。

(15) This is a fine <u>hall</u> you have here. I've never lectured in a finer
{one/ $\phi$ }. 　　　　　　　　　　（Halliday & Hasan 1976: 146）


## 5. 1 項名詞

本章 3 節では、述語成分が磁場表現としての機能を持っていることを見た。すなわち、述語成分はその項が表層に現れていないことによって文連続に結束性をもたらすのである。これと同様の機能を持つ一群の語がある。それは本書で「1 項名詞」と呼ぶものである。

名詞の統語的分類として最も有名なのは様々な統語的テストによって名詞を「実質性」「トコロ性」「モノ性」「コト性」「相対性」「形容詞性」「トキ性」「動詞性」「形式性」といった素性を持つもの（あるいはこれらの素性の複合したもの）に下位分類している寺村（1968）である。

例えば、「駅」はトコロ性を持っているので (16) の枠にそのまま入り得るが、「机」はトコロ性を持たないので (16) の枠に入るためにはトコロ性を表す「のところ」といった語句をつけなければならない（寺村（1968）。トコロ性の問題については田窪（1984）も参照）。

(16) 　　＿＿＿＿＿＿＿へ行ク（来ル、帰ル）

(17) a. 　<u>駅</u>へ行キマス。

　　 b. ＊<u>机</u>へ来テクダサイ。（cf. <u>机ノトコロ</u>へ来テクダサイ）

この寺村（1968）の研究は名詞の研究において極めて重要なものであるが、そこでは結束性に関わる名詞の特徴は捉えられていない。次例を考えていただきたい。

(18) a. 　昨日先生が学会の会場で<u>著書</u>に目を通されていた。

b.　昨日先生が学会の会場で本に目を通されていた。

（19）a.　A議員は愛人とホテルから出たところを盗撮された。

b.　A議員は女性とホテルから出たところを盗撮された。

　（18）（19）のa文とb文は各々下線部の語が違うだけであるが、その解釈は大いに異なっている。すなわち、a文には「著書＝先生の著書」「愛人＝A議員の愛人」という解釈しかないのに対し、b文には「本＝先生の本」「女性＝A議員と関係のある女性」という解釈はなく、「本」「女性」には不定の解釈しかない。

　この場合、a、b文の違いは下線部の名詞だけであるから、両者の解釈に見られるこの違いは下線部の名詞の違いによると考えられる。この違いは次のように考えることができる。すなわち、名詞にはその内部に「〜の」という部分を「項」として持つ「1項名詞」とそうしたものを持たない「0項名詞」があると考えるのである。

　すると、「著書」「愛人」は1項名詞であり、「本」「女性」は0項名詞である（1項名詞と0項名詞の認定基準について詳しくは第11章参照）。

　上例では1項名詞は単一文レベルの結束性に関わっているが、次例のように文連続に結束性を与える能力も持っている（この点については仁田（1977a, 1977b）も参照）。

（20）92歳で亡くなった岡崎嘉平太さんはこう言っていた。「私は
　　　どちらかといえば生一本で怒りっぽく、子どもの時はけん
　　　か太郎でした」。　　　　　　　　　　　　　　　　（18文略）

　　　ことし5月に100回目の訪中。「100回ぐらい行ったからっ
　　　て、とても分かりゃしませんよ。大地の懐が深いんですか
　　　ら」。その中国との最初の出合いは岡山中学で留学生に会っ
　　　たことだった。さらに高等学校でも留学生とつきあい、外
　　　から見る日本の姿、というものに関心を深める。

　　　φ著書『21世紀へのメッセージ』の終章で、「アジア諸国
　　　の進歩と繁栄」への寄与を説いていた。（天声人語 1989.9.23）

以上のような点から1項名詞も、項の非出現と同様に磁場表現としての機能を持っていると言える。そして、日本語の磁場表現はこの両者に限られる。

## 6. 指示表現と磁場表現が結束装置である理由

ここまで指示表現と磁場表現について考察し、その結果、両者は結束性を作り出す能力を持っていることがわかった。ここでは、両者が共に結束装置としての機能を持っていることについて論じる。

先に、「磁場」は磁気を帯びた要素が空間内に存在することによりその要素の周りに形成されるものであり、「磁場表現」というのはそれからの比喩で、その要素が存在することで文（連続）に結束性を与えるものであると規定した。「磁場表現」は内部に「項」という変数（variable）を含んでおり、文が完全な解釈を得るためには変数の値（指示対象）が決まらなければならないということから「磁場」を形成する潜在能力を持つと言える。

一方、指示表現は内部に「項」を含んではいないが、それだけでは解釈を確定できない指標であり、かつ、その解釈がテキスト内でなされるという文脈指示の特徴によって文（連続）に結束性をもたらしている。その意味で両者は結束装置としての性質を共有している。日本語において（1）の定義に基づく結束性をもたらす要素はこの両者に限られると考えられる。

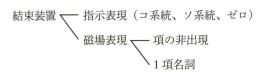

図2　日本語の結束装置

## 7. テキストの構造化装置

テキストの結束性に関わる要素の中には結束装置とはやや異なる機能を持つものがある。以下ではこうしたものについて見ていく。

## 8. タクシスに関わる要素

工藤（1995）は日本語のアスペクト形式、テンス形式のテキス

トレベルでの機能を初めて明らかにした重要な研究であり（ただし、それに示唆を与える研究が欧米ではJakobson（1957）、Benveniste（1966）、Hopper（1979）などによって既になされていたことには注意を要する）、そこでは日本語のル形／タ形とテイル形／テイタ形の対立が単なる限界性（ひとまとまり性）と非限界性としてだけではなく、テキストレベルでの「継起性」と「同時性」という「タクシス（taxis）」（cf. Jakobson 1957）の関係においても対立していることが論じられている。

## 8.1 アスペクト

上で見た性質により、（21）のテキストの時間関係が（22）のようになることがわかる。

(21) かれは、追われるように崖に近い岩陰に①飛び込んだ。その狭い空間には、多くの兵と住民たちが身を②かがめていた。
　　　兵の一人が、子供を抱いた女に銃を③突きつけていた。
「いいか、子供が泣いたら殺すぞ。敵に気づかれれば、火炎放射器で全員がやられるんだ」
　　　女は、機械的に④うなずきつづけていた。
　　そのうちに、ふと笑うような泣きむせぶような低い声が、背後で⑤聞こえた。振り向くと、銃を突きつけられた女が、顔を仰向かせ、唇を⑥ふるわせている。女のかたくにぎりしめられた両掌の間には、ながい舌を突き出した嬰児の首が⑦しめつけられていた。　　　（吉村昭『殉国』、工藤（1995: 64））

(22)

（工藤 1995: 65）

工藤（1995: 63）は「外国人が苦しむように、スル（シタ）とシ

テイル（シテイタ）を厳密に使い分けなければ、文章が書けない、あるいは、うまく会話ができない、つまりは、テキストの結束性（coherence）がくずれる」と述べている*1。

このように、完成相（perfective）を使うか未完成相（imperfective）を使うかというアスペクトの選択はテキストの時間関係を表す上で重要な役割を果たす（庵（2018）も参照）。

完成相と未完成相の選択は映画撮影にたとえることができる。すなわち、完成相は出来事を進める働きを持つが、これは新しいコマ（カット）に入ることに相当する。一方、未完成相は同じコマ（カット）の中での背景描写（例えば、部屋に入った後、その部屋の内部の様子を撮影する場面）に相当する。

このように、完成相と未完成相がタクシスにおいて対立するのは、線条性の制限によって1次元的に表現せざるを得ない言語を用いて、（22）のように2次元的に図示される時間関係を表すためである。

## 8.2　テンス

アスペクトと同じくテンスもタクシスに関わる（工藤1995、益岡1991）。例えば、（23）の時間関係は（24）のようになる。

(23)①土間のわきの梯子段から、初江が下りてきて、「まあ、おばさん」と言った。②地味なもんぺを着て、髪に黄いろいリボンを結んでいる。

　③「ええリボンやな」と母親はお世辞を言った。④言いながら自分の息子があれほど焦がれている娘を、しげしげと観察した。⑤心なしかすこし面やつれがして、肌はいくらか白くなっている。⑥そのために瞳の黒さが一そう目立って澄んで光ってみえる。⑦観られているのを知った初江は赤くなった。　　　　　　　　　　（三島由紀夫『潮騒』、益岡（1991））

(24)

時間の流れ

時間

①　　　　③　　　　④　　　　⑦

②　　　　　　　　　⑤

⑥

テンスの場合は、タ形がアスペクトの場合の完成相に、ル形が未完成相に相当する。テキスト内の機能もアスペクトの場合と同様で、タ形はコマ（カット）を進めるのに対し、ル形は同じコマ（カット）の中での背景描写を表す。


## 9. 前景－後景に関わる要素

Hopper（1979: 213）は次のように述べている。

(25) It is evidently a universe of narrative discourse that in any extended text an overt distinction is made between the language of the actual story line and the language of supportive material which does not itself narrate the main events. I refer to the former—the parts of the narrative which relate events belonging to the skeletal structure of the discourse—as FOREGROUND and the latter as BACKGROUND.

（Hopper 1979: 213。強調は原文）

　前節で扱ったタクシスはこのHopper（1979）の前景（foreground）－後景（background）の1例であることがわかる。実際、Hopper（1979）においても、前景－後景を表す最も典型的な装置としてアスペクトが取り上げられている*2。

　ここでは、時間に関わるタクシス以外で、テキストの前景－後景の描き分けに関わる要素を取り上げる。


### 9.1 「のだ」

　三上（1953: 238）は「のだ」（「ノデアル」）について次のように述べている。

(26)「何々スル、シタ」の単純時に対し「何々スル、シタ＋ノデアル、アッタ」を反省時と呼んで対立させる。英文法で単純時と組立の完了時とが対立して、結局広義のテンスが二々が四つになっているようにである。「ノデアル」の機能はテンスばかりでなく、ムウド的なもの、アスペクト的なものにわたっているが、名称としては便宜上テンス扱いに

第9章　結束装置とその関連概念　91

し、各テンスの条下にいろんな用法を説こうという計画で
ある。
(三上 1953: 238)

　ここで述べられているように、三上は「のだ」を第一に形態論的
カテゴリーとして規定している。三上が考えているパラダイムを三
上 (1953: 240) の表をもとに作ると表 1 のようになる。

表1 「のだ」のパラダイム

|  | 反省時なし | 反省時現在 | 反省時過去 |
|---|---|---|---|
| 単純時現在 | する | するのである | するのであった |
| 単純時過去 | した | したのである | したのであった |

　このパラダイムからわかるように、「のである」は「反省時」を
表す。単純時と反省時には次のような違いがあるという。

　(27)　単純時：直接経験 − 報告 − 独立的 − 順
　　　　反省時：間接経験 − 解説 − 関係的 − 逆

　まず、「順」と「逆」だが、この点は三上が挙げている次の例を
見るとわかりやすい。

　(28)　寺田は一代（女の名前）が死んでまもなく史学雑誌の編輯
　　　　を (a) やめさせられた。看病に追われて怠けていた上、一
　　　　代が死んだ当座ぽかんとして半月も編輯所へ顔を (b) 見せ
　　　　なかったのだ。寺田は又旧師に泣きついて、美術雑誌の編
　　　　輯の口を世話して (c) 貰った。編輯員の二人までが折から
　　　　始まった事変に招集されて、欠員が (d) あったのだ。

　　　　（織田作之助「競馬」、三上 (1953: 241)。表記は現代仮名遣いに直した）

　この例の下線部（単純時）では出来事は時間通りに進んでいく。
一方、波線部（反省時）はその時点での解説を表し、時間の進み方
は逆になる。時間の進み方は次のように図示される。

　(29)　b → a → d → c

　このことから「独立的」「関係的」という点もわかる。つまり、
「のだ」は多くの場合前文に対するコメントを表すので、それ単独
では存在し得ず、基本的に前文との関係の中で存在することにな
る*3。そして、前文との関係の中で存在するということから、テ

キスト内での表現効果として解説的というニュアンスが生じること
になる。

「のだ」の持つこうした性質は、前節で扱ったタクシスと同様の
性質であり、「のだ」の機能を理解する上で重要なものであると考
えられる。この点について、三上は次のように述べている。

(30) アスペクトの問題で、パアフェクチブの単調性に対しイン
　　　パアフェクチブの粘着性ということが言われるが、我々の
　　　現代語では、この単調性と粘着性の対照が単純時と反省時
　　　の相違にもなっている。　　　　　　　　　　(三上 1953: 239)

これらの三上（1953）の指摘は、工藤（1995）をはるかに先取
りしているのみならず、前述の Hopper（1979）よりも先取的で
あるにもかかわらず、庵（2013b）でも指摘したように、その後の
「のだ」の研究史においてほとんど顧みられていない*4。

## 9.2　認識的モダリティ

仁田（2009）は、(31) などの例を挙げて、テキストにおける認
識的モダリティの機能を (32) のように論じている。

(31) 日が暮れ、五郎治たちは牢に入れられた。

　　　　意外な沙那会所側の行動に、五郎治たちは激しい憤りを
　　感じた。かれは、オイト漁場に出張していた児玉嘉内の顔
　　を思い浮かべていた。「内保ニ異国船現ル」の報をうけたか
　　れの狼狽ぶりが思い出された。

　　　　他の幕吏も嘉内と同様に、身を守ることのみに専念し、
　　ロシア兵の攻撃におびえて沙那を捨てた<u>にちがいない</u>。か
　　れは、役人の真の姿を見たように思った。

　　　　　　　　　　　(吉村昭『北天の星』、仁田（2009）の (8))

(32) モダリティを顕在化させない、したがって出来事の存在を
　　　事実として捉えた、として表しうる文（群）と、有標のモ
　　　ダリティ形式を取る文とで、地の文と会話の文のような、
　　　テキスト展開におけるレベルの変化が生じている。語り物
　　　にあっては、有標のモダリティ形式、モダリティを顕在化
　　　しない文に対して、異なったテキスト形成機能を有してい

る。　　　　　　　　　　　　　　　　　　　　　　（仁田 2009: 222）

このように、認識的モダリティ形式も、それを持たない無標の文との関係性において、テキストの形成に参画していると言える。


## 10.　結束装置とテキストの構造化装置の関係

本章8節と9節ではテキストの構造化（grounding）に関わる要素について検討した。ここでは、これらと結束装置の関係について述べる。

上述のように、結束装置は、自らの記号的性質によって、テキストに結束性をもたらしている。指示表現は指標であることによって、磁場表現は自らの解釈を他に依存することによって、結束力を持つ。

これに対して、テキストの構造化に関わる装置は、テキストの構造、特に、前景と後景とを表し分けることにより、読者が頭の中でテキストの諸関係（典型的には時間的関係）を展開するのを助ける働きをしている。言わば、テキストの図示（configuration）に関わっていると言える。

タクシスなどが担うこうした機能はテキスト形成にとって重要なものであるが、それ自体がテキストの結束性を作り出しているのではなく、結束的なテキストを、1次元的な線条的文字列から2次元的な図に写像するためのものであると言える。


## 11.　本章のまとめ

本章では、テキストの結束性を作り出す要素としての結束装置について論じた。結束装置としては、指示表現、1項名詞と項の非出現が特定された。

次に、結束装置に類似する概念として、テキストの構造化に関わる要素について考察した。これには、テンス・アスペクト、「のだ」、認識的モダリティ形式などがある。

最後に、結束性に関する両者の貢献の仕方の違いについて述べ、後者は自ら結束性を作り出すものではないことを論じた。

＊1　工藤（1995）は"coherence"を「結束性」と訳している。

＊2　Hopper（1979）でフランス語が取り上げられているように、過去時制における完成相と未完成相の対立と、両者がそれぞれ前景−後景として機能することは、フランス語をはじめとするロマンス語では自明と言ってもよい現象である。スペイン語文法で用いられる完成相についての過去「点過去」、未完成相についての過去「線過去」という呼称はこのことを最も端的に表している。

＊3　こうした関係的なあり方が野田（1997）、庵・高梨・中西・山田（2001）などの言う「関連づけ」である。

＊4　三上（1953）は「ガノ可変」を根拠に「のだ」を「準詞」として取り上げたことで、「のだ」の研究史の出発点となっている。

# Ⅲ
日本語指示詞の文脈指示用法の記述

第10章
# 指定指示の記述

　第2部では、日本語指示表現の文脈指示用法の記述に必要な諸概念を定義づけた。第3部では、それらの概念にもとづき指示表現を具体的に記述していく。

　本章では、指定指示について考察する。


## 1.　問題となる言語現象

　本章では、指定指示で用いられる「この」と「その」を考察するが、これに関して問題となる言語現象には次のようなものがある。

- (1)　私は紅茶が好きだ。{この／#その}飲物は疲れを癒やしてくれる。

- (2)　順子は「あなたなしでは生きられない」と言っていた。{その／#この}順子が今は他の男の子供を二人も産んでいる。

　(1)では「この」だけ、(2)では「その」だけが使える。また、次のような現象もある。

- (3)　真夏の光をあびて、キョウチクトウの花が咲いている。公害に強いという宣伝がきいたためか、この(#その)花は(??が)、工業地帯や高速道路ですっかりおなじみになった。

　　　　　　　　　　　　　　　　　　　　　（天声人語 1985.7.23）

- (4)　もう1席の「かわり目」はお酒の話だ。小米朝落語というと、昨年演じた「たちぎれ線香」のように若旦那が活躍するネタが得意だというイメージがある。その(#この)彼が(#は)、酔っぱらいのおっさんが主役のこのネタを演じる。

　　　　　　　　　　　　　　　（「第2回桂小米朝独演会パンフレット」）

　(3)のように「この」しか使えない場合の主語名詞句は「は」でマークされるのが普通であるのに対し、(4)のように「その」

99

しか使えない場合の主語名詞句は通常「が」でマークされる。

　本章では、以上のような現象を丁寧に記述し、その理由を機能主義的な立場から説明する。


## 2.　記述のための装置

以上のような現象を説明するために、次の2つの概念を導入する。


### 2.1　トピックとの関連性

　最初に導入するのは「トピックとの関連性」である。本書では、「トピック」「トピックとの関連性」を次のように規定する。

　まず、「トピック（topic）」である。この語は文レベルでの主題－題述（topic-comment）構造における「主題」を指す語として使われることもあるが、本書では、この語を、それとは異なるテキストに付けた「題（title）」を意味するものとして用いる。具体的に定義すると次のようになる。

（5）テキストの内容を1名詞句で要約するとき、その名詞句をそのテキストの「トピック」、トピックを構成する意味上の諸要素の中で、特に重要度の高いものをそのトピックとの関連性が高い名詞句と呼ぶ。

この定義を具体例を用いて説明すると次のようになる。

（6）名古屋・中村署は、殺人と同未遂の疑いで広島市内の無職女性（28）を逮捕した。調べによると、この女性は20日午前11時45分ごろ名古屋市内の神社境内で、二男（1）、長女（8）の首を絞め、二男を殺害した疑い。

（日刊スポーツ 1992.11.22）

　すなわち、（6）のトピックは「殺人事件」であり、そのトピックは殺人者、被害者、殺人現場、事件の日時などの要素から構成される。これらがトピックと関連性が高い名詞句である。


### 2.2　テキスト的意味（の付与）

　次に、「テキスト的意味（の付与）」である。

先に長田（1984）を取り上げ、(7) の「その船」は単なる船で
はなく、「元文元年の秋、出羽の国秋田から米を積んで出帆した新
七の船」であり、「その」は当該文に前文脈からこの下線部の情報
を「持ち込む」機能を担っている、という長田（1984）の指摘を
紹介した。

(7) 元文元年の秋、新七の船は、出羽の国秋田から米を積んで
　　出帆した。その船が不幸にも航海中に風波の難にあって、
　　半難破船の姿になって、積荷の半分以上を流失した。

（＝第7章 (18)）

　筆者は、この指摘を正しいものと考え、本書でそれを「テキスト
的意味」として次のように定式化して用いることにする。

(8) テキスト内で名詞句が繰り返されると定情報名詞句はその
　　文脈内で限定される。この限定を「テキスト的意味」と呼
　　び、限定を受けた名詞句には先行文脈からのテキスト的意
　　味の付与があると考える。

　このように、本書の「テキスト的意味の（付与）」という概念は
外延的には長田（1984）の「持ち込み」という概念と類似したも
のであるが、長田（1984：70）が「先行表現を持ち込むのに、コ系
統の持ち込み詞［＝指示詞］によるのとソ系統の持ち込み詞による
のとではどのような差違があるのかなどの問題は興味あることでは
あるが、本研究では取り扱わな」いとしていたものを、「この」と
「その」の機能上の差違の中心をなすものとして取り上げた点にお
いて内包的には若干の差違があると言える。


## 3.「この」しか使えない場合

「この」しか使えない文脈は次の4つに大別できる。

(9) a.　言い換えがある場合
　　b.　ラベル貼りの場合
　　c.　遠距離照応の場合
　　d.　トピックとの関連性が高い場合

以下、順に見ていく。

## 3.1 言い換えがある場合

最初は、言い換えがある場合だが、これには次の2タイプがある。

(10) 罰金刑が確定すれば、<u>政治資金規制法違反</u>で初めて国会議員が処罰されることになる。二十万円以下の罰金という規定が面白い。五億円もらっても、その金は返さずに二十万円の罰金を払えばすむ。<u>この（#その）法律</u>のばかばかしさがよくわかる。

(朝日新聞朝刊1992.9.25)

(11) 私は<u>クリスマス</u>にキリスト教の洗礼を受けたので、<u>この（/#その）祝日</u>には特別の思いがある。

(加藤一二三「わが激闘の譜」『将棋世界』1995.2)

(12) 自分が苦しい時は相手も苦しいものだ。この辺からプロでも二転三転することはよくある。が、<u>羽生</u>が勝つとだれもが思っていた。時代が、<u>この（#その）21歳の天才</u>を呼んでいるようにも映った。

(鈴木輝彦「観戦記」日本経済新聞夕刊1992.10.26)

(13) 　ざっと三十年前の学生時代、シベリア鉄道でモスクワを訪れたことがある。世界初の有人衛星を打ち上げた余韻が残り、まだソ連は勢いがよかった。トラクターを操って道路工事をしたり、バスを運転する女性を見て「進んでいるなあ」と感心したものだった。（中略）だがその時の「さすがに共産主義国は違う」という印象は誤っていた。それに気づいたのはずっと後に<u>フィンランド</u>を取材した時である。<u>北欧諸国の中でも早く、第二次大戦直後から女性が外で働くようになったこの（#その）国</u>で聞くと、「人口が少なくて働き手が足りなかったからですよ」と、あっさり言われてしまった。

(朝日新聞夕刊1994.3.11)

「言い換え」には、(10)(11)のように、先行詞（各例の破線部の名詞句）をその上位概念で言い換えた「上位型の言い換え」と、(12)(13)のように、先行詞をその属性で言い換えた「内包型の言い換え」がある。両者に共通するのは、次の（I）の図式（configuration）において「NP1 ≠ NP2」で「NP1 という NP2」という表現が成り立つことである（cf. 金水1985）。

（14）…NP₁（先行詞）…。…NP₂…。

両者の相違点はゼロ指示の許容度の違いにある。実際、「上位型」である（11′）などではゼロは全く許容されないのに対し、「内包型」である（12′）などではゼロも許容できる。

（11′）私は<u>クリスマス</u>にキリスト教の洗礼を受けたので、# φ <u>祝日</u>には特別の思いがある。

（12′）自分が苦しい時は相手も苦しいものだ。この辺からプロでも二転三転することはよくある。が、<u>羽生</u>が勝つとだれもが思っていた。時代が、φ <u>21歳の天才</u>を呼んでいるようにも映った。

ただし、内包型の場合に常にゼロが許容できるわけではない。例えば、（13′）におけるゼロの許容度は低い。

（13′）…だがその時の「さすがに共産主義国は違う」という印象は誤っていた。それに気づいたのはずっと後に<u>フィンランド</u>を取材した時である。

??北欧諸国の中でも早く、第二次大戦直後から女性が外で働くようになった φ <u>国</u>で聞くと、「人口が少なくて働き手が足りなかったからですよ」と、あっさり言われてしまった。

## 3.2　ラベル貼りの場合

第二のタイプは、（15）（16）のように、先行する発話や文連続を指示しそれらに名付けをする（ラベルを貼る）用法である。本書では、これを「ラベル貼り用法」と呼ぶことにする。

（15）夜、ある町の外科医のところへ大怪我をした男が治療を受けにきた。住所をきくと隣りの町から来たという。「隣りの町なら、有名な外科医がいるのに、どうしてわざわざここまで来たんです？」

この（# その）ジョークのオチは読者に考えていただこうと思う。　　　　　　　　　　　（織田正吉『ジョークとトリック』）

（16）「ネプ　アエルスイカ　ネプ　アコルスイカ　ソモキ」（何を食べたいとも何を欲しいとも思わない）ウエペケレ（昔

話）を読んでいると、しばしばこの（#その）表現に出会う。

（「コタンに生きる」朝日新聞朝刊 1992.5.8）

　例えば、（15）では、破線部の文連続を「ジョーク」と名付けているのであり、（16）では、「ネプ　アエルスイカ　ネプ　アコルスイカ　ソモキ」という文字列を「出会う」の項とするために「表現」という語を用いてそれを名詞化しているのである。

## 3.3　遠距離照応の場合

　第三のタイプは、（17）（18）のように、先行詞と定情報名詞句の距離が離れた場合である。

(17) ソリブジン発売後、最初の死亡報告例となり、今回のインサイダー取引を生むきっかけになった神奈川県内の女性（当時64）の次女は、複雑な胸中をのぞかせる。母親が帯状疱疹にかかったとき、服用していた抗がん剤について「相互作用がこわいから、医師に見せた方がいいわよ」と言った。医師は、母親が持参した抗がん剤をカルテに控えながら、ソリブジンの投与を続けた。
　　　「もちろん、治療段階で死亡例を隠していたことや、母の死の情報をもとに、株を売り抜けていた社員には怒りを感じる。でも、騒ぎのかげで、医師の責任が軽んじられていくようで、やりきれない」
　　　日本医師会は、この薬害事件直後「事故の責任はあげて製薬会社が負うべきだ」として、責任の一切を製薬会社に押しつける文書を各都道府県の医師会に配布した。この（?? その）医師は、この文書を根拠に、今でも、補償交渉の場に出てこない。　　　　　　　　（朝日新聞夕刊 1994.6.23）

(18) 「私は帝政ロシアの皇女アナスタシア」。そう言い続けたアンナ・アンダーソンさんが、不遇のまま82歳で死んでもう8年以上たつ。イングリッド・バーグマン主演の映画『追想』のモデルにもなり、晩年は米国に住んだ。英紙サンデー・タイムズが先ごろ、ウラル地方の鉱山都市で見つかっ

た十一体の遺骨について、最後の皇帝ニコライ二世と家族全員などであることが確実になったと報じた。遺骨に残る傷跡などが一家のものと一致したという。ところが最近になって、AP通信が「四女のアナスタシアとアレクセイ皇太子の遺骨は含まれていなかった」という米国の法医学者の分析結果を伝えた。英紙が本当なら、アンナさんは完全に偽物だし、APの報道通りなら「兵士に助けられ、脱出した」という数奇な話が多少とも真実味を帯びてくる。ロマノフ王朝の最期は、いまだになぞめいている。一家は<u>この</u>（#その）町のイパチョフ館と呼ばれる屋敷に幽閉されていた。　　　　　　　　　　　（天声人語 1992.8.10。一部手を加えた）

　遠距離照応に関して、「この」と近い働きをするものに「前出の」（「前述の」「上記の」など「先に述べた」の意味を表すものの総称とする）がある。

(19) 中村知事の"ひと刺し"発言を受けて、朝日はデジタル版で文書の全文を報道。そこには、次のような生々しいやりとりが書かれていた（肩書は当時のもの）。

　　〈かなりチャンスがあると思っていただいてよい〉（藤原豊地方創生推進室次長）

　　〈加計学園から、先日安倍総理と同学園理事長が会食した際に、下村文科大臣が加計学園は課題への回答もなくけしからんといっているとの発言があったとのことであり、その対応策について意見を求めたところ、今後、策定する国家戦略特区の提案書と併せて課題への取組状況を整理して、文科省に説明するのがよいとの助言があった〉（柳瀬唯夫首相秘書官）

　　〈本件は、首相案件となっており、内閣府藤原次長の公式のヒアリングを受けるという形で進めていただきたい〉（同）

　　<u>政府関係者</u>は言う。

　　「すでに永田町では、朝日のスクープで政局がおきるとの話でもちきりだ。安倍首相は、加計学園による獣医学部

の新設計画をはじめて知ったのは昨年1月20日だったと国会で答弁しているが、それが完全にウソだったことになる。これでは（森友疑惑の）昭恵夫人ではなく、首相の証人喚問をしなければならなくなる。それくらい大きな話だ」加計学園問題では、官邸での面会で話された内容は最大の謎となっていた。この日から、それまで門前払いだった加計学園の獣医学部新設構想が大きく動き始め、トントン拍子で17年1月に国家戦略特区の事業者に決まった。前述した週刊朝日のスクープ記事には、今治市関係者の言葉として、こう書かれていた。

〈「面会の後、今治市では『ついにやった』とお祝いムードでした。普通、陳情など相手にしてもらえず、下の担当者レベルに会えればいいほう。国会議員が同行しても、課長にすら会えない。それが『官邸に来てくれ』と言われ、安倍首相の名代である秘書官に会えた。びっくりですよ。『絶対に誘致できる』『さすがは加計さんだ、総理にも話ができるんだ』と盛り上がったというのは有名な話です」〉

柳瀬氏は面会の事実について、週刊朝日の報道後、国会で「記憶にございません」と7回以上繰り返した。10日の朝日の報道を受けてあらためてコメントを書面で発表したが、そこでも「自分の記憶の限りでは、愛媛県や今治市の方にお会いしたことはありません」と面会の事実を否定した。

菅義偉官房長官は、関係省庁に対して愛媛県とのやりとりに関する文書について調べるよう指示したというが、何と応じるのか。

野党が柳瀬氏の追及を強めるのは必至だ。<u>前出の（／#φ／??この／#その／#あの）政府関係者</u>は言う。

「先週から、森友学園問題から加計学園に話題が移っていくという情報が流れていた。それが、この話だった。自民党幹部からは『安倍に対抗する勢力が、文書を入手して出したんじゃないか』といった声も出ていて、『秋まで政権は

持たない』『安倍首相なら解散を打ってくるかもしれない』
との声が、すでに出ている」

(AERA.dot 2018.4.10「愛媛県知事のひと刺しで安倍官邸に激震
始まりは週刊朝日特報」https://dot.asahi.com/dot/2018041000066.html)

この例で、「前出の」をつけないと、先行詞と照応した読みはできなくなる。また、遠距離であっても「あの」は使えない。一方、「この」も使えない。「この」が使えないのは、このテキストの中で「政府関係者」のトピックとの関連性が低いためであると考えられる。

後述のように、「この」は外延的限定詞であるが、「前出の」は外延的限定詞である点で「この」と範列的な関係にありつつ、トピックとの関連性において、「この」と相補的な関係にあると考えられる。

## 3.4　トピックとの関連性が高い場合

最後は（20）（21）のようなトピックとの関連性が高い場合である。

(20)私はテレビのサスペンスものが好きで欠かさず見ています。ところが知り合いのおばあさんは「わたしゃサスペンスは嫌いだよ。いつも人が殺されて本当に嫌だよ」と見ません。しかしこの（#その）おばあさんは時代劇が大好きで、チャンバラの場面になると興奮して、「やれやれもっとやれ。早くそいつを叩き斬っちまえ」とあたりをはばからぬ声援。この（#その）おばあさんの頭の中はどうなっているのでしょうか。ご教示下さい。

(「明るい悩み相談室」朝日新聞朝刊 1994.1.29)

(21)司馬：そうですね。ただ、親鸞が正直に「唯円坊、あなたもそうですか［死ぬということで少しも雀踊りするような気持ちになれない］」と言ったようにはザビエルさんは言いませんでした。それはやはり一神教だからでしょう。一神教の絶対主義といいますか、この世界は絶対なる神様がおつくりになったという考え方ですから。この（#その）絶対

という考え方は、たまたまギリシャ哲学にもあるそうです
ね。　　　（司馬遼太郎／井上ひさし「宗教と日本人」『現代』1995.6)

## 3.5　「この」しか使えない場合の統一的説明

本小節では、「この」は使えるが「その」は使えない場合として
次の4つを挙げた。

(9) a.　言い換えがある場合

　　 b.　ラベル貼りの場合

　　 c.　遠距離照応の場合

　　 d.　トピックとの関連性が高い場合

ここではこの4つの場合に共通する「この」の機能について論じ
る。結論を先取りして述べると、「トピックとの関連性」という概念
がこれらに共通するものであると考えられる。ここで（9d)がトピ
ックとの関連性と関係するのは自明なので、残りの（9a)～（9c)
がトピックとの関連性を持っているということを述べることにする。

まず、（9a)の言い換えがある場合について考える。

前述のように、言い換えがある場合、先行詞と照応名詞句の関係
は（14)の通りである。

(14)…NP$_1$（先行詞）…。…NP$_2$…。（ただし、NP$_1$ ≠ NP$_2$)

したがって、NP$_2$がNP$_1$と同一物を指すことを理解するには何
らかの計算が必要である。つまり、NP$_1$の指示対象は短期記憶の中
に蓄えられており、NP$_2$が現れた段階でNP$_2$の指示対象と短期記
憶内のNP$_1$の指示対象が照合されて照応が成立すると考えられる。
しかも、こうした照応は次例のような遠距離照応においても可能で
ある。

(22)重量挙げは薬の力を借りたとしか思えないような、とてつ
　　　もない記録がズラリ。薬物検査が厳しくなった現在、とう
　　　てい破れないものになっていた。その証拠に、90年の世界
　　　選手権、今夏のバルセロナ五輪とも、世界記録はゼロ。軽
　　　量級トータルで世界記録を20㌔も下回る勝者もいた。15個
　　　の世界新でわいた88年のソウル五輪がウソのような低調さ。
　　　この（#その）競技は76年モントリオール五輪以来、薬づ

け。「クリーンにしなければ、九六年アトランタ五輪から追
放する」と国際五輪委員会から警告され、存亡の危機にあ
った。　　　　　　　　　　　　　　　（朝日新聞朝刊 1992.11.19）

　言い換えがある場合の照応に関する上述の説明が正しいとすれば、
こうした遠距離での言い換えが可能であるためには先行詞はテキス
トのトピックとの関連性が高い名詞句でなければならない。なぜな
ら、トピックとの関連性が低い名詞句に関する情報を短期記憶の中
に長期間保存しておくことは困難だと考えられるからである。

　次に（9c）の遠距離照応の場合だが、ここでも言い換えがある場
合の議論がほぼ踏襲できる。すなわち、遠距離にわたって保持でき
る情報は（短期記憶への負担という点から考えて）「このテキストの
トピック（題）は何か」といった大まかなものでなければならないで
あろう。したがって、こうした遠距離照応が可能な名詞句はトピッ
クとの関連性が高いものでなければならないと考えられるのである。

　最後の（9b）のラベル貼りの場合だが、この用法は言い換えと
類似性を持っている。

(23)私はクリスマスにキリスト教の洗礼を受けたので、{この／
　　#その} 祝日には特別の思いがある。　　　　　　（＝（11））

(24)「ネプ　アエルスイカ　ネプ　アコルスイカ　ソモキ」(何を
　　食べたいとも何を欲しいとも思わない）ウエペケレ（昔話）
　　を読んでいると、しばしばこの（#その）表現に出会う。

　　　　　　　　　　　　　　　　　　　　　　　　（＝（16））

　すなわち、(23) と (24) を比べると、先行詞（「クリスマス」
「ネプ　アエルスイカ　ネプ　アコルスイカ　ソモキ」）と、照応名
詞句から「この」を除いたもの（「祝日」「表現」）の指示対象は異
なることがわかる。この点で両者は共通点を持っている。しかし、
言い換えの場合、先行詞は既に文の成分であるのに対し、ラベル貼
りの場合先行詞は文の成分ではなく、「この＋名詞句」によってラ
ベルを与えられて初めて文の成分になることができる点で両者は異
なる。

　以上のことから、次のような一般化が可能である。

(25)先行詞がトピックとの関連性が高い要素のときは「この」

しか使えない。

　ただし、この性格付けでは「その」が使えない理由が説明できないので、次のように記述を改めておく。

(26)「この」はテキスト送信者（話し手／書き手）が先行詞をテキストのトピックとの関連性という観点から捉えているのを示すマーカーである。


## 4.「その」しか使えない場合

次に、「その」しか使えない場合について考える。

### 4.1　テキスト的意味との関係

まず、「その」しか使えない場合の例を挙げる。

(27)寺沢：しかし、金が目当てであった。この二つの事件に共通してみられる犯行の動機は、結局は、金であった、と検察官は断言しています。そうでしょうか。偽装殺人が実行されたとするその当時、被告人はそれほど金に窮していないことはこの法廷で実証済みです。その（#この）被告人が、国立大学に通う娘の学費とその将来の結婚資金欲しさに、敢えて自分の夫を、その保険金と退職金目当てに、計画的かつ残忍に殺すようなことがあり得るでしょうか。

(「土曜ワイド劇場 事件3」1995.6.20放送分) *1

(28)ことしは歴史や時代を考えさせる出来事がとくに多い。日本では「昭和」が終わった。今月1日はナチス・ドイツ軍のポーランド侵攻で第2次世界大戦が始まって50周年だった。その（#この）ポーランドで、いま、民主化が進みつつある。回顧の感慨は、ひときわ大きい。コール西独首相の記念演説の言葉が印象的だった。　　（天声人語1989.9.3）

(29)ここでいっておきたいのは、国鉄の用地は、その長い歴史の中で、私たちが支払ってきた運賃をもとにして築かれたものであり、国民の貴重な共有財産だ、ということである。その（??この）土地を一部業者が利権の対象にし、地価狂

乱の火に油をそそごうとしている。中曽根内閣には、土地
問題で国家100年の計を考える人がいないのだろうか。

（天声人語 1986.10.5）

(30)ハーレムの有力黒人指導者の一人、カルビン・バッツ師は
「民主党は共和党より十倍いい。その（#この）民主党にも
我々の意見は通らない」と一時はペロー氏への支持を打ち
出した。　　　　　　　　（朝日新聞朝刊 1992.10.9）＊2

上で挙げた例に共通する特徴は次のようにまとめられる。

(31)a.　先行詞は通常固有名詞句か総称名詞句である。

　　b.　通常「この」だけではなく「ゼロ」も不適格になる。

　　c.　「その」を含む文で述べられる内容は通常先行文脈で形
　　　　成される予測を裏切る内容となっている。

　　d.　定情報名詞句は通常「は」以外の助詞でマークされる。

これらの特徴は互いに相関するものだが、ここではa, bの特徴に
ついて考察し、c, dについては本章7節で取り扱うことにする。

## 4.2　「その」しか使えない場合の考察

ここでは、(31) a,b の特徴から「その」の機能を考える。

まずわかるのは、このa と b は「その」の一次的機能が指示対象
の外延レベルでの同定にあるのではないことを示しているというこ
とである。次例を見てみよう。

(32)(a) 順子は「あなたなしでは生きられない」と言っていた。

　　(b) {その／#この／#φ} 順子が今は他の男の子供を二人
　　　　も産んでいる。　　　　　　　　　　　　　　（＝ (2)）

(32) は「その」しか使えない文脈の典型例である。ここで興味
深いのは、先行詞（「順子」）が固有名詞であるにもかかわらず「そ
の」が必要であるということである。

第3章で見たように、裸の（「という」などが付かない）固有名
詞はテキストに初出時既に「定」であり、その指示対象は同定され
ている。

したがって、この場合の限定詞「その」の一時的機能は先行詞の
同定にあるのではないことがわかる。これは次のような先行詞が

第10章　指定指示の記述　111

「不定」の場合と比べるとよくわかる。

　　（33）先日銀座で（a）すしを食べた。（b）{この／その} すしは
　　　　　うまかった。

　（33a）の「すし」は不定であり、bで初めて定になる。した
がって、この場合、「この／その」の一次的機能は先行詞の定化
（definitization）にあると言える。

　しかし、（32）の先行詞は既に「定」であるので、（32b）の「そ
の」の一次的機能が「定化」にあるとは考えられない。では、その
機能は何かということだが、それは定情報名詞句へのテキスト的意
味の付与であると考えられる。これについて考えるために、（32）
bを模式化した（34）を見てみよう。

　（34）Xが今は他の男の子供を二人も生んでいる。

　この文が先行文脈と結束的になる（（34）を発することが有意で
ある）には、Xが「他の男の子供を生むはずがない」という属性を
持っている必要がある。つまり、Xに入り得るのは、そうした属性
が無指定である単なる「順子」ではなく、「「あなたなしでは生きて
いられない」と言っていた順子」でなければならない。この下線部
は、（32a）から（32b）の定情報名詞句に付与されたテキスト的意
味である。しかも、この環境では「この」「ゼロ」が不適格で「そ
の」だけが適格なので、次のように一般化することができる。

　　（35）定情報名詞句へのテキスト的意味の付与が義務的であると
　　　　　きには、「その」の使用が義務的になる。

　これを（26）と同様の記述に改めると、次のようになる。

　　（36）「その」はテキスト送信者（書き手／話し手）が先行詞を定
　　　　　情報名詞句へのテキスト的意味の付与という観点から捉え
　　　　　ていることを示すマーカーである。


## 5.「この」も「その」も使える場合

　本章3節と4節では「この」「その」のいずれかのみ使える環境
に限定して記述してきた。これは「この」「その」の中心的機能を
抽出するのには効果的だったが、実際には以下のように、両者がと

もに使える場合もある。

(37)戦後間もないころ、ノンプロ野球界で華々しい活動をした<u>別府星野組</u>は、野球をまじめに考える人たちからは、野球を冒とくしていると見られていた。都市対抗野球に出場して安打一本打てばいくら、といったことを新聞に書かれるような野球をしていた。<u>この（／その）星野組</u>へ私を誘ったのは、またも永利勇吉だった。　　（西本幸雄「私の履歴書」）

(38)第2次大戦以後、4回にわたって戦争を重ねたアラブ世界とイスラエルの間の敵意の根底に横たわるのは、いうまでもなく<u>パレスチナ問題</u>である。その解決なくして、相互の敵意の解消もありえない。<u>その（／この）パレスチナ問題</u>、つまりイスラエル占領地域におけるパレスチナ人の暫定自治、さらには国家樹立という難題が、6月の総選挙の結果誕生したラビン労働党政権の新占領地政策により、双方の対話の進展へ向けて大きく動き出したのだ。

(朝日新聞朝刊1992.7.23)

(39)事業の発注情報をいち早く入手し、役所や政治家、業者間での根回し、調整を図る事務屋の仕事は、基本的には<u>手帳一冊の世界</u>だという。

　　<u>この（／その）手帳</u>に土建業者、各ゼネコンの営業所、業務担当者の名前、住所、電話番号、緊急の連絡先などが書かれていて、いつでも連絡が取れるようになっている。

(『週刊朝日』1993.8.6)

　これらは、先行詞を「トピックとの関連性」という観点からも「テキスト的意味の付与」という観点からも捉えられる文脈の例である。その結果、(38)で言えば、「この」を使うと「トピックとの関連性」という側面が強調され、「このテキストでトピックとして語られているパレスチナ問題」というニュアンスになる一方、「その」を使うと「テキスト的意味の付与」という側面が強調され「第二次大戦以後、四回にわたって戦争を重ねたアラブ世界とイスラエルの間の敵意の根底に横たわる」パレスチナ問題」というニュアンスになる。

## 6. 「ゼロ指示」の記述

ここまでは「この」と「その」の機能について考察してきた。一方、前述のように、日本語では限定詞は統語範疇ではないので、ゼロについても考察する必要がある。ここでは、ゼロ指示の用法を整理しておく。

### 6.1 ゼロ指示が可能であるための必要条件

前述のように、日本語では限定詞が統語範疇ではないので、定情報名詞句をゼロでマークできる。ただし、以下の条件に抵触する場合にはゼロ指示は不可能になる。

(40) a. 定情報名詞句が先行詞の上位型の言い換えの場合

b. 定情報名詞句と先行詞の意味論的タイプが異なる場合

第一の条件は「言い換え」に関するものである。実際、(41a)(41b) からわかるように、ゼロ指示が可能であるためには、先行詞と定情報名詞句は同一でなければならない。(41c) のように先行詞を言い換えた場合には限定詞「この」の使用が義務的になる。「内包型の言い換え」は一見この一般化に反するように見えるが、これについては後述する。

(41) a. 私は紅茶が好きだ。∅紅茶は疲れを癒してくれる。

b. 私は紅茶が好きだ。#∅飲物は疲れを癒してくれる。

c. 私は紅茶が好きだ。この飲物は疲れを癒してくれる。

第二の条件は、先行詞と定情報名詞句の意味論的タイプに関するものである。ここでは、名詞句の（意味的）タイプとして総称指示レベルと個体指示レベルを考える（両者は各々Carlson 1977の"individual level" と "stage level" に相当する）が、(42) からわかるように、ゼロ指示（を含む照応一般）が成り立つには先行詞と定情報名詞句のタイプが同一でなければならない。

(42) a. 昨日先生に紅茶をごちそうになった。紅茶は疲れを癒してくれた。 (stage – stage)

b. 昨日先生に紅茶をごちそうになった。#紅茶は疲れを癒してくれる。 (stage – individual)

## 6.2 ゼロが現れる環境

前小節の条件が満たされればゼロ指示が可能になる*3。そうした環境は次の通りである。

(43)a. 内包型の言い換えの場合

b. 先行詞が顕著ではない場合

c. トピックとの関連性が高い名詞句の場合

以下、この順に考察していくことにする。

## 6.3 内包型の言い換えに由来するゼロ

前述のように、(44)のような「上位型」の言い換えの場合にはゼロは許容されないが、(45)(46)のような「内包型」の言い換えの場合にはゼロが許容される可能性がある。

(44)エリザベス・テーラーがまた結婚した。{この／#その／#φ} 女優が結婚するのはこれで七回目だそうだ。

(45)[近鉄の正捕手の座は] かつては、梨田(現解説者)と、有田(現阪神コーチ)が競り合っていたし、ここ数年は山下(29)、光山(26)、古久保(27)の三人が正捕手の座を争ってきた。その中で、古久保はいつも三番目で試合数も一番少なかった。(2文略)竹を割ったようなさっぱりした性格が災いしていたのが、長年の下積み生活で、やっと「耐えて、かわす生き方」を知りはじめたのかも。φ(／この／#その) 第三の捕手が、近鉄の投手陣をどこまで支えるかに注目したい。　　　　　　　　　　(朝日新聞朝刊1992.5.1)

(46)代打に回ってからの門田は、3三振と併殺打。そして、この日の一邪飛。あの豪快な打撃がみられない。年齢とともに、目が一番に衰えるといわれる。1打席だけに全てをかける代打は負担が大きいのか。数日前、田淵監督は「彼の気持ちが切れない限り切り札として使っていく」と強調した。肉体的な衰えに加え、けがとの戦い。そして、結果が出ないもどかしさ。φ(／この／#その) 現役最年長選手が苦しんでいるのを見るのは辛い。　　(朝日新聞朝刊1992.7.13一部改変)

これらの例で、「第三の捕手」は「古久保」の、「現役最年長選

手」は「門田」の「言い換え」になっている。したがって、「上位型」の場合との類推からすれば「ゼロ」は許容されないことが予想されるが、実際にはそうではない。では、なぜ「内包型」では「ゼロ」が許容されるのであろうか。

この問題を考えるために次の例文を考えていただきたい。

(47)寺村先生は言語現象から考察を出発させることの大切さをよく言われた。それと同時に言語直感を最大限に利用することを説かれた。その2つの調和をこの本［『寺村秀夫論文集Ⅰ－日本語文法編－』］に見ることができる。後書きの中のことばを借りると、「実例に基づいて行われた理論的な研究」の例がここにある。この本は『日本語のシンタクスと意味』を補うかたちで編集されたそうだ。φ（／この／＃その）先生のライフワークは完成されることがなかった。残念でならない。　　　　　（安達太郎「くろしおニュース」第2号）

この例の「先生のライフワーク」は曖昧で、『日本語のシンタクスと意味』と照応する読みとしない読みを持っている。一方「この先生のライフワーク（または、「先生のこのライフワーク」*4）」は照応する読みしか持たない。

一般に、ある名詞句をそれが指示している特定の名詞句と置き換えることができるときその名詞句は「透明（transparent）」であると言い、そうした置き換えが出来ないときその名詞句は「不透明（opaque）」であると言う。例えば、

(48) ジョンを殺した奴はきっと変質者だ。

という文で、「ジョンを殺した奴」が「ビル」の代わりに用いられている時はこの名詞句は「透明」であり、そうではなく「ジョンを殺した奴が誰かは分からないがそいつはきっと変質者だ」という意味である時の「ジョンを殺した奴」は「不透明」である。

ここで、再び（45）（46）を見てみよう。確かに、この文脈ではゼロ指示は問題ない。しかし、（45）の「第三の捕手」を「捕手」に、（46）の「現役最年長選手」を「選手」に変えた（45′）（46′）を考えてみると、それらがもはや結束的ではないことに気づく。

(45′) その中で、古久保はいつも三番目で試合数も一番少なか

116　　Ⅲ　日本語指示詞の文脈指示用法の記述

った。（2文略）竹を割ったようなさっぱりした性格が災いしていたのが、長年の下積み生活で、やっと「耐えて、かわす生き方」を知りはじめたのかも。# φ 捕手が、近鉄の投手陣をどこまで支えるかに注目したい。

(46′)　代打に回ってからの門田は、3三振と併殺打。そして、この日の一邪飛。あの豪快な打撃がみられない。（2文略）肉体的な衰えに加え、けがとの戦い。そして、結果が出ないもどかしさ。# φ 選手が苦しんでいるのを見るのは辛い。

このことから次のようなことがわかる。

(49) a.　「内包型」の照応名詞句は潜在的には不透明である。

　　　 b.　「この」は不透明な文脈を透明にする機能を持つ*5。

　すなわち、「言い換え」があるときの「ゼロ」は潜在的に「不透明」な文脈を作り出すのであり、「ゼロ」が許容されるのは有標なことなのである。そして「ゼロ」が許容されるときは修飾語句の存在が照応を可能にしている。

　一般に、mod NP（mod は修飾成分）が指示する集合は NP が指示する集合より小さい（例えば、「赤い靴」の集合は「靴」の集合よりも小さい）。したがって、mod の内容によっては、mod NP で指示される集合が要素を1つしか含まない場合も有り得る。例えば、(46) の「現役最年長」を mod とする集合がそれに当たる。この場合、mod が限定詞と同様の機能を果たすことになるので、表層的には「ゼロ」であっても実質的には限定詞がついているのと変わらないことになる（限定詞の重要な機能の1つは、要素を唯一的に限定・指示することにある）。

　このように、「内包型」における修飾成分の中に「この」の機能が包含されていると考えれば、「内包型」と「上位型」は質的には異ならないことになる。しかし、mod の本質的機能は限定詞とは異なる（mod の機能は NP の真部分集合を指示することにある）ので、潜在的には、このタイプの「ゼロ」の指示対象は不透明であり、そのため「内包型」で常に「ゼロ」が可能であるとは言えないのである。

第 10 章　指定指示の記述　117

## 6.4 トピックとの関連性が低い（先行詞が顕著ではない）場合

前小節では、言い換えがある場合のゼロについて考察した。本小節と次小節では、言い換えがない場合のゼロについて考察する。最初に先行詞が顕著ではない場合について見ておく。

(50)昨夜国道で乗用車が（a）ポストに接触後ガードレールに激突するという事故があった。この事故で2人が死亡し、（b）{#この／#その／φ} ポストは折れた。

(50) の「ポスト」は定情報名詞句だが、これまでの例とは異なり、「この」でも「その」でもマークできない。これは、（ガードレールに衝突する前に接触した）「ポスト」が、このテキストのトピックである「交通事故」との関連性が低い、換言すればこの出来事のフレームの中で顕著ではないことに由来するものと考えられる。

次の例も興味深いものである。

(51)茨城県の公共工事発注にからむ汚職事件で、東京地検特捜部に収賄容疑で逮捕された茨城県知事の竹内藤男容疑者（七五）が、数億円に上る割引金融債券を、逮捕前に知人に預けていたことが25日、（a）関係者の話で明らかになった。（2文略）竹内知事はこの資産を税務申告していないとみられ、所得税法違反の疑いも出てきた。

　　（b）φ関係者によると、竹内知事が所有していたのは日本債券信用銀行の「ワリシン」などの割引金融債で、数億円に上るとされる。　　　　　　　　　（朝日新聞朝刊1993.7.26）

(51) の「関係者」もテキスト内で顕著な名詞句ではないが、(50) では、ゼロでマークされても「定情報」でないという解釈されることはなかったのに対し、(51) の「関係者」には定情報である（＝(51) と照応する）解釈とそうでない解釈がある。これは、(51) の「関係者」が (50) の「ポスト」よりもさらに顕著さが低いことを意味していると考えられる。


## 6.5 トピックとの関連性が高い場合

前小節ではトピックとの関連性が低い場合のゼロについて見た。

ここではトピックとの関連性が高い場合について考える。

この場合、基本的には、「この」が使える場合には基本的に「ゼロ」も使える（(52)(53)）。逆に、(54)のような「この」が使えない環境では「ゼロ」も使えない。

(52) 福岡市近郊の中学3年の男子生徒（14）が今月12日、自宅マンションで飛び降り自殺していたことが17日、わかった。遺書はなく、動機ははっきりしないが、∅生徒は自殺の方法を細かく紹介したベストセラー「完全自殺マニュアル」（太田出版）を愛読していた。家族や学校関係者からは「マニュアルに刺激されての自殺では」という見方が出ており、警察でも関連を調べている。

(53) 私はテレビのサスペンスものが好きで欠かさず見ています。ところが知り合いのおばあさんは「わたしゃサスペンスは嫌いだよ。いつも人が殺されて本当に嫌だよ」と見ません。しかし∅おばあさんは時代劇が大好きで、チャンバラの場面になると興奮して、「やれやれもっとやれ。早くそいつを叩き斬っちまえ」とあたりをはばからぬ声援。∅おばあさんの頭の中はどうなっているのでしょうか。ご教示下さい。

(54) 順子は「あなたなしでは生きられない」と言っていた。{その／??この／#∅} 順子が今は他の男の子どもを2人も産んでいる。

これは次のように考えれば説明がつく。すなわち、「その」によって先行詞をテキスト的意味の付与という観点から捉えることが要求される文脈は有標なもので、そうではない無標の「この」が使える環境においては（先行詞が顕著でありさえすれば）「この」がなくても対象の同定はできるので「ゼロ」が可能になるということである。

ただし、(55)のような「ラベル貼り」の場合にはゼロは使えない。これは、（前述のように）「ラベル貼り」が機能的に「言い換え」と類似しているためである。

(55) 「ネプ アエルスイカ ネプ アコルスイカ ソモキ」（何を食べたいとも、何を欲しいとも思わない）ウエペケレ（昔話）

第10章　指定指示の記述　119

を読んでいると、しばしば＃φ表現に出会う。

　また、(56) のような「遠距離照応」の場合もゼロは使いにくいが、この場合は先行詞との距離を短縮すれば（57）のように、ゼロも使えるようになる。

(56)「私は帝政ロシアの皇女アナスタシア」。そう言い続けたアンナ・アンダーソンさんが、不遇のまま82歳で死んでもう八年以上たつ。イングリッド・バーグマン主演の映画『追想』のモデルにもなり、晩年は米国に住んだ。英紙サンデー・タイムズが先ごろ、ウラル地方の鉱山都市で見つかった十一体の遺骨について、最後の皇帝ニコライ二世と家族全員などであることが確実になったと報じた。遺骨に残る傷跡などが一家のものと一致したという。ところが最近になって、AP通信が「四女のアナスタシアとアレクセイ皇太子の遺骨は含まれていなかった」という米国の法医学者の分析結果を伝えた。英紙が本当なら、アンナさんは完全に偽物だし、APの報道通りなら「兵士に助けられ、脱出した」という数奇な話が多少とも真実味を帯びてくる。ロマノフ王朝の最期は、いまだになぞめいている。一家はこの（／＃その／＃φ）町のイパチョフ館と呼ばれる屋敷に幽閉されていた。

(57)「私は帝政ロシアの皇女アナスタシア」。そう言い続けたアンナ・アンダーソンさんが、不遇のまま82歳で死んでもう8年以上たつ。イングリッド・バーグマン主演の映画『追想』のモデルにもなり、晩年は米国に住んだ。英紙サンデー・タイムズが先ごろ、ウラル地方の鉱山都市で見つかった十一体の遺骨について、最後の皇帝ニコライ二世と家族全員などであることが確実になったと報じた。一家は｛この／その／φ｝町のイパチョフ館と呼ばれる屋敷に幽閉されていた。

　ただし、この一般化では次のような例でゼロが使えないことが説明できない。

(58)かぜをひいている人がせきをすると、かぜのばいきんが空

気の中にまきちらされます。{# φ／この}空気をすうと、ばいきんがのどの中につきます。

(59)私は今ある言語を習っている。{# φ／この}言語は難しい。

(58)の「空気」、(59)の「言語」は、ともにトピックとの関連性が高いがゼロは使えない。第3章1節で見たように、「空気」「言語」などの名詞は定可能性が低いが、ここで観察される現象はこの意味論的性質に由来する現象だと考えられる。すなわち、「空気」「言語」という名詞は定性を持ち得ない（ないし、持ち難い）のである。

## 6.6　3形式の分布

以上、「この」「その」「ゼロ」の機能・分布について考察した。ここでは三者の分布をフローチャート的にまとめておく。

「この」「その」「ゼロ」の分布の可能性は、論理的には次の7通りある（3形式が全て許容されない場合は考慮外とする）が、パターン4は例が存在しないようである。

表1　この、その、ゼロの分布

| パターン | 1 | 2 | 3 | 4 | 5 | 6 | 7 |
|---|---|---|---|---|---|---|---|
| この | ○ | ○ | ○ | × | ○ | × | × |
| その | ○ | ○ | × | ○ | × | ○ | × |
| ゼロ | ○ | × | ○ | ○ | × | × | ○ |
| 可否 | ok | ok | ok | × | ok | ok | ok |

(○＝結束的、×＝非結束的)

上の6つのパターンは次のように分類される。

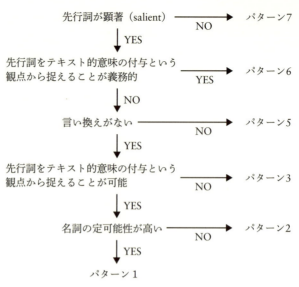

図1　3形式の分布

各々の例は次の通りである。

パターン7：（この，その，φ）＝（×，×，○）

(59)昨夜乗用車が国道176号線沿いのポストに接触しガードレールに衝突しました。この事故で乗用車に乗っていた2人は即死し、{φ／#この／#その} ポストは根元から折れました。

パターン6：（この，その，φ）＝（×，○，×）

(60)A君は泳ぎが得意で国体にも出たことがあるんです。{その／#この／#φ} A君が溺れ死ぬなんて信じられません。

パターン5：（この，その，φ）＝（○，×，×）

(61)エリザベス・テーラーがまた結婚した。{この／#その／??φ} 女優が結婚するのはこれで7回目だそうだ。

パターン3：（この，その，φ）＝（○，×，○）

(62)JR大阪駅北側で解体工事が進んでいる旧大阪鉄道管理局舎で、コンクリートの中に、建設当時の大正末期から昭和初めに発行された新聞紙が詰め込まれているのが見つかった。φ（／この／#その）新聞紙が出てきたのは、正面玄関の柱

や壁。　　　　　　　　　　　　　（朝日新聞朝刊 1992.10.2）

パターン2：（この，その，φ）＝（○，○，×）

(63) かぜをひいている人がせきをすると、かぜのばいきんが空気の中にまきちらされます。その（／この／# φ）空気をすうと、ばいきんがのどの中につきます。

パターン1：（この，その，φ）＝（○，○，○）

(64) 来年四月一日に合併する住友工業系の鉄鋼商社、住金物産（本社・大阪市）とイトマン（同）は二日、大阪中央区の住友金属本社で合併準備委員会の初会合を開いた。φ（／この／その）会合では、イトマン社員の動揺を防ぐため、合併後も当面はそれぞれの組織や給与水準を尊重し、性急な一本化はしないことで合意した。　　（朝日新聞朝刊 1992.10.3）

　このように、「この」「その」「ゼロ」のパターンは複雑だが、潜在的には、パターン1のように三者が交代可能であるということは重要である。


## 7. 「この」と「その」の機能差

　本章3節と4節では、それぞれ「この」しか使えない場合と、「その」しか使えない場合を考察し、(26)(36)という一般化を得た。ここでは、これを受け、「この」と「その」の性格付けを行う。


### 7.1 外延的限定詞としての「この」

　まず、「この」だが、本章3節で見た例から、「この」は「定化」のみを担うことができることがわかる。このことから、「この」は次のように性格づけられる。

　(65)「この」は外延的限定詞（denotational determiner）である。


### 7.2 内包的限定詞としての「その」

　一方、本章4節で見たように、「その」の一次的機能は「定化」にはなく、「その」は、定情報名詞句へのテキスト的意味をマークする。このことから、「その」は次のように性格づけられる。

第10章　指定指示の記述　　123

(66)「その」は内包的限定詞（connotational determiner）である。

## 8. 「この」「その」と「は」と「が」

　ここまで、「この」と「その」の機能上の差異について見てきたが、本小節では、この機能の違いが反映した言語現象について考察する。

　考察対象は、テキストレベルでの「は」と「が」の選択に関する原理と、(26) (36) に挙げた「この」と「その」の機能の違いの間に見られる相関性についてである。なお、ここで「は」というのはガ格名詞句を取り立てた場合のものである。

### 8.1　問題となる言語現象

「は」と「が」の相違に関しては多くの論考がある（ex. 三上1953、久野1973、野田1985, 1996、Shibatani 1990）が、その分析は単文レベルのものが多く、連文レベルでの両者の選択にはほとんど言及がない。その中で、野田（1985: 25）に次のような記述がある（下線筆者）。

(67) 15 － 1 主語が前に出てきた名詞と同じ名詞であり、その名詞について何かを伝えたいときは、主語に「は」を付ける。
　　 15 － 2 主語が前に出てきた名詞を指す名詞「彼」「彼女」「これ」「それ」「この～」「その～」などであり、その名詞について何かを伝えたいときは、主語に「は」を付ける。

確かに、次のような例を見るとこの指摘は正しいように見える。

(68) 昔々あるところに<u>おじいさん</u>がいました。(b) ある日<u>この</u><u>おじいさん（は /?? が）</u>／<u>そのおじいさん（?? は /?? が）</u>山へ芝刈りに行きました。

(69) 日本で一番大きな湖は<u>琵琶湖</u>です。<u>φ（この）琵琶湖は（#</u><u>が）</u>京都府の東の滋賀県にあります。　　　　　　（野田1985）

(70) <u>東京大学を受験した福島県東白川郡内の男子受験生（十九）</u>が、合否の通知を依頼した郵便局の電子郵便レタックスサ

ービスのミスのために、合格を知らないままに、入学手続き期間が終了。その後、週刊誌を見た親類に教えられて合格を知った受験生の訴えで、東大は特例として、入学を認めることを決めた。

　φ（この）受験生は（#が）前期日程で文科Ⅲ類を受けた。合格発表を見に行けないため、郵便局の「大学レタックス」に通知を依頼、発表は今月十日にあった。

（朝日新聞朝刊 1997.3.29）

(71) オウム真理教の逮捕された幹部と高校時代の同級生で、教団の資料を預かっている疑いで家宅捜索を受けた NHK 番組制作局のディレクターが、一日付で依願退職する。（1 文略）
この（φ）ディレクターは（#が）教養番組の担当で、宗教に関心を持って取材していたという。（朝日新聞夕刊 1995.5.1）

しかし、(67) の一般化には次のような体系的な反例が存在する。

(72) K は病気知らずが自慢だった。その K {が／??は} 急病であっけなく逝ってしまった。

(73) もう 1 席の「かわり目」はお酒の話だ。小米朝落語というと、昨年演じた「たちぎれ線香」のように若旦那が活躍するネタが得意だというイメージがある。その（#この）彼が（#は）、酔っぱらいのおっさんが主役のこのネタを演じる。

（= (4)）

(74) ［野茂は］日本で投げた五年間、素材としてはすばらしかったが、粗削りなイメージが最後まで消えなかった。相当に配球を読まれていても同じ球で勝負する。心意気はファンにアピールしても、プロらしい繊細さに欠けた。その野茂が（??は）大リーグに来て変わる。力勝負一本やりから、捕手のリードに従って投げ分けるようになった。

（朝日新聞朝刊 1995.6.26）

　したがって、(67) の一般化には修正が必要である。本節では、この問題を (26)(36) に挙げた「この」と「その」の機能の違いとの関係から説明する。

## 8.2　定量的分布

前小節では、連文レベルの「は」と「が」の使い分けについての野田（1985）の一般化を紹介し、それに合致する例と反する例を挙げた。本小節では、こうした例について考察するが、その前に先に見た例を次のように整理しておく。

(75)a.　定情報名詞句が「この」「ゼロ」でマークされるときは「は」が使われやすく、「が」は使われにくい。

　　 b.　定情報名詞句が「その」でマークされるときは「が」が使われやすく、「は」は使われにくい。

次に、（75）が定量的に確認できるか否かを調べるために行った調査について述べる。

### 8.2.1　調査の概要

調査は 1985 年〜1991 年の天声人語でガ格（主格）の定情報名詞句が指定指示の「この」「その」でマークされている全用例を対象とした（「ゼロ」は対象としていない）。

なお、ここでは「は」と「が」の対立を論じるので、その対立が構文上中和する従属節の用法を含めるべきではないため、（76）の［　］のように「この／その」を含む名詞句が従属節に含まれるときは考察の対象外とした（南 1974 などが指摘しているように、主節への従属度が低い従属節では内部に「は」が入り得るが、ここでは議論を単純化するため、従属節は一律に考察の対象外とした）。

(76)高校生だった王貞治さんに、日本国籍でないというので国体出場を断念させた事件を思い出した。［後年、その王さんが記録を達成すると］国民栄誉賞を贈る。

（天声人語 1990.6.26）

### 8.2.2　調査の結果

調査の結果は次の（表 2）の通りである。

以上の結果から、（75）の傾向性（（77）として再定式化）は統計的にも確認された。

126　　Ⅲ　日本語指示詞の文脈指示用法の記述

表2「は」と「が」

| | は | | が | | 合計 | |
|---|---|---|---|---|---|---|
| この | 321 | 75.0% | 107 | 25.0% | 428 | 100% |
| その | 58 | 32.8% | 119 | 67.2% | 177 | 100% |
| 合計 | 379 | 62.6% | 226 | 37.4% | 605 | 100% |

$\chi^2(1)$=93.64、$p$<.001、$\phi$=0.393

(77)「この」は「は」と、「その」は「が」と結びつきやすい。

　次小節では、定情報名詞句のマーカー（「この」「その」）とその名詞句をマークする助詞（「は」「が」）の間にこうした相関が見られる理由を考察する。

## 8.3　機能的有標性に基づく現象の解釈

　前小節では、天声人語を対象とする調査の結果から定情報名詞句のマーカー（「この」「その」）とそれをマークする助詞（「は」「が」）の間に、（77）のような相関が見られることを見た。

　一方、調査の対象とした文脈指示の指定指示用法の「この」と「その」は真正な意味で範列的（paradigmatic）な対立関係にある。したがって、（77）に見られる「この」「その」と「は」「が」との相関の要因は「この」と「その」の選択に関わる要因から説明可能であるはずである。本節ではこのことについて述べる。

　前述のように、文脈指示の指定指示における「この」と「その」の機能は（78）a, bのようにまとめられる。そして、このいずれかの観点からしか先行詞を捉えることができない文脈では「この」「その」のいずれかしか使うことができない。

(78)a.　「この」はテキスト送信者が先行詞をテキストのトピックとの関連性という観点から捉えていることを示すマーカーである。　　　　　　　　　　　　　　　　　（=（26））

　　b.　「その」はテキスト送信者が先行詞を定情報名詞句へのテキスト的意味の付与という観点から捉えていることを示すマーカーである。　　　　　　　　　　（=（36））

一方、(77) で見たように、「この」は「は」と「その」は「が」と結びつきやすい。ここでは、以上の記述をもとに、「この」と「は」、「その」と「が」が結びつきやすい理由について考えていく。

　まず、先に挙げた例をいくつか再掲しておく。

(79) (a) 昔々あるところに<u>おじいさん</u>がいました。(b) ある日<u>このおじいさん {は／?? が}</u>／<u>そのおじいさんは {?? は／?? が}</u> 山へ芝刈りに行きました。　　　　　　　　　(= (68))

(80) (a) 真夏の光をあびて、<u>キョウチクトウの花</u>が咲いている。公害に強いという宣伝がきいたためか、(b) <u>この花は (?? が)</u>／<u>(その花 {# は／# が)</u> 工業地帯や高速道路ですっかりおなじみになった。　　　　　　　　　　　(= (3))

(81) (a) <u>K</u> は病気知らずが自慢の男だった。(b) <u>その K {が／?? は}</u>／<u>この K {?? が／?? は}</u> 急病であっけなく逝ってしまった。　　　　　　　　　　　　　　　(= (72))

(82) (a) 順子は「あなたなしでは生きられない」と言っていた。(b) <u>その順子 {が／?? は}</u>／<u>この順子 {?? が／?? は}</u> 今は他の男の子供を二人も産んでいる。　　　　　　(= (32))

　以上の例を見ると、(79) (80) のような「この」と「は」の組み合わせだけが許容されるタイプ (以下、「この - は」型と呼ぶ) では、定情報名詞句を含む文 (各例の b 文。以下、定情報文) は先行文での叙述を継続・発展させる意味内容を持っている。例えば、(79b) は先行文で導入された「おじいさん」の行動を叙述している。

　一方、(81) (82) のような「その」と「が」の組み合わせだけが許容されるタイプ (以下、「その - が」型) では、定情報文は先行文の叙述内容からなされる予測と対立する意味内容を持っている。例えば、(81) について考えると、(81a) を読んだ／聞いた段階でテキスト受信者 (読み手／聞き手) は「K は頑強な人だ」といった予測を持つ (予測は必ずしもこの通りでなくてもよい) が、(81) の内容はその予測と対立する内容を表している。以上をまとめると、次のようになる。

(83) a. 「この - は」型は先行文脈の叙述内容を継続／発展させ

る意味内容を表す文で用いられる。

b. 「その−が」型は先行文脈の叙述内容と対立する意味内容を表す文で用いられる。

ここで、次のことを仮定する。

(84)　連文間の意味関係は次のいずれかである。

a. 先行文脈の内容と対立的な内容を述べる。（逆接）

b. 先行文脈の内容と非対立的な内容を述べる。（非逆接*6）

(84b) は (84a) の補集合をなす概念であり、「その反対の指定がなされない限り前提とされる」(de Beaugrande & Dressler 1981: 34) 点でデフォルトの意味関係であると言える。以上のことから、(84) は次のように言い換えられる。

(85)a. 「この−は」型はデフォルトの非逆接的意味関係を表す文で用いられる。

b. 「その−が」型は有標の逆接的意味関係を表す文で用いられる。

では、なぜ、「その−が」型が有標の逆接的意味内容を表す文で使われるのかということになるが、その理由は次のように考えられる。

前述のように、「その」は (82) のような、先行詞を定情報名詞句へのテキスト的意味の付与という観点から捉える文脈で使われる。一方、言い換えや遠距離照応では先行詞をテキスト的意味の付与という観点から捉えることが困難であることから分かるように、テキスト的意味を短期記憶に保持することはテキスト受信者（読み手／聞き手）の短期記憶の負担になる。

したがって、Leech (1983: cp.3) などが言うように、テキスト送信者（書き手／話し手）は、通常テキスト受信者のテキスト解読 (decoding) が容易になるようにテキストを配列するというのが正しく、かつ、それにもかかわらず、テキスト送信者がテキスト的意味の付与という観点から対象を捉えるというテキスト受信者の負担になることをテキスト受信者に敢えて要求するとすれば、その動機が有標の逆接的意味関係を表現することにあるというのは十分あり

第10章　指定指示の記述　129

得ることと考えられる。

　以上は、有標の逆接的意味関係を表すために、(「この」ではなく)「その」が使われる理由であるが、次にこの意味関係を表すために (「は」ではなく)「が」が使われる理由について考えてみたい。

　「は」と「が」には様々な記述があるが、ここでは久野 (1973) などの「「は」は旧情報を、「が」は新情報を表す」という記述を採用し、その上で、(86) と (87) について考えてみる。

　(86)(a) Kは病気知らずが自慢の男だった。(b) そのK {が／??
　　は} ガンであっけなく逝ってしまった。　　　　　　(＝ (81))

　(87)(a) Kは病気知らずが自慢の男だった。(b) そのK {??が
　　／は} 先日の還暦祝いの時も1升瓶を一人で空けた。

　(86) と (87) の違いはb文にある。この場合、「そのK」の部分は指示対象 (外延) としてはどちらの文でも旧情報である。したがって、他に妨げる要因がなければ、(87) のように「は」でマークされることになる (これはデフォルトの場合である)。

　では、なぜ (86) では「が」でマークされるのかということになるが、それは、(86) の場合、「そのK」についての叙述内容がa文を読んだ／聞いた段階でテキスト受読者が持つ予測の範囲外にあるという点で、「そのK」は属性 (内包) としては新情報であり、そのために、新情報を表す「が」でマークされるということである。

　もちろん、通常、「AはB (だ)」という文のBの部分もAと比べると新情報だが、ここで言う情報の新旧はそうした単文レベルの問題ではなく、当該部分の叙述内容が先行文脈から喚起される予測の範囲内にあるか否かという連文レベルの問題である。

　なお、このように、「AはB (だ)」のBの部分が先行文脈から喚起される予測の範囲内にある命題である場合に、それが旧情報扱いされる (その結果、Aは外延的にも内包的にも新情報扱いされない) という現象は、次例の「原因」のように、先行文脈内の要素 (「火事」) と連想関係のある名詞は、テキストに初出であっても、その連想関係から旧情報扱いされやすく、その結果「は」でマークされやすい (野田 1995) というのと平行的な現象であると考えられる。

(88)昨日湯の川温泉で大きな<u>火事</u>があった。<u>原因は</u>（#が）、宿
泊客の煙草の火の不始末らしい。　　（野田 1995: 一部改変）

　このように、「その－が」型では、先行詞を定情報名詞句への
テキスト的意味の付与から捉える「その」の性質と新情報を表す
「が」の性質が呼応し、有標の逆接的意味関係が表されるのである。

　次に、なぜ「この－は」型がデフォルトの非逆接的意味関係を表
すのかを考える。

　上述のように、「この」が表すトピックとの関連性という捉え方
は「その」が表すテキスト的意味の付与という観点からの捉え方よ
りも無標であり＊7、その点で「この」は「その」よりもデフォル
トの意味関係を表すのに適している。

　一方、この環境の定情報名詞句は外延的にも旧情報であるし、そ
れについての叙述が先行文脈の叙述を継続／発展させるものである
点で内包的にも旧情報であり、そのために旧情報を表す「は」でマー
クされると考えられる。

　このように、「この－は」型では、先行詞をトピックとの関連性
という観点から捉えるという「この」の性質と旧情報を表す「は」
の性質が呼応し、デフォルトの意味関係を表すことになるのである。

## 8.4　その他の場合

　上では、「この－は」型と「その－が」型について見た。（表2）
からも、「この／その」と「は／が」の組み合わせの中では、この
2つが典型的であると言えるが、それ以外の「この－が」「その－
は」という組み合わせが存在するのも事実であるので、ここでは、
この場合について簡単に見ておく。

(89)［<u>スミソニアン協会は</u>］1846 年、英国の科学者スミソンが
「人類の知識の増加と普及のために」と、米国政府に贈っ
た遺産で設立された。その遺志をいまも守っているわけで、
高度な研究機関が、子どもたちまで含めた国民教育の機関
を兼ねているかたちだ。（1 文略）<u>このスミソニアンが</u>、14
日から 3 日間、東京で日本の聴衆を対象にセミナーを開く。

（天声人語 1985.5.13）

(90)病院跡の慰霊碑のそばに、1本のエノキがある。被爆して、
幹は根元近くから、裂けるように折れていて、枝もなけれ
ば、葉もない。このエノキが、5月に入って芽を吹いた。

(天声人語 1985.6.3)

(91)ある市民が社会党の地方議員に年金のことで相談に行った。
きちんとした説明がなく、結局、よくわからないままで終
わった。やむなく別の野党の地方議員の所に行った。その
議員は本部と連絡をとり、しっかりと調べた上で答えてく
れた。

(天声人語 1986.9.1)

(92)この日気楽そうに指していたのは、すでに陥落の決まって
いた森ただ1人。その森は森下相手にのびのびとした三間
飛車のさばきから午後8時前には完勝していた。

(『週刊将棋』 1997.3.12)

(89)(90)が「この−が」型の、(91)(92)が「その−は」型
の例である。

まず、「この−が」型について考えると、このタイプは「その−
が」型と類似した意味内容を表す。ただし、「その−が」型が先行
文脈と対立的な意味内容（逆接）を表すのに対し、「この−が」型
は主に先行文脈との対比性を表す。例えば、(90)では「枝も葉
もない」という属性と「芽を吹く」という属性が対比されており、
(89)では「米国」の機関であるスミソニアンが「日本」の聴衆に
対してセミナーを開くという部分に対比性が見られる。

前田（1995）が指摘するように、逆接と対比は連続性を持つ
ことから「その−が」型と「この−が」型は連続することになり、
「この−が」が許容される場合「その−が」も許容されることが多
い。

一方、「その−は」型は固有名詞句と結びつきにくいなど「その
−が」型とあまり類似しない、むしろ「この−は」型に近い性質を
持っている。なお、(92)のように、「その−は」型が固有名詞句
と結びつく時は「一方その…の方は」と言い換えられるようないわ
ゆる「対比のハ」の意味になることが多く（ただし、(87)のよう
に対比性が希薄な場合もある）、この点では「この−が」型と連続

する*8。

　以上のことから、「この／その」と「は／が」の組み合わせと連文における意味関係の間には次のようなスケール的関係が存在すると考えられる。

（93）　　←対立性／有標性大　　　　対立性／有標性小→
　　　　その－が　＞　この－が　＞　その－は　＞この－は


## 8.5　大規模コーパスによる追試

　前小節では、「天声人語」のデータに基づき、（77）の傾向性が見られることを指摘し、その理由を考察した。本小節では、現代日本語書き言葉均衡コーパス（BCCWJ）を用いて、大規模コーパス（書きことばコーパス）においても同様な分布が見られるかを検証する。


### 8.5.1　調査の内容

　ここでは、調査の概要を述べる。

　調査ではBCCWJ（通常版）を検索ツール中納言を用いて検索した。検索は長単位検索で行った。これは、（複合）名詞が不必要に切られるなどの要因を排除するためである（例えば、短単位検索では「自転車」は「自転」と「車」に切られる）。

　考慮すべき変数に関しては、次のように対応した。

　まず、固有名詞か普通名詞かについては、検索条件「品詞：中分類＝名詞－固有名詞／名詞－普通名詞」で区別した。

　一方、文中の位置については、次のように対応した。最初に、次の検索式で対象となる全用例を検索した。

（94）キーから前方1語：語彙素＝此の／其の
　　　　キー：品詞：中分類＝名詞－固有名詞／名詞－普通名詞
　　　　キーから後方1語：品詞＝助詞

　次に、検索結果のCSVファイルをエクセルで開いてxlsxファイルで保存し、そのファイルの「前文脈」の最後から6文字をエクセルのRight関数で取り出し、前文脈の隣に挿入した列に貼り付ける。前文脈に含まれるものの文頭には「#」がつくので（文区切り記号

を#にした場合）、この処理によって文頭であるものは「#（その）|」となる（キーが「其の」の場合）。そこで、これを含む列要素全体に色（仮に黄色とする）をつける。その上で、フィルターをかけ、色フィルターで、黄色がついた要素を抽出し別のシートに貼り付ける。続いて、色がついていない要素を抽出しそれと別のシートに貼り付ける。これで、前者のシートの要素が文頭位置のもの、後者のシートの要素が非文頭位置のものとなる。

### 8.5.2　調査の結果

ここでは、調査の結果について述べる。

#### a. 指示のタイプ、「この」と「その」と名詞の種類

第一に考えなければならないのは、「この」と「その」における名詞の分布の異なりである。

第11章で見るように、「この」と「その」では、その後に続く名詞のタイプが大きく異なる。すなわち、「この」の後には0項名詞が続くのが普通であるのに対し、「その」の後には1項名詞が続くことが多い。次章で見るように、1項名詞の場合は「その」は通常、代行指示になるので、普通名詞を検索対象とする場合はこれを除いて0項名詞の場合のみを取り上げる必要がある。

以上の点を考慮して、今回「この」と「その」の調査対象とした頻度順上位100語は表3の通りである*9。

#### b. 名詞の種類との関係

初めに、名詞の種類（固有名詞／普通名詞）から「この／その」と「は」と「が」の関係を見る*11。普通名詞は件数が多いため、全体の4分の1量をランダムサンプリングしたものを検索対象とした。

表3 「この」と「その」の調査対象（普通名詞）＊10

| 順位 | この | その |
|---|---|---|
| 1 | 事 | 事 |
| 2 | 人（々） | 時 |
| 3 | 問題 | 人（々） |
| 4 | 日 | 場 |
| 5 | 辺・辺り | 辺 |
| 6 | 点 | 日 |
| 7 | 時 | 言葉 |
| 8 | 時期 | 子・子供 |
| 9 | 本 | 点 |
| 10 | 場合 | 男性 |
| 11 | 子・子供 | 話 |
| 12 | 言葉 | 場合 |
| 13 | 男・男性 | 頃 |
| 14 | 話 | 女・女性 |
| 15 | 法律 | 際 |
| 16 | 地 | 者 |
| 17 | 作品 | 場所 |
| 18 | 事件 | 事実 |
| 19 | 方法 | 通り |
| 20 | 家 | 情報 |
| 21 | 街・町 | 金 |
| 22 | 国 | 仕事 |
| 23 | 機会 | 土地 |
| 24 | 制度 | 家 |
| 25 | 女・女性 | 夜 |
| 26 | 間 | 傾向 |
| 26 | 曲 | 時間 |
| 28 | 二人 | 本 |
| 29 | 仕事 | 思い |
| 30 | 中 | 問題 |
| 31 | 店 | 道 |
| 32 | 他 | 時期 |
| 33 | 事実 | 状況 |
| 34 | 時代 | 瞬間 |
| 35 | 方 | 会社 |
| 36 | 場 | 活動 |
| 37 | 写真 | 行為 |
| 38 | 法案 | 友人・友達 |
| 39 | 部分 | 光景 |
| 39 | 為 | 人物 |
| 41 | 世界 | 家族 |
| 42 | 傾向 | 年 |
| 43 | 年 | 娘（さん） |
| 44 | 娘（さん） | 写真 |
| 45 | 記事 | 店 |
| 46 | 名・名前 | 商品 |
| 47 | 道 | 分 |
| 48 | 歌 | 国 |
| 49 | 地域 | 部屋 |
| 50 | 状況 | 地域 |
| 51 | 場所 | 関係 |
| 52 | 時間 | 車 |
| 53 | 後 | 夢 |
| 54 | 状態 | 質問 |
| 55 | 現象 | 先生 |
| 56 | 計画 | 当時 |
| 57 | 映画 | 作業 |
| 58 | 質問 | 心 |
| 59 | ほう | 意見 |
| 60 | 事業 | 光 |
| 61 | 考え方 | 事業 |
| 62 | システム | 一人 |
| 63 | 鳥 | 時代 |
| 64 | 文章 | 技術 |
| 65 | 会社 | 手紙 |
| 66 | 曲 | 水 |
| 67 | 結果 | 記事 |
| 68 | 数字 | 世界 |
| 69 | 手紙 | 体 |
| 70 | 件 | 晩 |
| 71 | 土地 | 視線 |
| 72 | 作業 | 絵 |
| 73 | 規定 | 判断 |
| 74 | 度 | 地 |
| 75 | ブログ | 感覚 |
| 76 | 詩 | 位置 |
| 77 | 手 | 二人 |
| 78 | 先 | 程度 |
| 79 | 期間 | 企業 |
| 80 | 車 | 建物 |
| 81 | 娘（さん） | データ |
| 82 | 関係 | 歌 |
| 83 | 調査 | 計画 |
| 84 | 機能 | 職員 |
| 85 | 前 | 報告 |
| 86 | 病気 | 職 |
| 87 | 考え | 女の子 |
| 88 | 人物 | ファイル |
| 89 | 花 | 感情 |
| 90 | 動き | エネルギー |
| 91 | 運動 | 曲 |
| 92 | 物語 | 製品 |
| 93 | 建物 | 場面 |
| 94 | 戦争 | ページ |
| 95 | 番組 | 数字 |
| 96 | 方式 | 疑問 |
| 97 | 小説 | 痛み |
| 98 | 情報 | 議論 |
| 99 | 書 | 不安 |
| 100 | 地方 | 組織 |

表4 「この／その」と「は」と「が」（固有名詞の場合）

|  | は | が | 合計 |
|---|---|---|---|
| この・固有名詞 | 411 ↑ | 83 ↓ | 494 |
| その・固有名詞 | 254 ↓ | 191 ↑ | 445 |
| 合計 | 665 | 274 | 939 |

$\chi^2(1)=76.03$、$P<.001$、$\phi=0.285$

表5 「この／その」と「は」と「が」（普通名詞の場合）

|  | は | が | 合計 |
|---|---|---|---|
| この・普通名詞 | 3533 ↑ | 211 ↓ | 3744 |
| その・普通名詞 | 1875 ↓ | 360 ↑ | 2235 |
| 合計 | 5408 | 571 | 5979 |

$\chi^2(1)=176.46$、$P<.001$、$\phi=0.172$

　表4、表5から、固有名詞の方が普通名詞よりも、「この-は」「その-が」の組み合わせが現れやすいことがわかる*12。

## c. 文中での位置との関係

　次に、文中での位置（文頭かそれ以外か）との関係を見る。

表6 「この／その」と「は」と「が」（文頭位置の場合）

|  | は | が | 合計 |
|---|---|---|---|
| この・文頭 | 2035 ↑ | 122 ↓ | 2157 |
| その・文頭 | 919 ↓ | 213 ↑ | 1132 |
| 合計 | 2954 | 335 | 3289 |

$\chi^2(1)=139.12$、$P<.001$、$\phi=0.206$

表7 「この／その」と「は」と「が」（非文頭位置の場合）

|  | は | が | 合計 |
|---|---|---|---|
| この・非文頭 | 1909 ↑ | 172 ↓ | 2081 |
| その・非文頭 | 1210 ↓ | 338 ↑ | 1548 |
| 合計 | 3119 | 510 | 3629 |

$\chi^2(1)=134.20$、$P<.001$、$\phi=0.192$

表6、表7から、文頭位置と非文頭位置の違いはそれほど関与的ではないことがわかる。全体的な分布を見ると、次のようになる。

表8 「この／その」と「は」と「が」（全体）

|  | は | が | 合計 |
|---|---|---|---|
| この | 3944 ↑ | 294 ↓ | 4238 |
| その | 2129 ↓ | 551 ↑ | 2680 |
| 合計 | 6073 | 845 | 6918 |

$\chi^2(1)= 282.87$、$P<.001$、$\phi =0.202$

表4～表8の全てで（77）（再掲）が成り立つことが確認された。

（77）「この」は「は」と、「その」は「が」と結びつきやすい。

一方、表4～表7から、「固有名詞・文頭位置」において、この関係は最も鮮明に現れると考えられる。この場合の分布は次の通りであり、確かに、効果量$\phi$は表4～表7の中で最も大きい。

表9 「この／その」と「は」と「が」（固有名詞・文頭位置）

|  | は | が | 合計 |
|---|---|---|---|
| この・固有名詞・文頭 | 231 ↑ | 39 ↓ | 270 |
| その・固有名詞・文頭 | 155 ↓ | 110 ↑ | 265 |
| 合計 | 386 | 149 | 535 |

$\chi^2(1)=47.42$、$P<.001$、$\phi = 0.298$

この表9と表2を比較してみよう。

表2 「この」「その」と「は」と「が」（再掲）

|  | は | が | 合計 |
|---|---|---|---|
| この | 321 ↑ | 107 ↓ | 428 |
| その | 58 ↓ | 119 ↑ | 177 |
| 合計 | 379 | 226 | 605 |

$\chi^2(1)=93.64$、$P<.001$、$\phi =0.393$

すると、「この－は」と「その－が」の部分は差が見られないのに対し、「その－が」と「この－は」の部分には差が見られ（表2と表9の網掛け部分）、今回の調査では、「この－が」が少なく、

第10章 指定指示の記述　137

「その−は」が多かったことがわかる*13。

　以上のことから、本章8.2節の調査結果は、現代の大規模コーパスにおいても基本的に検証されたと考えられる。


## 9.　本章のまとめ

　本章では、指定指示について記述的に検討した。その結果、「この」は外延的限定詞、「その」は内包的限定詞として規定できることがわかった。この特徴付けから、定情報名詞句を受ける際に、「は」と「が」のいずれと共起しやすいかという傾向性を説明することができる。また、これまでほとんど扱われていないゼロ指示や「前出の」などについても触れ、日本語のテキストにおける限定詞の総合的な記述を目指した。

　本章の考察内容は、「定冠詞」に関する議論においても重要な意味を持つが、これについては第12章で詳説する。

　また、指定指示は第14章で扱う「指示」の代表的なものであるが、これについては、第14章で詳しく考える。

　次章では「この」と「その」のもう1つの用法である代行指示について考える。

---

＊1　現場指示の解釈としては「この」は適格だが、文脈指示としては不適格である。

＊2　この例に近いものとして、次のようなものがある。

（ア）　あんたがたどこさ　肥後さ　肥後どこさ　熊本さ　熊本どこさ　船場さ　船場山には狸がおってさ　それ（／??これ）を猟師が鉄砲で撃ってさ　煮てさ　焼いてさ　食ってさ　それを木の葉でちょいと隠せ　　　　　　　　　　　　　　　　　　　（「あんたがたどこさ」）

（イ）　中国がカネ儲けと援助漬けでシンパを増やす手を打ってるあいだ、ロシアはカネのかかる軍艦だの戦闘機だのブンブン言わせてるだけで下手だな。売るもんが石油と天然ガスしかないんなら、もう少しアタマ使えよ。アメリカは世界の秩序をぶち壊すことしかしない。日本はその（／#この）アメリカの小判鮫…

（https://twitter.com/masanorinaito/status/1036944922107162627）

138　　Ⅲ　日本語指示詞の文脈指示用法の記述

（ア）に典型的なように、「しりとり」的に叙述を続けていく場合、「この」ではなく「その」が使われる。これも、こうした場合にはテキスト的意味を持った捉え方が必須であると考えることで説明できる。

*3　ゼロ指示の許容度には個人差があるようである。例えば、（ウ）（エ）は筆者には適格だが、これらを不適格とする話者もいる。

（ウ）　フレッドが教室で<u>ある面白い本</u>の議論をしていた。私はその後、彼と φ <u>本</u>について議論をした。

（エ）　昨日生協で<u>本</u>を買った。φ <u>本</u>は今机の上に置いてある。

*4　日本語には「この／その + mod + NP」（mod：修飾成分）という語順と「mod + この／その + NP」という語順が存在するが、機能上両者を区別する必要がないので、本書では両者を同一視する。

*5　これに関し Widdowson（1978: 41）に次のような指摘がある。彼は次のようなテキストを挙げている。

（オ）　Minerals are classified according to their chemical composition: some are oxides, some are sulphides, some silicates.

その上で、「いったん、これらの間の発話内関係が示されると、読者はそれらの間の命題的結合を発見するように仕向けられる。酸化物や硫化物や珪酸塩が化学物質の名前であることを読者がたとえ知らなくても、これらの命題が例として並べられていることからその事実を類推するように強制されるのである」と述べている。これをここでの論旨に合わせて読み変えると、例えば、将棋の知識がない読者が（12）を読んだとしても、「この」があることで「21歳の天才」が「羽生」を指すことを「強制される」のである。

*6　これはいわゆる順接に当たる。

*7　（表2）における「この」と「その」の頻度の分布（「この」が「その」の約2.5倍使われている）もこれの傍証となる。

*8　「その−は」型の今一つのタイプは次のようなものである。

（カ）　<u>K</u>は病気知らずが自慢の男だった。だが、<u>そのK</u>は急病であっけなく逝ってしまった。（cf. (86)）

先に、「その−が」型は逆接的意味内容を表すと述べた。（カ）にはその逆接的意味内容を表す接続詞「だが」が含まれている。この場合に、「が」ではなく「は」が使われるのは、逆接的意味内容を表すという「が」が担っていた機能が「だが」に委譲されたためであると考えられる。つまり、やや比喩的に言えば「だが」に機能を移した有標の「が」が無標の「は」に降格したのである。

*9　「その」の順位100位の「組織」は0項名詞も含む総頻度順位では287位である。

*10　「子ども／子どもたち」など数だけが異なるもの、「町」と「街」、「友人」と「友達」などは合併した（表3の見出しの通り）。なお、「この」と「その」で順位が異なる場合、一部同順位のものを別順位に振り分けたところがある。

*11　今回の調査でも、本章8.2節の調査と同じく、「が」は「は」と範列的な対立がある場合のみをカウントした。したがって、次のようなものはカウントしていない。

（キ）　山川は隊員たちが作ってくれた熱い"かゆ"を口にふくみながら、いった。「<u>パリ</u>の夢を見た」「<u>パリ</u>とはなんですか」「フランスの都

だ。それはすばらしいところだ。日本とは天と地の差だ。<u>その（／</u>
<u>#この）パリが</u>日本にできた夢を見たのだ」山川は笑った。

（星亮一『会津藩燃ゆ』BCCWJ：LBb9_00025）

＊12　p値では違いがないが、効果量$\phi$を見ると、固有名詞の方が普通名詞の効果量よりも大きい（cf. 水本・竹内2010）。

＊13　両者のカイ二乗検定の結果は、それぞれ$\chi^2(1)=2.27$(ns.) と$\chi^2(1)=72.14$（$p<.001$、$\phi=0.448$）であった。

# 第11章
# 代行指示の記述


　前章では、指定指示について記述した。本章では、「この」と「その」のもう１つの用法である代行指示について記述する。

　本章では、「代行指示」について考察するが、その前に「指定指示」と「代行指示」について、もう一度簡単に触れておきたい。

　指定指示は「この／その／ゼロ＋NP」全体で先行詞と照応する場合で、代行指示は「この／その／ゼロ＋NP」の中の「こ／そ」の部分だけが先行詞と照応する（つまり「この／その」が「これの／それの」の意味で使われている）場合である。具体例で述べると、(1) が「指定指示」の、(2) が「代行指示」の例である。

　(1) 先日銀座ですしを食べた。{この／その／φ} すしはおいしかった。
　　　　　　　　　　　　　　　　　　　　　　　（指定指示）

　(2) 先日銀座ですしを食べた。{この／その／φ} 味はなかなか良かった。
　　　　　　　　　　　　　　　　　　　　　　　（代行指示）

この「指定指示」と「代行指示」の区別は林（1983）にあるものである。その林（1983）には次のような記述がある。

　(3)「そ」が代行するものの後に相対関係を示すことばが来るという非常にはっきりした傾向が見られるのは、おもしろい。
　　　　　　　　　　　　　　　　　　　　　　（林1983 : 17）

　実際、林（1983）が調査対象としている「夢十夜」の実例において代行指示の「その」の後に来ている名詞は「上、中、後、次、周囲、傍、（片）端、後、一つ、度、外、顔、口、幹」であり、これらは何らかの意味で相対性を持っている。また、林（1983）のデータの中の「先脈代行指示」には「この」の例はない。これは極めて興味深い現象であるが、林（1983）はこの事実を指摘しているだけで原理的な説明を与えていない。本章の目的の１つは (3) が名詞の統語的特徴から説明できることを示すことにある。

141

## 1. 問題となる言語現象

次の2文を考えて頂きたい。

(4) 先日、<u>林先生</u>が学会の会場で<u>その著書</u>に目を通されていた*1。

(5) 先日、<u>林先生</u>が学会の会場で<u>その本</u>に目を通されていた。

(4)と(5)は、下線部の名詞「著書」と「本」が異なるだけの最小対立対であるが、両者の間には次に挙げる3つの統語的／意味的な違いがある。

第一の相違点は、先行文脈の必要性である。すなわち、(4)は始発文（第一発話）においても使うことができるが、(5)ではこれが不可能である。これは次のような談話から証明できる。

(6) A：先日、学会の会場で<u>林先生</u>が<u>その著書</u>に目を通されていたんですよ。

B₁：ああ、そうですか。

B₂：えっ、どの（著書）？

(7) A： 先日、学会の会場で林先生が<u>その本</u>に目を通されていたんですよ。

B₁：#ああ、そうですか。

B₂： えっ、どの（本）？

つまり、「その著書」を含む(6)はそれだけで充足できるので、何の疑問も誘発せずに(6)のように談話を閉じられるが*2、「その本」は先行文脈で言及されたものでなければならない（本書では現場指示の解釈は一貫して排除する）ので、先行文脈が存在しない始発文で(7)が発せられた場合には、それに対して(7B₁)のように答えて談話を閉じることはできず、必ず(7B₂)のような疑問が誘発される（(6)に対しても(6B₂)のように答えることは可能だが、(7)の場合とは異なり、これは義務的ではない）。

第二の相違点は「この」との交換可能性である。

(8) 先日、学会の会場で<u>林先生</u>が {その／*この} 著書に目を通されていた。

(9) 先日、生協で<u>本</u>を買って読んだ。{その／この} 本は言語学

142 　Ⅲ　日本語指示詞の文脈指示用法の記述

の本でなかなか面白かった。

(8) の「その著書」は「この著書」に置き換えられないが、(9) の「その本」は（適切な文脈においては）「この本」と置き換えられる（両者の置き換え可能性については、前章（図1）のフローチャートを参照されたい）。

第三の相違点は「その」の省略可能性である。

(10)先日、<u>林先生</u>が学会の会場で<u>著書</u>に目を通されていた。

(cf. (4))

(11)先日、林先生が学会の会場で<u>本</u>に目を通されていた。

(10) は、(4) と同義で、「著書」は必ず「林先生の著書」を指すのに対し、(11) の「本」は、決して「林先生の本」を意味せず「不定」の本を表す。

以上の点を図示すると次のようになる。

表1　代行指示と指定指示

|  | 先行文脈が必須 | 「この」との置換 | 「その」の省略 |
|---|---|---|---|
| 著書（代行指示） | × | × | ○ |
| 本（指定指示） | ○ | ○ | × |

## 2.　1項名詞と0項名詞

前節で見たように、指定指示と代行指示は次のような相補分布的対立を示す。

(12)a.　代行指示では単一文中で照応を閉じられるが、指定指示では閉じられない。

　　b.　単一文中で充足する代行指示の「その」は「この」に置き換えられないが、指定指示の「その」は適当な文脈では「この」に置き換えられる。

　　c.　代行指示の場合「その」の有無で意味の違いは生じないが、指定指示の「その／この」を省略すると「不定」になる。

代行指示と指定指示に見られるこのような違いは、「著書」（タイ

プの名詞）と「本」（タイプの名詞）との構造的な違いに由来する
ものと考えられる。その違いとは、名詞が「項」をとるか否かとい
うことである。以下の例を考えていただきたい。

(13) A： 昨日久しぶりに著書を読んだよ。

　　B₁：＃ああ、そうですか。

　　B₂： えっ、{誰の／＃どんな}？＊3

(14) A： 昨日街で作者を見かけたよ。

　　B₁：＃ああ、そうですか。

　　B₂： えっ、{何の／＃どんな}？

(15) A： 昨日久しぶりに本を読んだよ。

　　B₁： ああ、そうですか。

　　B₂： えっ、{誰の／何の／どんな}？＊4

(16) A： 昨日街で作家を見かけたよ。

　　B： ああ、そうですか。

(17) A： 昨日読んだよ。

　　B₁：＃ああ、そうですか。

　　B₂： えっ、何を？

　聞き手に何の前提もない始発文で（13）（14）を発すると、それ
に（13）（14）のように答えて談話を閉じることはできず、必ず
（13B₂）（14B₂）のような疑問を誘発する。

　これは、始発文で（17）を使うと、それに（17B₁）のように答
えて談話を閉じることはできず、必ず（17B₂）のような疑問が誘
発されると同様の現象であり、このことから「著書」や「作者」は
各々「誰の」「何の」を「統語的」な「項」として取ることがわか
る＊5。

　以上の議論の内容を次のような統語的テストとしてまとめておく。

(18)「そうですかテスト」

　　　AとBの対話の始発文で話し手Aがφ N（Nは名詞）を含
　　　む文を発したとき、協調的な聞き手Bが「ああ、そうです
　　　か」（に相当する表現）で答えて談話を閉じられるとき、そ
　　　の名詞Nを「0項名詞（zero-place noun）」と称し、その
　　　ように答えることができず、必ず「Xの？」（Xは疑問詞）

という疑問を誘発するとき＊6、そのNを「1項名詞（one-place noun）」と称する＊7。1項名詞は統語的に項を必須的にとるのに対し、0項名詞は項を必須的にはとらない。

このテストは動詞などの項を同定するのと全く同様に規定されたものである。したがって、1項名詞の「項」は意味論的なものではなく統語論的なものであり、1項名詞は結束装置として機能的には述語成分（磁場表現）と等価の結束力（cohesive power）を持つと考えられる。

（18）の基準によって1項名詞と認定される名詞には次のようなものがある（なお、この場合のカッコ内の分類名は便宜上のものであり、重要なのは、あくまで「そうですかテスト」によって項を同定できるか否かである）。

(19)頭、顔（身体部位）；蓋、取っ手（部位）；弟、妻（親族名詞）；大統領、部長（職階）；上、前（相対名詞）；会場、本場（場所）；実現、修理（動名詞）；大半、10％（分量）；生徒、作者、資金（その他）…

## 2.1 先行研究

「1項名詞」という概念にはいくつかの類似する概念がある。ここではそのいくつかを先行研究として取り上げる。ここで取り上げるのは、寺村（1977b）、Grimshaw（1990）、Barker（1995）、西山（1990）、仁田（1977b）である。

まず取り上げるのは、寺村（1977b）の「相対名詞」という概念である（奥津（1974）についてもここでの議論が同様に当てはまる）。結論から言えば、1項名詞は相対名詞を包含する概念であり、全ての相対名詞は1項名詞であるが、1項名詞の中には相対名詞でないものもある、ということになる。

例えば、「上」は相対名詞であるので、（20a）で「私タチガ勉強シテイル」のは「上」ではなく「下」になる（寺村1977b）。

(20)a.　私タチガ勉強ヲシテイル上デ誰カガ柔道ノ練習ヲシテイタ。
　　　　　　　　　　　　　　　　　　　　　　　　　　（寺村1977b）

　　　b.　その上で私たちが勉強していた。

一方、「犯人」は1項名詞だが、次のような分布を示す。

(21)a.　次郎を殺した<u>犯人</u>が捕まった。

　　b.　<u>その犯人</u>が次郎を殺した。

(22)a.　次郎を殺した<u>男</u>が捕まった。

　　b.　<u>その男</u>が次郎を殺した。

　まず、(21) の「犯人」は「次郎を殺した」人物と同一である。この点で、「犯人」は「上」などの相対名詞とは異なり、(22) の「男」と類似性を示す。しかし、(22b) が (22a) に対応する文であるのに対し、(21b) の「その犯人」は第一義的には他の事件の犯人である。この点では「犯人」は相対名詞と同様の振舞いを見せる (cf. (20))。つまり、「1項名詞」の中には「相対名詞」との類似性は持つもののそれとは独立したものがあるのである。しかも、「1項名詞」は（純粋に統語的な概念であるので）「破壊」「美しさ」などの「派生名詞」も含む。したがって、「1項名詞」は「相対名詞」とは別概念である。

　次に、Grimshaw (1990) などで用いられている "R" という概念について見る。これらの文献では全ての名詞は項構造上必ず "R" という要素をその外項としてとると仮定されている。したがって、"dog" の項構造（argument structure）は次のようになる。

(23) dog (R)

　この "R" は指示的な場合は限定詞との同定によって満たされるが、叙述的な（predicative）場合は限定詞によってではなく、主語との叙述（predication）によって満たされる。この主張は興味深いし、英語に関しては正しいと思われるが、日本語に関してはこれでは不十分である。なぜなら、この "R" は項の有無に関係なく設定されており、それだけでは「項」の有無を表示できないからである（項の有無と名詞句の指示性は無関係である）。

　続いて、Barker (1995) を取り上げる。この文献は管見の限り、英語に関する文献で名詞の項構造を項の有無を基準に設定している唯一のものである。例えば、"child", "human" の項構造は各々 (24) a, b のようになる（λ は形式意味論で使われるラムダ演算子

である。詳しくは白井（1985）などを参照されたい）。

(24) a. $\lambda x \lambda y$ [child $(x, y)$ ]

　　b. $\lambda y$ [human $(y)$ ]

（24a）は「x の child である要素の集合y」を、（24b）は「human である要素の集合y」を指示する。この notation は通常の述語論理のものとは異なるが、実質的に両者は等価であり、（24a）は1項名詞の、（24b）は0項名詞の項構造を表していると見なせる。

　Barker（1995）によれば、英語では（24）a, bで表される関係を持つ名詞は次のような統語的特徴を持つ。すなわち、前者は「of - phrase による後置修飾を許」し、「"NP₁'s NP₂" という構造のNP₁ と NP₂ の意味関係は内在的」なのに対し、後者は「of-phraseによる後置修飾を許さない」。また「"NP₁'s NP₂" という構造のNP₁ と NP₂ の意味関係は外在的」である。

(25) a. the／a child of John

　　b. * the／a human of John

(26) a. John's child

　　b. John's human　　　　　　((25) (26) は Barker (1995) より)

（25）の分布の意味するところは自明だと思われるので、（26）についてのみ述べる。ここで、"John's child", "John's human" の指示対象が共に "Bill" だとすると、（26a）では "John" と "Bill" の関係が「親族（子ども）」という内在的なものであるのに対し、（26b）における両者の関係は「一緒に連れてきた」「隣に座っている」など語用論的に妥当なものなら何でもよいという外在的なものである（なお、"John's child" には（26a）に対応する外在的な用法（「今預かっている」「二人三脚の相手である」などの意味関係）もある。この場合は（24）の x に当たる項が抑圧（suppress）される）。

　この文献の価値はこれまで派生名詞（derived nominal）の記述にのみ向けられていた英語の名詞に関する研究を非派生名詞に向けたということにある。この文献は本書（及びそのもとになっている庵1995b）とは全く独立に書かれたものだが、両者において名詞を統語的に大別するという結論が一致するということは、本章で言う

第 11 章　代行指示の記述　**147**

1項名詞、0項名詞という概念が「統語論的な」概念として通言語的な（cross-linguistic）有効性を持つという可能性を示唆している。

　もちろん、この両者の区別は「意味論的な」概念としては言語普遍的なものである。なぜなら、意味的に考える限り「息子」がある言語では「親」の存在を前提とするが、他の言語ではそれを前提としないなどということはあり得ないからである。問題は、そうした区別が「統語現象」に反映するかどうかであり、その意味で日本語（及び Barker（1995）の議論が正しければ英語も）ではこの区別が統語現象に反映していると言える。

　次に「1項名詞／0項名詞」と類似した概念である西山（1990, 2003）の「非飽和名詞句／飽和名詞句」との比較を行う。

　西山（1990, 2003）は「優勝者」「建築者」「委員長」のように「パラミター」の値が決まらない限り指示対象が決められない名詞句を「非飽和名詞句」、そうでないものを「飽和名詞句」と呼び、Nが非飽和名詞句であるときに限り、「YがXのNだ」から「XはYがNだ」を派生させることができるとしている。例えば「優勝者」は非飽和名詞句であるから、（27a）から（27b）を派生できるのに対し、「男の子」は飽和名詞句なので（28a）から（28b）を派生させることはできないとする（西山 1990: 174–175）。

(27) a.　太郎が、あの時の<u>優勝者</u>だった。

　　　b.　あの時は、太郎が<u>優勝者</u>だった。

(28) a.　太郎が、あの時の<u>男の子</u>だった。

　　　b.　?あの時は、太郎が<u>男の子</u>だった。

　この西山（1990）の「飽和名詞句／非飽和名詞句」の区別は本書の「0項名詞／1項名詞」の区別と重なる部分が多い。ただし、少なくとも次の2つの点で両者は異なる。

　第一の点は、「パラミター」は「項」とは異なり数的に限られたものではないという点である。このことは上の（27）について考えることからもわかる。つまり、ここでは「優勝者」の「パラミター」として「あの時」（時名詞句）が立てられている。しかし、次の例からわかるようにこうした時名詞句は「優勝者」の「項」ではない*8。

(29) A：　優勝者が殺されたそうだよ。

　　　B₁：?? えっ、いつの？

　　　B₂：　えっ、何の？

こうしたことから次のことが言える。すなわち、「項」は必須的なものに限られるのに対し、「パラミター」はそうした必須性によって限定されたものではないということである。

「飽和－非飽和」の区別と「0項－1項」の区別の違いの第二の点はそれが何を目的とするのかということである。すなわち、前者は純粋に意味論的な議論であるのに対し、本書で言う「項」の有無は潜在的にはテキストレベルの現象の解明を目的としたものである。

確かに、磁場表現の場合に比べ名詞の項が間文的な（intersentential）レベルで結束力を発揮することは少ないが、（30）のように、0項名詞には見られない能力を1項名詞は持っているのである（この点については第12章でもう少し詳しく述べる）。

(30) 司馬遼太郎氏が亡くなった。長年著書／?? 本に親しんできた私はひどくショックを受けた。

最後に、仁田（1977b）を取り上げる。実は、以上論じてきた「1項名詞」という概念は、仁田（1977b）の「不定時を基準とする相対的時名詞」という概念に示唆を受けたものである。

仁田（1977b）は、（31）が「始発文」でも使えるのに対し、（32）は「何らかの前置文脈」を必要するということを指摘し、その理由を「後日」（「不定時を基準とする相対的時名詞」）はその内部に「不定」部分を内包しているが、「昨日」（「発話時を基準とする相対的時名詞」）の基準点は発話時に固定されているためであるとしている。

(31) 昨日私は大阪へ行った。

(32) 後日私は大阪へ行った。

本書の「1項名詞」は、この「不定時を基準とする相対的時名詞」という概念を全ての名詞に拡張したものである。ここで重要なのは、仁田（1977b）が名詞が連文的機能を持っていると考えていることであり、この点で仁田（1977b）は上述の諸研究と一線を画す。

## 2.2 名詞の項構造

以上の議論から、少なくとも日本語においては名詞をノ格名詞句の必須項としてとる「1項名詞」とそれを必須的にはとらない「0項名詞」とに大別されると考えられる。ここでは、1項名詞、0項名詞の項構造について考える。

上述の議論からわかるように「項」は統語論的な概念であるから、名詞の項構造に反映されていなければならない。ここでは、1項名詞、0項名詞の項構造を次のように考える。

(33) a. 1項名詞：$N_1$ (x)
  b. 0項名詞：$N_0$
   （ただし、$N_1$, $N_0$は各々任意の1項名詞、0項名詞）

この構造は、本質的に (24) a, b の Barker (1995) のものと同じである。一方、こうした構造を持つ名詞が文中で使われた場合の名詞句の構造は次のようになる（なお、派生名詞（動名詞）の項構造は対応する動詞などの構造と対応する（cf. Chomsky 1970）ので、ここでは扱わない）。

(34) a. 0項名詞  b. 1項名詞

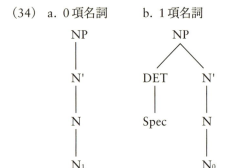

ここで採用しているのは GB 理論で採用されていた X バー理論に基づく表示である。なお N' は「N バー」と読む、名詞句（NP）と名詞（N）の中間投射である。また、N' と姉妹関係にある（＝句構造上同じ高さにある）名詞句 $NP_2$ を $NP_1$ の指定部（Specifier）と呼ぶ（これについて詳しくは三原（1994）を参照されたい）。

以上のような前提の上で、1項名詞と0項名詞の構造を考えると、両者の違いは指定部の有無として捉えられる。また、N は文中では NP レベルまで投射しなければならないと考える（したがって、本

書では Fukui（1995）のように N' レベルで完全名詞句（full NP）となり得るようなシステムはとらない。それはそうしたシステムでは項の有無が表示できないからである）。

## 3. テンスを超えない照応

ここで、先に（12）で挙げた現象に対する説明を行う。

(12) a. 代行指示では単一文中で照応を閉じられるが、指定指示では閉じられない。

b. 単一文中で充足する代行指示の「その」は「この」に置き換えられないが、指定指示の「その」は適当な文脈下では「この」に置き換えられる。

c. 代行指示の場合「その」の有無で意味の違いは生じないが、指定指示の「その／この」を省略すると「不定」になる。

まず、（12a）から考えると、代行指示では1項名詞が使われるが、1項名詞は項を持っており、その値が決まらなければならない。つまり、（34b）の構造からわかるように、1項名詞は指定部を持っており、その値が決まらないと完全名詞句になれないため、その値を決めるために同一文中の要素と結びつく（照応する）ことができる。これに対し、0項名詞には指定部がないので同一文中で照応することはできないのである。

次に、（12b）に移る。上で、1項名詞は指定部を持っていると述べた。換言すれば、名詞句の構造自体が結束性を保証しているのである。このことから、代行指示で用いられる「その」（厳密には「その」の中の「そ」）は機能的には「空」であり、その名詞が項を持っていることをマークする機能しか持たない連結詞（connecter）だと考えられる*9。

この考察が正しいとすれば、代行指示の場合に「その」の有無が意味の差をもたらさないという事実は自動的に説明される。なお、0項名詞は指定部を持たないので、限定詞が省略されても「不定」の完全名詞句として機能できるのである。

第11章　代行指示の記述　151

最後に（12c）だが、これは（12b）の考察と連関している。つまり、日本語の連結詞については次の事実が観察される。

　（35）コ系統には（原則的に）連結詞としての用法はない＊10。

　この（35）の原則は基本的に全ての連結詞において成り立つ。一方、（12）より（単一文中の）代行指示の「その」は連結詞である。したがって、この場合の「その」は「この」に置き換えることはできないのである。

　一方、前章で見たように、指定指示の「この」や「その」はテキスト送信者が「テキスト内で、先行詞をどのように捉えているかを標示するマーカー」であるから、先行詞の捉え方の違いによって潜在的には交替可能なのである。


## 4. テンスを超える照応

　ここまで「単一文＊11」の場合の代行指示を考察してきた。その結果、この環境では「その」の有無は意味の差をもたらさないが「この」は使えないことが分かった。しかし、代行指示には次のような「非単一文」の場合もあり、その場合には「この」が使えることがある。ここではこのケースについて考察する。

　（36）八九年、当時のゴルバチョフ・ソ連大統領は、郵電局の傘下にある民生通信を、株式会社に移行させた。この（／その／φ）結果、各共和国や自治州の電話局が独立し、旧ソ連内には数百もの民間電話会社が生まれた。

（『AERA』1993.5.25）

　（37）永らく続いてきたドル高・円安の基調が、ようやく転機を迎えた。この（／その／φ）理由は、おもに米国側にある。22日には米国の呼び掛けで先進5カ国蔵相・中央銀行総裁会議がニューヨークで開かれ、ドル安が世界経済にとって望ましいことを確認し合った。　（朝日新聞朝刊1985.9.26）

　（36）（37）では、実例として「この」が使われているが、「その」「ゼロ」も使用可能である（後者の特徴は「単一文」の場合と同様）。ここで重要なのは、「この」が使えるということであり、こ

152　Ⅲ　日本語指示詞の文脈指示用法の記述

れは「単一文」の場合と著しい対照をなす。

（36）（37）の場合、先行詞は「文」である。一般に、先行詞が文である場合には「この」が使えるようである。これに対して、先行詞が「人／もの」の場合には少し事情が複雑である。次例を考えていただきたい。

（38）僕が愛読している雑誌があって、堅いことで有名なんだけど、今度 {この／その／φ} 表紙になんとヌード写真が使われることになったんだ。

（39）太郎は明るい性格でみんなの人気者だが、{?? (a) この／ (b) その／ (c) φ} 弟は乱暴者で町内の鼻つまみだ。

（38）は先行詞が「もの」の場合で「この」は使用可能だが、（39）は先行詞が「人」であり、この場合は「この」は使いにくい。いずれの場合も「その」「ゼロ」が使えるのは先行詞が「文」（及び「単一文」）の場合と同様である。

これらを統一的に説明するにはどうすればよいだろうか。まず、「この」が使えることからこの環境の「この」（の中の「こ」）は連結詞ではない。コ系統には原則的に連結詞の用法はないからである。

ここで、代行指示における限定詞の問題をもう一度一般的に論じてみたい。

（40）a. $[_s \cdots NP_{1j} \cdots X_j \text{ の } NP_2 \cdots]$ （単一文の場合）

b1. $[_{s1} \cdots \cdots]_{jo}. [_{s2} \cdots Y_j \text{ の } NP_2 \cdots]$ （非単一文：先行詞が文）

b2. $[_{s1} \cdots NP_{1j} \cdots]. [_{s2} \cdots Y_j \text{ の } NP_2 \cdots]$ （非単一文：先行詞が文以外）

（ただし、$NP_2$ は 1 項名詞で、「これの／それの」は通常、表層では「この／その」となる）

ここで「X／Y」を満たし得るものとしては次の 3 つがあり得る（（35）より「連結詞「これ」」というものは存在しない）。

（41）A1： 連結詞「それ」（代用＝テキスト的意味の付与／トピックとの関連性なし）

A2： 非連結詞「それ」（指示＝テキスト的意味の付与あり）

B ： 非連結詞「これ」（指示＝トピックとの関連性あり）

次に、（40a）の X を満たし得るのは（41A1）に限られる。これ

は同一文中の要素を先行詞として、その先行詞を「テキスト的意味の付与／トピックとの関連性」という観点から捉えることはできないと考えることで説明できる。

　一方、(40b1) (40b2) のYは（統語的には）(41) の3つのどれによっても満たされ得る。では、なぜ (39) のように「この（＜これの）」が使えない例はあるのに、「その（＜それの）」が使えない例はないのかという点が問題になるが、これについて考えるため、次の (42) を仮定する。

(42) 1項名詞の指定部をソ系統で埋める時のデフォルトの選択肢は「連結詞の「それ」」である。

　つまり、本書では、(40) のYが「それ」である時、それが (41) のA1, A2のいずれに解釈されるかは解釈レベルの問題であり*12、統語的には（1項名詞の）「構造標示」のためにA1の「連結詞の「それ」」が挿入されると考える。

　すると、(39) の「この」と「その」の許容度の違いは次のように説明できる。

　まず、「それの（＞その）」の「それ」は連結詞なので先行詞の性質によらず非単一文の「その」は文法的である（もし、連結詞の「それ」が、語用論的制約のために、「人」を指せないとすると (43) のような例が説明できなくなる）。したがって、(39) の「その」は先行詞が「人」だが文法的になる。

(43) 太郎とその家族

　一方、(44a) は文法的なのに、(44b) の許容度は低い。これは次のように説明できる。すなわち、この場合「この太郎の＞これの＞この」という派生過程で「これ」（レ系指示詞）で「人」を承けることになってしまうが、これはレ系指示詞で人を指すと失礼になる（近藤1992）という語用論的制約に抵触し、そのために文の許容度が低くなると考えられるのである。

(44) a.　太郎は明るい性格でみんなの人気者だが、この太郎の弟は乱暴者で町内の鼻つまみ者だ。

　　 b.　太郎は明るい性格でみんなの人気者だが、??この弟は乱暴者で町内の鼻つまみ者だ。　　　　　(= (39))

## 5. 名詞句の構造

以上を踏まえ、1項名詞と0項名詞が実際の文中で使われる際の構造を考えると次のようになる。

(45) a. 0項名詞　　　b. 1項名詞

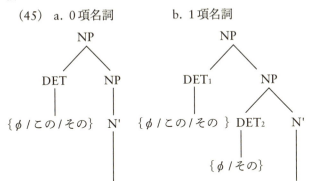

(46) 先日 (a) 本を読んだ。(b) {φ／この／その} 本は面白かった。

(47) 先日、林先生が学会の会場で (a) {φ／*この／その} 著書に目を通されていた。(b) {φ／この／その} 著書は今学会で話題になっているものだ。

まず、(46a) の「本」は0項名詞で不定であるので、(45a) でDETは「φ」になる。一方、(46b) の「本／その本／この本」は0項名詞で定の場合だが、この場合は、(45a) のDETが「φ／この／その」となる（第3章、第10章で見たように、日本語ではこの場合DETが「ゼロ（φ）」であることが可能である）。

一方、(47a) では「φ／その」が「林先生」と照応する。この場合、(45b) のDET₂が「φ／その」となる（(35) よりこの場合に「この」は使えない）。この構造は (47'a) のように表せる。

(47'a) [NP φ [NP[DET φ／その] 著書 ]]

このとき、「著書／その著書」自体は「不定」であるから、DET₁は義務的に「φ」になる。この構造は英語では (48) に相当する。英語ではこの構造は許容されないが、ルーマニア語やブラジル・ポルトガル語などでは許容されるものである（詳しくは次章参照）。

(48) *a his book

さらに、（47b）の場合は、（47a）の「著書／その著書」が既に完全名詞句であるから、それを受ける「著書」は（46b）の「本」と同じ構造を持っている。

（46′b）[NP[DET ∅ / この / その ][NP[DET 　　　　　　　]本　]]

（47′b）[NP[DET ∅ / この / その ][NP[DET（B先生の）]著書 ]]

（47′a）[NP[DET　　∅　　　　　　][NP[DET ∅ / その　]著書 ]]（再掲）

　（47′b）の「B先生の」は、意味的に（47′a）の下線部に対応するが、表層的には「∅」になる。これはここに「その」があると、「このその著書」のように限定詞が重複するのを避けるためである。なお、これが表層的な制約であり、構造上の不整合によるものではないことは、次例のように、意味的に「＊そのそのN」に対応する「その自分のN」が問題なく許容されることからもわかる。

（49）アイデンティティーとは何か？一人ひとりの人間の過去の体験の記憶の集積によってもたらされた思考システムの独自性のことです。もっと簡単に心と呼んでもよろしい。人それぞれ同じ心というのはひとつとしてない。しかし人間はその自分の思考システムの殆んどを把握してはおらんです。

（村上春樹『世界の終りとハードボイルド・ワンダーランド』BCCWJ：OB2X_00159）

## 6.　結束性理論の中の1項名詞の位置づけ

　本章では「代行指示」について考察し、その中で「1項名詞」という概念の有用性を論じた。ここでは結束性理論の中での「1項名詞」の位置づけについて考えてみたい。

　結束性と語の意味との関連に関して取り上げる必要があるのは、林（1973=2013）と Halliday & Hasan（1976）である。用語は異なるが、ともに「語彙的結束性」というものを取り上げている。例えば、林（1973=2013: 139–140）は「語の意味に承前要素が托されている」場合を考察し、そこに11の類型を立てている。その中には「相対的位置関係を表す語句」のように本書の1項名詞と対応するものもあるが、「類義性の語句」のように対応しないものもある。

　林（1973=2013: 149）は次の2文間に「語句の類義性」による

つながりがあるとする。

(50)(a) スクーターやオートバイもとおりました。(b) やさい
をつんだオート三りん車がガソリンスタンドにはいって来
ました。

確かに、(50a) の「スクーター」「オートバイ」と「オート三
りん車」には「語句の類義性」があり、それに従い、(50a) と
(50b) の間に何らかのつながりはある。しかし、それが「文法的」
なものか否かには疑問の余地がある。すなわち、(50b) はその中
にその解釈を先行文脈に依存する要素は一切存在せず、「定」を表
す「は」も存在しない。したがって、(50b) には文法的結束装置
は存在しないと見るべきであり、ここに見られる「つながり」は文
法レベルの「結束性」ではなく、その上位の「一貫性」であると考
えられる。

一方、(51) も非省略文だが、ここには１項名詞の作る文法的
「結束性」がある。

(51)(a) 先日ある本を読んだ。(b) 僕は以前からの {φ 著者／#
φ} 作家の愛読者だ。

すなわち、「著者」は必ず「何の」を要求し、そのことによって
(51b) を先行文 (51a) と結びつけるが、項を持たない「作家」の
場合は、(その本を書いた人が作家であるというのは十分想定でき
るにもかかわらず) その語の意味だけで先行文と結びつくことは不
可能なのである (この場合、(51b) には「著者」以外のいかなる
結束装置も存在しないことに注意されたい)。

なお、Halliday & Hasan (1976) でも「類義語 (synonym)」
「上位語 (superordinate)」などが語彙的結束性を作るとされてい
るが、彼らも認めているように、これらの場合、定情報名詞句は通
常定冠詞を伴うので、英語の場合には「語彙的結束性」はそれだけ
で独立した結束装置とはなり得ない。

一方、日本語では (51) のように名詞の項構造に由来する語彙
的意味のみに基づき「文法的」結束性を保証することが可能である。
これは限定詞が統語範疇であるか否かの差に帰着する現象である。

つまり、英語のように限定詞が統語範疇である言語では、名詞の

第11章　代行指示の記述　**157**

項の有無にかかわらず定情報名詞句は限定詞（多くの場合定冠詞）によってマークされなければならないため、項の有無という情報が表層に現れにくいのである。

## 7. 1項名詞、0項名詞の定量的分布

前章とここまでで指定指示と代行指示について詳しく見てきた。そこでの考察で明らかになったように、この両者は指示の性格が大

表2 「その」と「この」の頻度（BCCWJ）

| 順位 | その | | この | | 順位 | その | | この | |
|---|---|---|---|---|---|---|---|---|---|
| 1 | 事 | 2727 | 事 | 2694 | 26 | 辺 | 393 | 地 | 457 |
| 2 | 物 | 2478 | 点 | 1713 | 27 | 一つ | 391 | 作品 | 435 |
| 3 | 時 | 2476 | 法律 | 1670 | 28 | 下 | 381 | 時代 | 422 |
| 4 | 中 | 2437 | 場合 | 1592 | 29 | 手 | 375 | 二人 | 418 |
| 5 | 後 | 2417 | 問題 | 1443 | 30 | 姿 | 373 | 町 | 385 |
| 6 | 他 | 2043 | 時 | 1431 | 31 | 結果 | 372 | 前 | 384 |
| 7 | 為 | 2031 | 人 | 1377 | 32 | 度 | 357 | 方法 | 370 |
| 8 | 人 | 1463 | 本 | 896 | 33 | 内容 | 336 | 地域 | 367 |
| 9 | 日 | 1288 | 辺り | 810 | 34 | 話 | 326 | 他 | 356 |
| 10 | 場 | 1127 | 二つ | 778 | 35 | 年 | 317 | 部屋 | 355 |
| 11 | 上 | 1063 | 国 | 757 | 36 | 顔 | 314 | 方 | 352 |
| 12 | 間 | 832 | 時期 | 754 | 36 | 目 | 314 | 条 | 344 |
| 13 | 頃 | 815 | 日 | 748 | 38 | 先 | 298 | 法案 | 343 |
| 14 | 内 | 798 | 辺 | 704 | 39 | 辺り | 287 | 手 | 343 |
| 15 | 意味 | 793 | 男 | 702 | 40 | 夜 | 272 | 件 | 335 |
| 16 | 前 | 723 | 中 | 683 | 41 | 一方 | 264 | 章 | 330 |
| 17 | 儘 | 688 | 間 | 670 | 42 | 気 | 258 | 世界 | 307 |
| 18 | 点 | 621 | 儘 | 637 | 43 | 場合 | 256 | 場 | 302 |
| 19 | 言葉 | 614 | 子 | 634 | 43 | 次 | 256 | 時点 | 284 |
| 20 | 男 | 601 | 言葉 | 604 | 45 | 家 | 247 | 程度 | 269 |
| 21 | 方 | 584 | 事件 | 572 | 46 | 原因 | 246 | 店 | 266 |
| 22 | 理由 | 563 | 種 | 568 | 47 | 国 | 207 | 頃 | 252 |
| 23 | 子 | 474 | 家 | 547 | 48 | 通り | 206 | 仕事 | 244 |
| 24 | 声 | 440 | 年 | 518 | 49 | 場所 | 205 | 質問 | 242 |
| 25 | 名 | 411 | 話 | 490 | 50 | 数 | 197 | 項 | 242 |

きく異なる。本節では、このことが「この」と「その」に後続する名詞の分布にも影響を与えていることを見る。

　前章の表3では、指定指示に限定して「この」と「その」に後続する名詞の分布を見たが、ここでは、指示の仕方の違いに関わらない形で両者に後続する名詞の分布を見る。

　表2において網掛けにしているものは1項名詞の用法でしか使われないものであり、ゴシック体にしたものは1項名詞としての用法を持ちうるものである。これを見ると明らかなように、「その」は1項名詞と結びつきやすい。これは、「その」と「この」を比べた場合、代行指示では「その」が無標であり、指定指示では「この」が無標であることの帰結である。

## 8. 限定詞の選択における通時的変化 「その」と「ゼロ」

　以上見てきたように、代行指示では「この」か「その」かで言えば、「その」が用いられる。しかし、現代語では次のように、限定詞がつかない「ゼロ」が多く用いられる。

(52) 二人が結婚に至る経緯に関しては、前出のハフ大佐が $\phi$ （／その）著書に詳しく述べている。

（工藤美代子『マッカーサー伝説』BCCWJ：LBp2_00066）

ところが、近代の文語文を見ていると、現代語よりも「その」の使用が多いことに気づく。現代語なら「ゼロ」が想定される場合に「その」が使われていることが多いということである。

　本章では、こうした直感を確かめるべく、コーパスを用いて調査を行った。具体的には、現代語としてはBCCWJを、近代語としては太陽コーパスを用いて調査を行った。

### 8.1　コーパスによる調査

　本節では、調査の結果を報告する。なお、今回の検索対象語は、BCCWJにおける「その」の後接頻度上位100位の中で、「この」も「ゼロ」も可能であるものを選んだ。その結果、検索対象語は以下の10語となった[*13]。

(53) 一部、影響、結果、原因、内容、背景、表情、方法、目的、
理由（50音順）

a. 現代語の調査

現代語については BCCWJ を用いて検索を行った。まず、可能な
限り名詞が連結されるように長単位で検索を行った。また、「ゼロ」
の用例を適切に採集するために、キーの指定を行わなかった。中納
言における検索条件は以下の通りである。

(54) キー：指定せず、

キーから後方1語：語彙素 = ＜当該の名詞＞、

キーから後方2語：品詞 = 助詞

その後、「キー」の部分が「の」および「連体形」であるものを
Excel 2010 のフィルター機能で排除し*14、残ったものを目視で
「ゼロ」かそうでないかに振り分けた。

一方、「その」「この」については、次のようにした。

(55) キー：語彙素 = ＜当該の名詞＞

キーから前方1語：語彙素 = 其の／此の

以上の基準で検索した結果は次の通りである。

表3 「ゼロ、その、この」の分布（BCCWJ）

|  | ゼロ（%） | | その（%） | | この（%） | | 合計*15 |
|---|---|---|---|---|---|---|---|
| 目的 | 6321 | 91.86*16 | 442 | 6.42 | 118 | 1.71 | 6881 |
| 理由 | 2227 | 55.15 | 1695 | 41.98 | 116 | 2.87 | 4038 |
| 内容 | 2514 | 63.25 | 1340 | 33.71 | 121 | 3.04 | 3975 |
| 結果 | 2282 | 57.52 | 1430 | 36.05 | 255 | 6.43 | 3967 |
| 影響 | 3302 | 87.35 | 433 | 11.46 | 45 | 1.19 | 3780 |
| 原因 | 2015 | 72.80 | 658 | 23.77 | 95 | 3.43 | 2768 |
| 背景 | 2187 | 81.09 | 399 | 14.79 | 111 | 4.12 | 2697 |
| 方法 | 1061 | 45.01 | 407 | 17.27 | 889 | 37.72 | 2357 |
| 一部 | 1529 | 81.20 | 348 | 18.48 | 6 | 0.32 | 1883 |
| 表情 | 1095 | 81.41 | 242 | 17.99 | 8 | 0.59 | 1345 |
| 合計 | 24533 | 72.82 | 7394 | 21.95 | 1764 | 5.24 | 33691 |

## b. 近代語の調査

近代語の調査は太陽コーパスを用いて行った。(53) の10語を「ひまわり」で検索し、全例について、「ゼロ、その、この」の用例数を数えた。

「ゼロ」の認定基準は現代語の場合と同様で、目視で数えた。

「その」と「この」については、次のようにして数えた。

まず、当該の10語をそれぞれ検索し、検索結果をファイルに保存する。次に、前文脈の最後から1文字、2文字、3文字を取る。この1文字のものについて、フィルターで「の、が」および「この、その」の読み方になり得る漢字を含むものを抽出し*17、抽出された結果を別のシートに移す。続いて、最後の1文字が「の」「が」「当該の漢字」であるものそれぞれについて、2文字、3文字の文字列を参照しながら、「その」と「この」に該当するものの数を数えた。

その結果、「その」に当たるものとして「その、其の、其、其が、そが、それが」が抽出され、「この」に当たるものとして「この、此の、斯の、是の、此、是、斯、これが、之が、是が」が抽出された。

表4 「ゼロ、その、この」の分布（太陽コーパス）

|  | ゼロ | （%） | その | （%） | この | （%） | 合計 |
|---|---|---|---|---|---|---|---|
| 目的 | 529 | 51.86 *18 | 385 | 37.75 | 106 | 10.39 | 1020 |
| 結果 | 114 | 12.03 | 780 | 82.28 | 54 | 5.70 | 948 |
| 方法 | 93 | 22.91 | 156 | 38.42 | 157 | 38.67 | 406 |
| 理由 | 155 | 41.44 | 189 | 50.53 | 30 | 8.02 | 374 |
| 影響 | 150 | 51.02 | 129 | 43.88 | 15 | 5.10 | 294 |
| 原因 | 94 | 33.10 | 165 | 58.10 | 25 | 8.80 | 284 |
| 内容 | 139 | 55.60 | 110 | 44.00 | 1 | 0.40 | 250 |
| 一部 | 111 | 49.33 | 106 | 47.11 | 8 | 3.56 | 225 |
| 背景 | 49 | 83.05 | 9 | 15.25 | 1 | 1.69 | 59 |
| 表情 | 17 | 85.00 | 3 | 15.00 | 0 | 0.00 | 20 |
| 合計 | 1451 | 37.40 | 2032 | 52.37 | 397 | 10.23 | 3880 |

## 8.2 考察

表3、表4からわかるように、現代語と近代語で、1項名詞に前接する「ゼロ」と「その」の分布には差が見られる[*19]。

表5 「ゼロ、その、この」の分布（BCCWJと太陽コーパス）

| | BCCWJ | | | | | | 太陽コーパス | | | | | |
|---|---|---|---|---|---|---|---|---|---|---|---|---|
| | ゼロ | (%) | その | (%) | この | (%) | ゼロ | (%) | その | (%) | この | (%) |
| 目的 | 6321 | 91.86 | 442 | 6.42 | 118 | 1.71 | 529 | 51.86 | 385 | 37.75 | 106 | 10.39 |
| 結果 | 2282 | 57.52 | 1430 | 36.05 | 255 | 6.43 | 114 | 12.03 | 780 | 82.28 | 54 | 5.70 |
| 方法 | 1061 | 45.01 | 407 | 17.27 | 889 | 37.72 | 93 | 22.91 | 156 | 38.42 | 157 | 38.67 |
| 理由 | 2227 | 55.15 | 1695 | 41.98 | 116 | 2.87 | 155 | 41.44 | 189 | 50.53 | 30 | 8.02 |
| 影響 | 3302 | 87.35 | 433 | 11.46 | 45 | 1.19 | 150 | 51.02 | 129 | 43.88 | 15 | 5.10 |
| 原因 | 2015 | 72.80 | 658 | 23.77 | 95 | 3.43 | 94 | 33.10 | 165 | 58.10 | 25 | 8.80 |
| 内容 | 2514 | 63.25 | 1340 | 33.71 | 121 | 3.04 | 139 | 55.60 | 110 | 44.00 | 1 | 0.40 |
| 一部 | 1529 | 81.20 | 348 | 18.48 | 6 | 0.32 | 111 | 49.33 | 106 | 47.11 | 8 | 3.56 |
| 背景 | 2187 | 81.09 | 399 | 14.79 | 111 | 4.12 | 49 | 83.05 | 9 | 15.25 | 1 | 1.69 |
| 表情 | 1095 | 81.41 | 242 | 17.99 | 8 | 0.59 | 17 | 85.00 | 3 | 15.00 | 0 | 0.00 |
| 合計 | 24533 | 72.82 | 7394 | 21.95 | 1764 | 5.24 | 1451 | 37.40 | 2032 | 52.37 | 397 | 10.23 |

ここで、BCCWJと太陽コーパスについて、「ゼロ」と「その」だけの比率をグラフにすると、次のようになる[*20]。

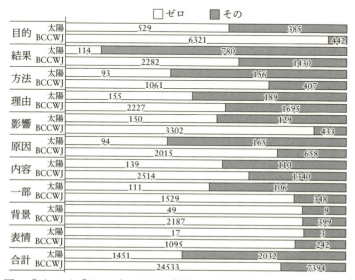

図1 「ゼロ」と「その」（BCCWJと太陽コーパス）

このことの理由は複数考えられるが、その1つは「そ」が単独で使えることである。この点を確かめるべく、太陽コーパスで「そ」が指示詞として使われている例を数えたところ、次のようになり、「が、は、を」以外の助詞との共起例はなかった（「の」を除く）。

表6 「そ」の分布（太陽コーパス）

| | |
|---|---|
| が | 142 |
| は | 353 |
| を | 92 |
| 合計 | 587 |

それぞれの例は次の通りである。

(56) 随て露は東洋の外交上に斟酌する所なかるべからず。例へば彼れ朝鮮に野心を逞うし、そが公使等の手を經て朝鮮の王室に畫策し、～

（『太陽』1895年8号、稲垣満次郎「一大外交」）＊21

(57) 討幕派はその意外なるに驚きぬ。そは、討幕の密勅を乞ふも、今は幕府を討つべき名なきにくるしめばなり。

（『太陽』1895年2号、落合直文「しら雪物語」）

(58) たとへその身吐瀉する事なくとも、傍人若しこれある時は、そを見たる人、必ずや又胸わろくなりて、嘔吐をせんもはかりがたし。　（『太陽』1895年7号、「青山白水と旅行」）

このように、『太陽』の当時はまだ、「そ」が単独で語としての用法を持っており、そのことが、（代行指示の）「その」の使用を容易にしていたと考えられるのである。

## 9. 1項名詞と指定指示、代行指示

表5で「方法」は「この」の割合が突出して高い。本節ではこれに関して少し考察する。まず、「その」と「この」の例を挙げる。

(59) ガムシャラに努力しても、その（／*この）方法が間違って

第11章　代行指示の記述　163

いたらなんの意味もない。

（ジーコ『ジーコの「勝利の法則」』BCCWJ：LBj7_00026）

(60) 例えば、小麦の隣に白菜や、キャベツ、大根などを植えた
り、なすと大豆を隣り合わせにして栽培したりするのです。
今で言う共生栽培、昔で言う作入れ農法です。この（／＊
その）方法で栽培すると土壌病原菌が増えず、土壌が団粒
化構造になって保水・排水性が良くなり、根が深く生えて、
簡単には引き抜けないほどになります。

（小泉武夫編著『食の堕落を救え！』BCCWJ：PB45_00215）

(59) と（60）を比較すると、（59）は「ガムシャラに努力する
ことの方法」という意味で代行指示だが、（60）は「今で言う共生
栽培、昔で言う作入れ農法」を「方法」で受け直したもの（前章の
「ラベル貼り」）であり、指定指示である。したがって、「ゼロ、そ
の」と範例的な関係にある用法の比較という点では考察対象とすべ
きものではないと言える。しかし、こうした名詞の「この」と「そ
の」の違いが取り上げられることもあるため（cf. 石黒 2014）、参
考資料として、表5に数値を挙げておく。

これに関し、寺村（1977b=1992: 293）に重要な指摘がある。
寺村は「結果」に関し（61）を挙げて、（62）のように述べている。

(61) 伊藤が暗殺されたのは、既に統監をやめてはいたが、韓国
人のこうしたうらみが凝縮した結果であった。

（寺村 1977b=1992 の（175））＊22

(62) 「原因」とか「理由」は、もっぱらその相対性による修飾
（逆補充）しかできないようだが、「結果」には上のような
使い方と、先に5.3.2で見たような（例文（49）〜（51））
使い方があり、その正しい解釈は重要である。

（寺村 1977b=1992）

(63) ある週刊誌の記事によると、ある有力な広告代理店の、最
近の調査では、テレビ番組でスリラーものが「面白い」と
答えたパーセンテージは、東京・阪神とも女性の方が男性
よりも 4.5％ から 18.9％ ほど上まわっているそうである。
コメディやメロドラマ、ホームドラマなどよりもスリラ

一・ドラマの方が女性に受けているという結果が出たというのである。

（松本清張『黒い手帳』、寺村（1977b=1992）の（49）。
下線と二重下線は原著、波線は筆者）

（61）は「韓国人のこうしたうらみが凝縮したことの結果」であり、（59）の代行指示に対応するものである。一方、（63）は波線部の内容を、「結果」を主名詞とする連体修飾節で受け直したものであり、（60）の指定指示（「ラベル貼り」）に相当するものである。

寺村（1977b=1992: 278）が指摘しているように、（63）には「という」が介在可能であるのに対し、（61）は（「相対性にもとづく「逆補充」」なので）「という」を介在させられない。また、対応する英語の表現が存在するのは（63）であり、（61）に対応する英語の表現はない。寺村（1977b=1992, 1980）で指摘されているように、両者の違いは学習者にとって難しいものである。本稿で取り上げた「その」「この」の関係は両者の違いに対応するものであり、その違いを認識しておくことは重要である。

これに関して、堤（2012）に指摘がある。

まず、堤（2012）は庵（2002）が挙げる（64）の解釈に関する問題点を指摘している。

（64）日本企業が関連するM&A（企業の合併・買収）は1980年代から90年代初頭にかけてのバブル経済時代に最高潮を迎えた。大和証券の調べによると1990年には784件のM&Aがあり、松下電器産業によるMCAの買収など日本企業が海外企業を買収する例が全体の59％を占めた。

しかし、バブル経済の崩壊でこの傾向は止まり、93年にはM＆Aの件数が全体でも405件（大和証券調べ）まで落ち込んだ。 （毎日新聞朝刊1999.3.10、堤（2002）の（11））

（65）八九年、当時のゴルバチョフ・ソ連大統領は、郵電局の傘下にある民生通信を、株式会社に移行させた。この（／その／∅）結果、各共和国や自治州の電話局が独立し、旧ソ連内には数百もの民間電話会社が生まれた。

（『AERA』1993.5.25）（＝（36））

(66)永らく続いてきたドル高・円安の基調が、ようやく転機を
迎えた。この（／その／φ）理由は、おもに米国側にある。
22日には米国の呼び掛けで先進5カ国蔵相・中央銀行総裁
会議がニューヨークで開かれ、ドル安が世界経済にとって
望ましいことを確認し合った。

(朝日新聞朝刊1985.9.26)（＝(37)）

堤（2012: 86–87）は次のように述べている。

(67)もし「傾向」が1項名詞であるという本章の議論が正しい
ならば、庵によればそれは指定部を持っており、そこには
やはりソ（レ）が入るはずである。そうであるとすれば、
(7,8,11)（＝(64)〜(66)）は、少なくとも統語的、構造
的には何らの差異もないはずである。にもかかわらず、(7,
8)（＝(65)(66)）は代行指示であり、(11)（＝(64)）
は指定指示であるとすることには無理がないだろうか。庵
の枠組みでは(7,8)と(11)を原理的に区別することはで
きないのではないかと考えられるのである。

(堤（2012: 86–87）。下線筆者)

まず、(65)(66)（堤（2012）の(7)(8)）が代行指示である
のは、代行指示の定義からして妥当であろう。ここで、(40)(41)
を再掲する。

(40)a.　$[_S \cdots NP_{1j} \cdots X_i \, \mathcal{O} \, NP_2 \cdots]$　　（単一文の場合）

b1.　$[_{S1} \cdots\cdots]_{j\circ} \, [_{S2} \cdots Y_j \, \mathcal{O} \, NP_2 \cdots]$
（非単一文：先行詞が文）

b2.　$[_{S1} \cdots NP_{1j} \cdots]_{\circ} \, [_{S2} \cdots Y_j \, \mathcal{O} \, NP_2 \cdots]$
（非単一文：先行詞が文以外）

（ただし、$NP_2$ は1項名詞で、「これの／それの」は通常、
表層では「この／その」となる）

(41)A1：　連結詞「それ」（代用＝テキスト的意味の付与／トピ
ックとの関連性なし）

A2：　非連結詞「それ」（指示＝テキスト的意味の付与あり）

B ：　非連結詞「これ」（指示＝トピックとの関連性あり）

(60)(61)は(40b1)に当たる。この場合、$Y_j$ の部分は「この

こと」「そのこと」が縮約した「これ」「それ」に当たり、「これ」が使われるか「それ」が使われるかは前章で見た指定指示に関する条件から決まるので、（この2例においては）「この＜これの」「その＜それの」のいずれも可能であり、「ゼロ」も可能である。

一方、（64）は前章で見た「ラベル貼り」である。すなわち、破線部を「傾向」と名づけ（「傾向」というラベルを貼り）、そのことによってテキスト内に取り込めるようにしているものである。この場合、「ラベル貼り」という現象の目的から考えて、その主要部になる名詞に制限があるとは考えられない。つまり、「傾向」が1項名詞だから破線部に「傾向」というラベルを貼ることはできない、といった制限が存在するとは考えられない。

以上の議論が正しいとすれば、（64）が指定指示であることには問題がないと筆者は考える。なお、（67）の下線部は強すぎると思われる。本章7.1節の調査でも明らかなように、現代語では代行指示の指定部には「その」が現れないのがむしろデフォルトである。

確かに、（64）が指定指示であるとすれば、その指定部は強制的に「ゼロ」によって塞がれなければならず、その点に若干の問題点が存在するかもしれないが、そもそも、（64）のように、1項名詞を「ラベル」とすることは、1項名詞の通常の使い方とは異なる。なぜなら、1項名詞は「〜の」の部分を含んでおり、その部分（指定部）が先行文脈と照応することが想定されている。しかし、（64）のような「ラベル貼り」はこうした統語的な要請とは無関係に、1項名詞を単なる「ラベル」として用いるものである。したがって、そうした本来の照応関係が無視される場合においては、構造上、1項名詞の指定部が「ゼロ」によって強制的に塞がれると考えても理論的に整合性は保てると筆者は考える。

次に、堤（2012:94）の議論が挙げる以下の議論について考える。堤（2012）は（68）を挙げ、（69）のように述べている。

(68)昨年B先生は1冊の本／（a）著書を出版された。その（b）著書の中で先生は、現代の若者像を新しい視点から考察されている。　　　　　　　　　　　　　　　　（堤（2012）の（35））

(69)(35)（＝（68））において、ソノが、「B先生ノ」と照応す

る代行指示であるとする解釈は、少なくとも筆者にはなく、先行文中の「本／著書」（およびそれに付随する臨時の情報）と照応する指定指示であるとしか解釈できない。つまり、1項名詞「著書」に付与されるソノは、指定指示であっても代行指示であってもいいということなのである。

（堤（2012: 94）。破線および下線は筆者）

　（69）の破線部に関しては、筆者も堤（2012）と解釈を共有する。しかし、下線部については見解を異にする。

　まず、1項名詞である「著書」に代行指示と指定指示の解釈があることは事実であるが、重要なのは、（68a）の「著書」には代行指示の解釈しかなく、（68b）の「著書」には指定指示の解釈しかないということである。

　（68a）の「著書」に代行指示の解釈しかない点については、本章3節と同様なので割愛する。（68b）の「著書」が指定指示の解釈しか持たないのは、「著書」が繰り返されているためである（ちなみに、（68a）で「本」を使った場合に（68b）の「著書」でそれと照応する解釈は筆者には難しい）。

　（68b）の構造については、本章5節で考察したので、ここでは割愛するが、一般に、普通名詞が繰り返して用いられれば通常、2回目に出てきた名詞は「定」と解釈される。なお、言うまでもないが、いくら名詞が繰り返し使われていたとしても、次のような照応は不可である（cf.（68））。それは、（70）の先行文では「著書」の指定部のゼロ代名詞が照応されておらず、非文法的であるからである（先行文で「本」が使われた場合は「著書」では受けられないであろう）。

　（70）先日 {ok本／*著書} を読んだ。著書はたいへん面白かった。

　堤（2012）は本章のように1項名詞と0項名詞の違いを名詞の項構造という統語論的な概念で説明することを批判し、以下のように述べている。

　（71）1項名詞は、文脈がととのえば臨時的に0項名詞のように振る舞うことができる。　　　　　　　（＝堤（2012）の（34））

（71）は、外延レベルでは、（68b）を指定指示とする本章の立場と同じである（この点は堤（2012）も同意している）。本章との違いは、堤（2012）は（71）をもって、1項名詞と0項名詞の違いを構造的なものと考えることを否定するのに対し、本章では、（71）のように1項名詞が臨時的に0項名詞として振る舞うように見えるのは、1項名詞が「ラベル」として使われる場合であり、「ラベル」として何を選ぶかに名詞が項を持つか否かが関与することはないためであると考える点にある。

もし、この考え方が妥当であるとすれば、表層的に（＝外延レベルで）（71）が存在するとしても、（34）の項構造は維持できると考えられるのではないだろうか。


## 8. 本章のまとめ

本章では代行指示について考察した。

代行指示では基本的に「その」が使われ、「この」はテンスを越える照応においてしか使えない（この場合も常に使えるわけではない）。

代行指示が可能になるのは1項名詞の場合であり、そのことを反映して、「その」に後続する名詞には1項名詞が多い。

次に、大規模コーパスを用いて、通時的には、現代語では代行指示の場合に「ゼロ」が使われることが多いが、近代語では「その」が多かったことを明らかにした。近代語で「その」が使われた背景には「そ」が単独で指示語として使えたという事実が考えられる。

最後に、1項名詞が0項名詞のように振る舞う場合について取り上げ、そうした現象が見られるのは1項名詞が指定指示の一種である「ラベル貼り」として用いられる場合であり、1項名詞と0項名詞の違いを名詞の項構造の違いにそくして考える本章の立場は維持できるという見解を述べた。

本章で扱った代行指示は、第14章で扱う「代用」の代表的な例であるが、これについては第14章で詳しく考える。

**＊1** （4）の「その」は翻訳的で許容しにくいという話者もいるが、次のような実例もあることから、その許容度の低さは文体上のもので、統語レベルの文法性に由来するものではないと考えられる。

 （ア）　米国の文学者ノエル・ペリンは、その（／*この）著書『鉄砲を捨てた日本人』のなかで、江戸時代以降の日本の鉄砲管理の歴史を、反戦平和につながるものだった、と肯定的にとらえた。

（『AERA』1994.12.5）

**＊2**　ここで「談話を閉じることができる」というのは「統語的には」ということである。例えば、（イ）Aには欠如項はないので、この文に（イ）B₁と答えて談話を閉じることは「統語的には」問題はない。ただし、通常は（Aが話題を提供しようとしていることに対する）語用論的な配慮から（イ）B₂のように答えるのである。

 （イ）　A：昨日、映画を見たの。

   B₁：ああ、そう（ですか）。

   B₂：えっ、どんな？

**＊3**　（13B₂）（14B₂）では「どんな」は使えない。一般に、第一発話で1項名詞を含む文が発せられたとき、その文は「どんな」を誘発しない。これは、「どんな」は名詞の属性を尋ねるものであり、属性を尋ねることは指示対象が確定している名詞に対してのみ可能である（したがって、（15B₂）では「どんな」が誘発され得る）と考えることで説明できる。

**＊4**　（13B₂）（15B₂）では、ともに「誰の」が使われているが、前者の「誰の」が名詞の「項」であるのに対し、後者の「誰の」は（ウ）の「長髪の」と同様の「付加語（adjunct）」だと考えられる（（15B₂）における「何の」も同様に付加語である）。

 （ウ）　A：昨日テレビ局で<u>長髪の</u>作家に会ったよ。

   B：ああそうですか。

 （エ）　A：昨日テレビ局で<u>長髪の</u>作者に会ったよ。

   B₁：#ああそうですか。

   B₂：えっ、<u>何の</u>？

（エ）から分かるように、一般に1項名詞に付加語がついても、項は依然として不足したままである。

**＊5**　ただし、（オ）のような「総称文」や、（カ）のような「所有」を表す文ではノ格が必要でなくなる。

 （オ）　妹は姉の言うことを黙って聞くものだ。

 （カ）　太郎には妹が2人いる。

これは、前者の場合は総称文の持つクラス指示性のため関係を表示する必要がなくなるためで、後者の場合は名詞が非指示的に使われているためである。

**＊6**　ここで誘発される「Xの？」のXの範疇は（1項）名詞の範疇的意味から決まっている。例えば、「前日」（時名詞）は「<u>いつの</u>」、「結果」（コト名詞）は「何の」、「正面」（場所名詞）は「何の／<u>どこの</u>」などである。ただし、「著者」（人名詞）は「何の」、「著書」（物名詞）は「誰の」になる。これは個別に

辞書に登録することも可能だが、「著者／著書」の場合は、これらの名詞を構成する形態素間の意味関係から予測可能である。すなわち、「著」は「書き手」と「書かれるもの」を必要とするが、「著者」の時はその中の「書き手（「者」）」が語の内部に現れているので、「書かれるもの」が「項」になり、「著書」の時はその逆ということである。

**＊7** 本書の「1項名詞」には「破壊」「研究」などの他動詞に由来する動名詞も含まれる。これらは項を2つ取るので、「1項名詞」という用語は不適切で、厳密には「有項名詞」とすべきである（同様に、「0項名詞」も「無項名詞」とすべきである）が、発音上の問題から本書では「1項名詞」「0項名詞」という語を用いる。

**＊8** 西山（1990）の議論からすると、（27a）において「あの時」が「優勝者」の「パラミター」である限り「あの時の優勝者」という名詞句は「飽和名詞句」であるはずだが（そうでなければ、「パラミター」という概念自体が意味を失う）、この名詞句は依然として「非飽和名詞句」なのではないかと思われる。例えば、（キ）aは始発文でも使えるが、（キ）bは使えないであろう。

　　（キ）　a.　あの時の男の子が来たよ。

　　　　　　b. ?? あの時の優勝者が来たよ。（えっ、何の？）

以上の議論が正しいとすれば、「パラミター」を（必須−随意などの区別をせずに）平面的に複数設定することには疑問の余地があることになる。

なお、この点に関する最新の優れた分析に三好（2017）がある。本書では三好（2017）の分析を検討する余裕がないが、基本的に同論文の分析は正しいと思われる。

**＊9** 筆者は以前（庵（1995b, 1996b）など）この要素を「埋め草（filler）」と呼んでいたが、金水（1997）に従い用語を改める。

**＊10** これには例外が存在するが、これについては第14章で考える。

**＊11** ここでは、単一「文」と述べているが、統語論的にこの現象に関与的なのはテンスを越える照応か否かということであるようである。次例を考えていただきたい。

　　（ク）　この調査はまだ {その/*この} 結果が分析できていない。

　　（ケ）　先日調査をやったんだが、{その/この} 結果を見たら君もきっと
　　　　　　驚くよ。

テンスを越えない照応である（ク）では「この」は使えないが、テンスの外に照応範囲が及んでいる（ケ）では「この」も使用可能である。つまり、非単一テンス内照応であることが、代行指示で「この」が使えるための必要条件である。

**＊12** これに対し、天野（1993）は（40）b1、b2の「その」は常に「先行文脈での累積した特定情報を引き継」ぐとしている。確かにそうした場合が多いが、次例のような引き継ぎがない場合もある。

　　（コ）　田中 [角栄] の政治支配は、田中のバラまく金を受け取り、田中
　　　　　　を政治的に支えた田中派と呼ばれる政治集団なしには存在しえなか
　　　　　　ったのだから、彼らも、日本の政治をかくも腐敗させたことに対す
　　　　　　る政治責任を共有しているはずである。

　　　　　　自民党員でもない5億円の収賄犯が、政権党たる自民党を外から

支配し、キングメーカーとなって、総理大臣の首のすげかえをやっていたという、あの恐るべき政治的倒錯の時代を作ったことに対して、旧田中派の人々は政治的連帯責任を負っているはずである。

今こそ旧田中派の人々は、<国会議員として>その責任を明らかにすることを持って、角栄的なるものを日本の政治から最終的に葬る第一歩としてほしい。

（立花隆「旧田中派は反省と自己批判をせよ」朝日新聞朝刊
1993.12.17 []＜＞は筆者による補足）

この例の「その責任」は先行文脈から情報を引き継いでいる読みもあるが、そうした引き継ぎのない読みもある。＜＞を明示的に補うか＜＞の内容を読み込むと後者の読みが可能になる。ここで、「その」を「自分たちの／自らの」に置き換えられるのは後者の読みに限られることにも注意されたい。したがって、天野（1993）の主張は現象の説明としては強すぎるのである。

＊13　これ以外に、「過程、可能性、気持ち、周辺」もあるが、これらはいずれも、太陽コーパスでの用例がないか、非常に少ない（「可能性」以外は用例ゼロ）ため、調査対象外とした。

＊14　つまり、名詞修飾成分が前接したものは「ゼロ」と見なさないということである。こうした扱いをしたのは、名詞修飾成分には部分的に「定化（definitization）」の機能があるためである。次例を考えていただきたい。

（サ）　昨日買った本（the book I bought yesterday）
（シ）　森鴎外が書いた本（a book written by Ogai Mori）

（サ）の場合は定の読みが優先され、（シ）の場合は不定の読みが優先されると思われる。つまり、それぞれカッコ内の英語の表現に対応する読みが優先される。これは、1日に買う本は1冊であることが多い、森鴎外は多くの本を書いている、といった百科事典的知識にもとづくものであるが、日本語には統語的な冠詞が存在せず、英語などの統語的に冠詞を持つ言語のように、冠詞で定性を表示することができない（詳しくは次章参照）。そのため、本来は定性を表示する限定詞（determiner）ではなく、修飾語（modifier）である名詞修飾成分が擬似的に定性を表す機能を担っている。このように、名詞修飾成分の機能は定性に関して一定しないので、本章ではこれを「ゼロ」とは見なさないことにした。

＊15　「ゼロ、その、この」が前接するものの合計であって、「当該の名詞＋助詞」の全数ではない。

＊16　同じ名詞における「ゼロ、その、この」それぞれの％を表す。ここで言えば、「6881」に対する「6321」の％を表している。

＊17　「ひまわり」では漢字の読みは検索対象にできないため、「其が」のような場合、読み方が「そが」なのか「それが」なのかは特定できない。ただし、文脈上、いずれも「その」に該当するので、今回の調査に関してはこの点は問題にならない。

＊18　表2と同じく、「1020」に対する「529」の％を表す。

＊19　表5の全ての名詞について、BCCWJと太陽コーパスの「ゼロ」と「その」の値に関する2×2のカイ二乗検定を行った結果は次の通りである。カイ二乗検定には js-STAR 2012（http://www.kisnet.or.jp/nappa/software/star/）

を利用した。

（ス）　目的：$\chi^2(1) = 1057.17$、結果：$\chi^2(1) = 683.36$、
　　　　方法：$\chi^2(1) = 116.26$、理由：$\chi^2(1) = 17.16$、
　　　　影響：$\chi^2(1) = 255.90$、原因：$\chi^2(1) = 176.77$、
　　　　内容：$\chi^2(1) = 8.65$、一部：$\chi^2(1) = 103.45$、
　　　　背景：$\chi^2(1) = 0.03$、表情：$\chi^2(1) = 0.004$
　　　　　　（「背景、表情」は有意差なし、その他は全て 0.1％水準で有意）

　つまり、「背景、表情」以外の名詞では、BCCWJ の「ゼロ」と太陽コーパスの「その」が有意に多く、前者の「その」と後者の「ゼロ」は有意に少なかった。

＊20　「この」は基本的に指定指示なので、ここでは省略する。

＊21　「そが」の「が」は主格ではなく属格であり、「そが」は「その」と同義で使われている。

＊22　（24）は実例と思われるが、原著には出典が記されていない。

第12章
# 名詞の結束装置としての機能


　前章では語彙的結束性をもたらす装置としての名詞の統語論的性質を考察した。そこでは「項」をとるか否かという統語論的基準に基づく名詞の分類を行った。本章では、他の名詞句への「関係づけられ度」という意味論的性質に基づく名詞の分類を提示し、その性質が「間接照応」の可否と相関性を持っていることを示す。


## 1.　名詞の特性が関与する言語現象

　日本語において名詞の特性が関与する言語現象に代行指示と間接照応がある。

　前章で見たように、代行指示には名詞の特性（具体的には項を持つか否か）かが関わっている。すなわち、(1)の「著書」が「先生の著書」を意味するのに対し、(2)の「本」は「先生の本」を意味することができない。これは、「著書」が「項」を持つ1項名詞であるのに対し、「本」はそれを持たない0項名詞であることによる。

(1)　　先日、先生が学会の会場で著書に目を通されていた。

(2)　# 先日、先生が学会の会場で本に目を通されていた。

　　　（「先生の本」の意味では非文法的）

間接照応については次節で詳述する。


## 2.　間接照応と名詞の関係づけられ度

　本節では、名詞の意味論的性質である「関係づけられ度」が「間接照応」の成否に関係していることを論じる。

　第11章で論じた「代行指示」には「項」という名詞の統語論的

性質が関係していたが、本章の考察と合わせて、日本語の名詞が持つ結束装置として機能の全体が明らかになる。

## 2.1　問題となる言語現象

　照応（co-reference）には、先行詞がテキスト内に明示的に存在する直接照応とそれが明示的には存在しない間接照応がある。（3）（4）が直接照応の、（5）〜（7）が間接照応の例である。

- （3）エリザベス＝テーラーがまた結婚した。｛エリザベス＝テーラー／彼女｝が結婚するのはこれで7回目だ。
- （4）会社からの帰り道に公園を通ると男性が倒れていた。｛その／φ｝男性は頭から血を流していた。
- （5）昨日ぜんざいを食べたが、｛その／φ｝味はよかった。
- （6）先日血液検査をしたが、｛その／φ｝結果は明日わかる。
- （7）太郎が泣きながら家に駆け込んできた。｛その／φ｝服には泥がべっとり付いていた。

　直接照応の場合、先行詞は表層的に回復可能だが、間接照応の場合は、先行詞は表層のテキストには存在せず照応を完成するには推論が必要であるとされる（cf. 山梨 2017）。しかし、間接照応の可否は「推論」という語用論的概念以外の統語的・意味的概念からも規定できるのではないかと考えられる。次例を考えていただきたい。

- （8）敬愛するA教授が亡くなった。残念だが、｛その／φ／#この｝著書はずっと読まれ続けることだろう。
- （9）敬愛するA教授が亡くなった。残念だが、｛その／#φ／#この｝本はずっと読まれ続けることだろう。
- （10）敬愛するA教授が亡くなった。残念だが、｛??その／#φ／#この｝学術書はずっと読まれ続けることだろう。

　（8）〜（10）は同じ構造の文連続だが文法性判断には差がある。ここで違っているのは二重下線を付した名詞の部分だけなので、この文法性判断の差はこれらの名詞の特徴に由来していると考えられる。本章ではこの点について考えてみたい。なお、以下の例では限定詞「この」「その」「ゼロ」のうち、「その」「ゼロ」のみを考察対象とする。それは、以下で問題とする現象が基本的に全て代用であ

るため、コ系統が一貫して使えないためである。

　間接照応の中に、(8)～(10)のような文法性の違いが見られる理由をここでは次のように考える。

(11)照応名詞句がその外延（指示対象）を決定するために、統語的・意味的に他の名詞句に依存する度合いが高いほど、間接照応の許容度は高くなる。

　例えば、「著書」のような1項名詞は、「誰の」という部分が決まらないとその外延が決まらないので、他の名詞句に依存する度合いが最も高いと言える。本書では、この、ある名詞がその外延を決定するために他の名詞句に依存する度合いのことをその名詞の「関係づけられ度（degree of relatedness。以下、DOR）」と呼ぶ。このDOR は Halliday & Hasan（1976）における語彙的結束性という概念の精密化を目指すものである*1。

　以下、DOR の高低に関わる要因を挙げていく。


## 2.2　1項名詞と0項名詞

　最初に取り上げる要因は1項名詞と0項名詞の区別である。前述のように、1項名詞はその項であるノ格名詞句が特定されない限り指示対象が決まらないので、他の名詞句に依存する度合いが最も高いと言える。まとめると次のようになる。

(12)1項名詞は他の名詞句に関係づけられないと指示対象が決まらない。したがって、1項名詞の DOR は極大である。

　このことから、DOR が0（全く関係づけられない）から1（完全に他の名詞句に依存する）までのスケールをなすものと考えると、1項名詞の DOR は1である。


## 2.3　0項名詞と名詞の関係づけられ度

　前節では1項名詞の DOR が1であることを見た。1項名詞が他の名詞句に関係づけられる理由は、それが内包している「項」に由来する統語論的なものである。

　一方、0項名詞の DOR は意味論的な概念であるからそこには程度差があると考えられる。本節ではこの点について考える。

0項名詞は1項名詞の補集合をなす概念である。換言すると、0項名詞というのは他の名詞句に関係づけられずにそれ独自の指示対象を持ち得る名詞である（ただし関係づけられてもよい）。

　0項名詞が独自の指示対象を持つことは次のような例から明らかである。すなわち、(13a) の「著書」が必ず「先生の著書」という「被制御 (controlled)」の名詞句として解釈されるのに対し、(13b) の「本」、(13c) の「学術書」は「先生の本／学術書」を意味せず共に「不定」の名詞句と解釈される。

(13)a.　先日先生が学会の会場で著書に目を通されていた。

　　 b.　先日先生が学会の会場で本に目を通されていた。

　　 c.　先日先生が学会の会場で学術書に目を通されていた。

　ここで上の記述中の「被制御」という概念について説明しておく。

　第3章で述べたように、名詞句の意味範疇に関する代表的な区別に「定」と「不定」がある。これは聞き手の立場からの区別で、聞き手が指示対象を特定できる（と話し手が想定する）場合が「定」、聞き手が指示対象を特定できない（と話し手が想定する）場合が「不定」である。

　一方、「先生の本」タイプの名詞句は指示対象が type レベルでは同定可能だが token レベルでは同定できないという意味で定と不定の性質を併せ持つ。換言すれば、このタイプの名詞句は不定の「本」よりは限定されているが定の「その本」などよりは限定されていない。ここではこの点を重視し、このタイプの名詞句に対し、「Xの」の部分に当たる生産者、所有者などは特定できるが token レベルで指示対象は特定できないという「被制御」という意味範疇を設ける。

　一般に、英語のように限定詞（定冠詞を含む）が統語範疇である言語では、名詞句は定、不定のいずれかに特徴づけられる。そして、英語では "John's book" タイプの名詞句（"X's Y" で X が指示的である場合*2）は義務的に「定」と解釈される。

　同様に "his book" は "*the his book" と解釈される。この構造は英語やフランス語では非文法的だが、イタリア語やルーマニア語などでは文法的である（春木 1985）。

ブラジル・ポルトガル語でも所有代名詞と冠詞が共起可能であり、次のような分布になる＊3。

(14)a.　o meu　　　　amigo
　　　　DA my（1sg.m.）friend（sg.m.）
　　　　"my friend"

　　b.　o seu　　　　amigo
　　　　DA your（2sg.m.）friend（sg.m.）
　　　　"your friend"

(15)a.　um amigo　　　　meu
　　　　IDA friend（sg.m.）my（1sg.m.）
　　　　"a friend of mine"

　　b.　um amigo seu
　　　　"a friend of yours"

なお、3人称の場合は英語と同じく組み立て式になる。

(16)a.　o amigo　　　　dele
　　　　DA friend（sg.m.）of-his（3sg.m.）
　　　　(Lit.) "the friend of his"
　　　　"his friend"

　　b.　um amigo dele
　　　　"a friend of his"

ブラジル・ポルトガル語の1、2人称のような構造を考えると、被制御は定性としては不定に当たると言える。ただし、上記のように、type レベルでは指示対象を特定できるので、(13b) のような不定と分けて考えてもよいと言えよう。

ここで (13) に戻ると、こうした通常の（埋め込みがない）他動詞文では0項名詞は不定名詞句として解釈される。しかし、次のような間接受動文の中では振る舞いが異なる。すなわち、(17b) は（(13b) とは異なり）「太郎の本」を意味するが、(17c) は（(13c) と同様）「太郎の学術書」を意味せず、そのため文全体の許容度が低くなっている。

一方、一項名詞である「著書」の場合、(17a) は（(13a) と同様）「太郎の著書」を意味する。なお、「学術書」の場合も (17d)

第12章　名詞の結束装置としての機能　179

の「初めて書いた」のようなその中に項を持つ連体修飾節を加えれば許容されるようになる。これは名詞の項を内包する（17a）が許容されるのと同様の統語的要因によるものである。

(17) a.　太郎は先生に著書をほめられて喜んだ。

　　　b.　太郎は先生に<u>本</u>をほめられて喜んだ。

　　　c. ?? 太郎は先生に<u>学術書</u>をほめられて喜んだ。

　　　d.　太郎は先生に [ <u>φ（が）初めて書いた</u> ]<u>学術書</u>をほめられて喜んだ。

　上述の事実は、「本」という名詞のDORが「Aが（Bに）Cをほめられる」という構文に入ることで高まったためと解釈できる。

　この構文は次のような理由から0項名詞のDORの高低を測るためのテストフレームとして有効であると考えられる。すなわち、もし、上の構文でCがAと関係づけられない「不定」だとすると、そうした不定のものをほめることがAの恩恵として解釈されることは語用論的な理由から困難であるため文全体が不適格になる。したがって、この構文が適格になるにはCがAと関連づけられた「被制御」でなければならず、そのためにこの構文によってCの名詞のDORを測ることができるのである。

## 2.4　先行研究

　次に、名詞の意味論的分類に関する先行研究として角田（2009）を取り上げる。

　まず、本書で考えているような意味に基づく名詞の序列化を試みたものとして角田（2009）の「所有傾斜」を取り上げ、その議論と本書との類似点及び相違点を述べる。

　「所有傾斜」は所有者敬語の成立しやすさを基準とする次のような階層関係である。

(18) 身体部分＞属性＞衣類＞（親族）＞愛玩動物＞作品＞その他の所有物

　この関係にはDORの高低との類似点もある（例えば、後述する「着衣」のDORの高さ）が、両者は別概念である。

　所有傾斜は名詞の先行詞との物理的一体性（identity）の反映と

見なせるものである。この場合に見られる「愛玩動物」「作品」などの傾斜上の位置の低さは、敬語が基本的に人に対するものであり、所有者敬語のように形式上物を主体に据えていてもその敬意の対象は人であり、そのため人との一体性が相対的に弱いこれらの意味タイプの場合には所有者敬語が成り立ちにくくなる、と考えれば説明できると思われる。

これに対し、DOR は名詞がその外延を定めるために他の名詞句に依存する度合いであり、そのため名詞が先行詞と一体として認識される必要は必ずしもないのである。

## 2.5 ノ格名詞句のタイプ

ある名詞句（Y）が他の名詞句（X）に関係づけられるということは「X の Y」という表現が想定できるということでもある。この「X の Y」という表現にはいくつかの意味のタイプがある。鈴木（1978）はこの表現を詳述し、「X の Y」の意味のタイプを、A）関係的なむすびつき、B）状況的なむすびつき、C）規定的なむすびつき、の 3 つに大別している。

このうち、B）は「けさのみそ汁／帳場の時計」のように「X の」が Y を時間的／空間的に限定する場合だが、これは動詞の場合の副次補語に相当するものであり、X と Y の関係は内在的なものとは言い難い。

また、C）は「鋼鉄の漁船／ひとり者の教師」のように「X の」が Y を質的に限定する場合だが、この場合の「X の」は「鋼鉄でできた漁船／独り者である教師」のように言い換えられることからもわかるように、形容詞相当であるため、Y が X に関係づけられるということはない。したがって、DOR に関して考察すべきなのは A の「関係的なむすびつき」だけということになる。

再び鈴木（1978）の分類に従うと、「関係的なむすびつき」は、1）くっつき的なむすびつき、2）もちぬし的なむすびつき、3）人間関係のむすびつき、4）主体的なむすびつき、5）対象的なむすびつき、の 5 つに分けられている。

ここで、1）は全体－部分関係、3）は所属関係、4）5）は動名

詞であり、いずれの場合もYは1項名詞である。したがって、Yが
0項名詞のときの「XのY」の意味のタイプとして想定できるのは、
2）の「もちぬし的なむすびつき」だけである。この関係として想
定できるのは、YがXの、ア）生産物、イ）着衣（身につけるも
の一般を含む）、ウ）所有物（飼育物を含む）、のいずれかなので、
以下、この3つの場合のDORを考える。

## 2.6　名詞のタイプとDOR

「Aが（Bに）Cをほめられる」という構文で名詞のDORを測る
と次のことがわかる。

(19)a.　「着衣」「生産物」のDORは一貫して高い。

　　b.　「着衣」のDORは「生産物」のそれより高い。

　　c.　「所有物」のDORの高さには一貫性はない。

　　d.　「生産物」のDORは「所有物」より高い。

（19a）は、（20a）のような身につけているもの、および、髪型
のような体の一部に関する名詞の場合の許容度の高さと、（20b）
の下線部のような生産活動の結果生み出されるものを表す名詞の場
合の許容度の高さからわかる。

(20)a.　花子は友達に {服／スカート／コート／靴／帽子／指
　　　　輪／髪型} をほめられて喜んだ。

　　b.　太郎は先生に {本／詩／（俳）句／絵／小説／彫刻／
　　　　歌／曲／芝居} をほめられて喜んだ。

このように「着衣」のDORが高いのは、着衣はそれを身につけ
ている人との一体性が強いためであると考えられる。一方、「生産
物」のDORが高いのは、生産物は生産者の能動的な働きかけによ
り作り出されるものであり、生産者が存在しなければ存在し得ない
ものであるために名詞の意味の中に生産者の存在が含意されやすい
ためであると考えられる。

　一方、（19b）は次のような現象からわかる。次例を考えていた
だきたい。

(21)a.(?) 花子は友達に {ミンクのコート／赤い靴} をほめられ
　　　　て喜んだ。

b.??太郎は先生に｛長編小説／長い詩／歌謡曲｝をほめら
　　れて喜んだ。

　（21b）の下線部の名詞の DOR は（（20b）からわかるように）
単独では高いが、それに他の要素が結びついて複合語になったり、
修飾語が付いたりすると文全体の許容度は著しく低下する。これは
これらの「客観的な」修飾要素がつくことで名詞句全体が客観的な
存在物として解釈されてしまい、元の名詞に含意されていた生産者
の存在が感じられにくくなるということではないかと思われる。

　一方、（21a）の「着衣」の場合は「生産物」の場合と平行的な
現象は見られない（（21a）は（20a）よりも少し許容度が落ちるか
もしれないが、その許容度の違いは（21b）と（20b）のように著
しいものではない）。「着衣」の場合も、修飾要素が付くと名詞句が
客観的な存在物と解釈されやすい。それにもかかわらず（21）の
許容度が高いのは、「着衣」の DOR が潜在的に高いためと解釈で
きる。

　次に、（19c）は次のような例からわかる。

（22）花子は友達に｛家／ピアノ／犬／?パソコン／??冷蔵庫／
　　??CD｝をほめられて喜んだ。

　（22）の下線部の名詞は全て「所有物」だが、文の許容度には
差があり、「家」のような「建築物」、「ピアノ」のような「楽器」、
「犬」のような「愛玩動物」などの DOR は高いが、「パソコン／
冷蔵庫」などの「電化製品」では低い。これは、建築物、楽器*4、
愛玩動物などはその人の嗜好を反映するといった点で属性としてそ
の人と関連づけられやすいのに対し、電化製品などはそのように解
釈されにくいためであると考えられる*5。

　最後に（19d）は次のような現象からわかる。

（23）a.　太郎は｛絵／油絵／（?）水彩画／?浮世絵｝をほめら
　　　　　れて喜んだ。

　　　b.　技術者たちは｛パソコン／冷蔵庫｝をほめられて喜ん
　　　　　だ。

　　　c.　その歌手は CD をほめられて喜んだ。

　まず、（23a）で「絵／油絵／水彩画」の許容度は高いが「浮世

第12章　名詞の結束装置としての機能　183

絵」は（やや）低い。これは前者が生産物と解釈できるのに対し、後者は現代では「所有物」でしかあり得ないためと考えれば説明できる。

　一方、（（22）とは異なり）（23）b, c の許容度は高い。これは、「技術者」「その歌手」が各々「パソコン／冷蔵庫」「CD（の中の歌）」の生産者として解釈できるためであろう。こうしたことから「生産物」の方が「所有物」よりも DOR は高いと言える。

　以上の基準で不適格とされるものでも動詞を変えると許容されやすくなる。

（24）太郎は泥棒に ｛学術書／パソコン／冷蔵庫／CD／浮世絵｝を盗まれた。

　しかし、そのように修正しても関連づけられない名詞も存在する。その1つは固有名詞である。例えば（25a）（26a）は「健」が太郎の弟であることがわかっている場合でも使いにくい。

（25）a. ??太郎は先生に健をほめられて喜んだ。

　　　b. 　太郎は先生に弟をほめられて喜んだ。

（26）a. ??太郎は通り魔に健を殺された。

　　　b. 　太郎は通り魔に弟を殺された。

　また次例からわかるように人を表す名詞（人名詞）も一般にDOR が低い*6。

（27）a. ＊太郎は先生に女性／大学生をほめられて喜んだ。

　　　b. ＊太郎は通り魔に女性／大学生を殺された。

　このように、人を表す名詞は1項名詞でない限り、通常他の名詞に関係づけられることはない。これは、人というのは人間の認識の中で最も顕著なもので独立したものとして認識されやすいため、1項名詞としてコード化されているような社会的な関係（親族関係、所属関係など）が明らかでない限り、他のものに関係づけられることはないということである。

　最後に、「長編小説／現代詩／歌謡曲」のように生産物を表す名詞に客観的な分類を表す要素がついた複合語も他の名詞句に関連づけられることはないようである。

　以上をまとめて DOR を図示すると次のようになる。

184　　Ⅲ　日本語指示詞の文脈指示用法の記述

(28)　DORの高低

　　　1…1項名詞　↑［統語的に動機づけられている］
　　　　　0項名詞　↓［意味的に動機づけられている］

　　　高…着衣
　　　　　生産物、所有物（建築物、楽器、愛玩動物etc.）
　　　低…所有物（電化製品etc.）
　　　0…固有名詞、人名詞、生産物に客観的修飾要素がついたもの

## 2.7　名詞の関係づけられ度と間接照応

　前小節では名詞句のDORについて論じ、その結果、（28）のような階層関係が得られた。一方、（11）で述べたように、名詞がその外延を決めるために他の名詞句に依存する度合い（DOR）が高いほど間接照応が可能になりやすいと考えられる。ここではこのことについて述べる。まず、（5）〜（10）を（29）〜（34）として再掲する。

　（29）昨日ぜんざいを食べたが、{その／φ} 味はよかった。

　（30）先日血液検査をしたが、{その／φ} 結果は明日わかる。

　（31）太郎が泣きながら家に駆け込んできた。{その／φ} 服には泥がべっとり付いていた。

　（32）敬愛するA教授が亡くなった。残念だが、{その／φ／#この} 著書はずっと読まれ続けることだろう。

　（33）敬愛するA教授が亡くなった。残念だが、{その／#φ／#この} 本はずっと読まれ続けることだろう。

　（34）敬愛するA教授が亡くなった。残念だが、{??その／#φ／#この} 学術書はずっと読まれ続けることだろう。

　（29）（30）（32）は「1項名詞」の、（31）は「着衣」の、（33）は「生産物」の、（34）は「生産物に客観的修飾要素が付いたもの」の例である*7。

　一方、DORが0だと考えられる人名詞の場合は次のようになる。

　（35）エリザベス・テーラーが結婚した。{この／#その／??φ} 女優が結婚するのはこれで7回目だそうだ。（＝（3））

このように、内在的に他の名詞句に関係づけられない名詞を関係づけるには、当該の名詞を先行詞の「言い換え」と解釈するしかなく、そのために「その」ではなく、「この」だけが許容されるようになるが、この場合の照応は「間接」照応ではなく、直接照応である。

　以上をまとめると、DORと間接照応には次のような相関があると考えられる。

表1　DORと間接照応

| | | | DOR | 間接照応 | その | ゼロ | |
|---|---|---|---|---|---|---|---|
| 1項名詞［統語的］ | | | 1 | | | ○ | ※ |
| 0項名詞［意味的］ | 着衣 | | （より高) | ○ | ○ | | |
| | 生産物 | | 高 | | | | ☆ |
| | 所有物 | ［高］ | | | | × | |
| | | ［低］ | 低 | × | × | | × |
| | その他 | | 0 | | | | |

　表1から分かるように、DORの高低と間接照応の可否は基本的に相関する。そして、間接照応が可能である場合は「その」を使うことができる。その中でも特にDORが高い場合は、より内在的な意味関係にづく照応である「ゼロ照応」が可能になるのである。

## 2.8　0項名詞と限定詞

　前小節ではDORと限定詞の相関性を論じ、表1の関係を同定した。ここで、この場合の限定詞の分布を考えると、この関係は基本的に「代用」だと言えるが、限定詞との関係からは今少し考察が必要である。

　表1のうち、※の部分は典型的な代用であり問題はない。また×の部分では「その」もゼロも使えないので、この場合も問題はない。問題となるのは☆の部分である。この点について例をもとに考える。

（36）敬愛するA教授が亡くなった。残念だが、{その／φ} 著書
　　　はずっと読まれ続けることだろう。＝（32）（1項名詞）

（37）太郎が泣きながら家に駆け込んできた。{その／φ} 服には

186　　Ⅲ　日本語指示詞の文脈指示用法の記述

泥がべっとり付いていた。＝（31）（衣服）

(38) 敬愛するＡ教授が亡くなった。残念だが、{その／#φ} 本
はずっと読まれ続けることだろう。＝（33）（生産物）

(39) ホロビッツが亡くなった。残念だが、{その／#} φピアノ
はずっと愛され続けることだろう。＝（キ）（生産物）

(40) 敬愛するＡ教授が亡くなった。残念だが、{??その／#φ／
#この} 学術書はずっと読まれ続けることだろう。

＝（34）（生産物に客観的な修飾要素がついた場合）

　（36）は「1項名詞」の場合である。この場合の照応は名詞の項構造によって保証されるのでゼロが可能であり、構造表示のために「その」も使い得る。

　一方、（37）は「衣服」の例だが、「衣服」はDOR（＝他の名詞句への依存性）が極めて高いので、例外的にこうした連文的な環境では1項名詞と同様に「項」を持ち、その項が持つ結束力によって先行文とつながることができると考えられる。

　これに対し、（38）（39）のような「生産物」は「衣服」ほどDORが高くないので、「衣服」の場合のような「項」によるつながりは不可能で、そのためゼロは不適格になる。ただし、これらの名詞のDORは相対的には高いので、一定の結束力は持っており、そのことをマークするために「その」がデフォルトの限定詞として挿入されると考えられる。したがって、この場合の「その」の機能は「代用」と同様である（第14章4節のパターン2に相当）と言える。

　最後に、（40）のようなDORが低い名詞には結束力がなく「その」が挿入される余地もないため、間接照応が可能になる余地はないと考えられる。


## 3. 他言語における名詞の項

　第11章と、本章のここまでで、日本語における名詞の性質を考察してきた。このうち、名詞の項は「意味的には」、どの言語でも見られるものである。例えば、「弟」に当たる意味を表す語を持

つ（英語のように、年齢の上下を区別をする必要はない）言語では、その名詞（例えば、英語の"brother"）は「意味的には」必ず「〜の」を項としてとる。

第11章で取り上げた Barker（1995）の（41）の notation はこの関係性を捉えていると考えられる。

(41) a. 　λxλy[child (x, y)]

     b. 　λy [human (y)]

ただ、こうした「意味的な」関係が「統語的な」現象に反映するかどうかには言語差がある。例えば、英語では"brother"が、本書で見たのと同様の何らかの「統語的な」特徴を持っているということはないであろう。

ただし、次のような場合に定冠詞が使える背景には名詞の「項」が関与しているとみられる可能性がある。

(42) I bought a book yesterday. The author is my friend.


## 4. 日本語における名詞の項の機能

次に、日本語で名詞の項がどのような「統語的」機能を果たしているのかを考察する。

これに関して示唆的な指摘が Hinds（1986）にある。同書は、日英語の比較を論じたものだが、その中で、「所有者の表示を避ける（Avoiding possession marking）」ことを論じている部分がある。そこでは、日本語と英語を比べて、日本語では所有者表示を行わない（避ける）のが一般的であることが指摘されている（Hinds 1986: 43）。

(43) a. 　Wash your hands. ／φ手を洗ってください。

     b. 　My head hurts. ／φ頭が痛い。

こうした場合に、日本語では所有者を表示しないのが一般的であるが、実際は、身体部位や親族名詞などにおける1項名詞では、所有者を表示（明示）しなくても、指示対象があいまいになることは通常、ない。

例えば、（43）のような命令文では動作の主体は2人称であるか

ら、「手」が2人称以外になることはあり得ない。（43）のような
感覚形容詞文の場合も、その主語は通常、1人称に限られる（益
岡・田窪1992）ので、「頭」が1人称以外になることもあり得な
い*8。

さらに、次のような現象もある。

第3章で少し見たように、日本語の親族名詞は、1人称の親族を
指すか、2人称の親族を指すかで使い分けられる。

(44) a.　1人称の親族を指す名詞

祖父／祖母、父*9・親父／母・おふくろ、夫・主人／妻・
家内、息子／娘、兄／姉、弟／妹、孫、伯父／叔母、いと
こ etc.

b.　2人称の親族を指す名詞

おじいさん・おじいさま／おばあさん・おばあさま、お父
さん・お父さま／お母さん・お母さま、ご亭主・ご主人／
奥さん・奥様、息子さん・ご子息／娘さん・お嬢さん、お
兄さん・お兄さま／お姉さん・お姉さま、弟さん／妹さん、
お孫さん、叔父さん・叔父さま／叔母さん・叔母さま、い
とこさん etc.

したがって、次の文の指示対象は通常、一義的に決まっている。

(45) 昨日、娘に会ったよ。

(46) 昨日、娘さんにお会いしました。

すなわち、（45）の下線部は「1人称の娘」、（46）の下線部は
「2人称の娘」を指すのが通常の解釈である。しかし、特にbグル
ープの名詞は3人称の場合にも使用可能である。例えば、（47）の
A、Bが先輩後輩の間柄で、先行文脈で両者の共通の恩師の「田中
先生」のことが話題に上っていれば、「娘さん」は「田中先生の娘」
を指す。

(47) A：昨日、娘さんにお会いしましたよ。

　　　B：ほう。で、お元気そうだったかね。

aグループの名詞で3人称でも使えるのは「息子／娘、弟／妹、
孫」のような1人称より下の年齢のものを指す語に限られるようで
ある。なお、これらの名詞は話し手と聞き手が敬語を使わなくても

第12章　名詞の結束装置としての機能　189

よい親しい関係であれば2人称の親族を表す場合にも使える。

(48)A：　大学時代によくいっしょに飲んだ吉田な、あいつ今度
　　　　選挙に出るんだってよ。

　　B：　吉田と言えば、昨日盛り場で息子／娘を見かけたぞ。

(3人称)

(49)昨日盛り場で息子／娘を見かけたぞ。気をつけろよ。

(2人称)

cf.（50）A：大学時代によくいっしょに飲んだ吉田な、あいつ今
　　　　　度選挙に出るんだってよ。

　　　　B：＊吉田と言えば、この間父／母を見かけたぞ＊10。

こうした形で、語彙的にも「所有者表示を避ける」というストラテジーをとるのが日本語の特徴の1つと言えそうである。


## 5．本章のまとめ

　本章では、名詞の内在的な特徴が統語現象に反映する場合として間接照応を取り上げた。間接照応の可否には名詞の関係づけられ度（DOR）が深く関わっている。

　前章で取り上げた代行指示と同じく、こうした名詞の特徴は「意味的には」汎言語的なものでありうるが、それが言語現象にどの程度関わるかには言語差が存在する。

　日本語はこの意味で名詞の統語的・意味的特徴が言語現象に反映する度合いが大きいと言える。これは、日本語に「省略」（「非出現」）が多いことと強い相関性を持つと考えられるが、これについては、第16章で考えることにする。

---

＊1　Halliday & Hasan（1976）の言う語彙的結束性を、日本語についてコーパス言語学の立場から詳細に検討した最新の優れた研究に山崎（2017）がある。
＊2　ただし、（ア）aのようにXが非指示的な場合は "X's" は通常形容詞相当語句として解釈される。したがって、（ア）aは通常、（ア）cのようにではなく（ア）bのように解釈される（安井編1987）。これは、日本語において（イ）が

同様に解釈される（鈴木 1978）と平行的な現象である。

- （ア）　a.　the woman's college
  - b.　the [woman's college]（ある女子大学）
  - c.　[[the woman]'s] college（ある女性の大学）
- （イ）<u>女の大学</u>

**＊3**　ブラジル・ポルトガル語のデータはジュリア・トッフォリ氏のご教示による。記して感謝いたします。なお、略語は以下の通りである（数字は人称）。

　　　DA: definite article、IDA: indefinite article、m: masculine、sg: singular

**＊4**　「楽器」の場合、「所有物」解釈より「生産物」（楽器で演奏される曲としての）解釈の方が優先される（preferred）ように思われるが、「所有物」解釈においても許容度は高い。

- （ウ）　花子は<u>クラリネット</u>をほめられて喜んだ。

**＊5**　(22)で許容度が低いものも次のように変えれば許容度が増す。

- （エ）　花子は友達に<u>最新型の</u>{パソコン／冷蔵庫}をほめられて喜んだ。

これは、「最新型の」電化製品を所有するということは「流行に敏感だ」といった形でその人の属性と解釈され得るためであろう。

**＊6**　(オ)の「学生」は反例のように見えるが、この場合の「学生」は「教え子」と同様の意味で、(カ)「学生」（0項名詞）とは別の語彙項目（lexical entry）の1項名詞として扱うべきであろう。

- （オ）　太郎は恩師に<u>学生</u>をほめられて喜んだ。
- （カ）　昨日駅前で<u>学生</u>が喧嘩をしていた。

**＊7**　(28)の階層の中で、「所有物」はDORが高くても間接照応は難しいようであり、(キ)の「ピアノ」、(ク)の「パソコン」は「生産物」と解釈される。

- （キ）　<u>ホロビッツ</u>が亡くなった。残念だが、{その／#φ}ピアノはずっと愛され続けることだろう。
- （ク）　<u>A社</u>はいい製品を作る。{その／?φ}パソコンもとても評判がよい。

**＊8**　同様の論理で、日本語が「主語」を表示しないことを「日本語の非論理性」と結びつける説を批判したものに庵（2013a）がある。

**＊9**　「父／母」が1人称の男親／女親を各々指すのに対し、「父親／母親」は3人称のそれを指す。

- （ケ）　のちほど、{父／\*父親}が参ります。（1人称の男親の解釈として）
- （コ）　昨日、学生の{??母／母親}が亡くなった。

　ただし、次のような物語文では「父／母」が3人称にも使われることがある。

- （サ）　小さなチャーリーにとって事情が不幸な変わり方をしたのは、<u>父（父親）</u>の飲酒癖がもとで両親が離婚し、それに続いて<u>父（父親）</u>の死に見舞われたからであった。

　　　　　　　　　　　　　　　（岩崎昶『チャーリー・チャップリン』）

**＊10**　ただし、「親父／おふくろ」はこの環境でも使える。これはこれらの語が話しことばで使われる語だからであろう。

- （シ）　A：大学時代によく一緒に飲んだ吉田な、あいつ今度選挙に出るんだってよ。
  - B：吉田と言えば、この間<u>親父／おふくろ</u>を見かけたぞ。

# IV

一般言語学との対話を目指して

第13章
# 定冠詞と文脈指示

　第4部は「一般言語学との対話を目指して」と題されている。その目的とするところは、第3部で記述した日本語指示詞の言語事実を一般言語学的な文脈に位置づけることである。

　本章では、その一例として、日本語の限定詞「この」「その」「ゼロ」と、「定冠詞」の比較を行う。

## 1.　日本語研究において「定冠詞」が重要である理由

　第3部では、日本語の指示表現についての詳細な記述を行った（第2部では、その記述を行うための詳細な準備を行った）。その最大の目的は、日本語の文脈指示で使われる限定詞「この」「その」「ゼロ」が、「定冠詞」を持つ言語における「定冠詞」とどのような関係にあるかを考察することである。

　名詞句について考察する上で、「冠詞」、特に「定冠詞」は重要な意味を持つ。その意味で、「この／その／ゼロ」と「定冠詞」を比較することは、日本語の言語研究の一般言語学への貢献可能性を考える上で、重要な意味を持つと言える。

## 2.　定冠詞が存在するとは

　定冠詞（definite article）は、名詞句の定性（definiteness）をマークする統語的手段である。

　ある言語に定冠詞が存在するということは次のように捉えられる。

（1）　フレッドが教室である面白い本の議論をしていた。私はその後、彼と {その／この／φ} 本について議論をした。

（2）　Fred was discussing an interesting book in his class. I went to discuss {the／this／* ∅} book with him afterwards.

(Hawkins 1978: 87)

　つまり、日本語のような「定冠詞を持たない言語」では定情報名詞句（下線部の名詞句）をマーカーなしで表すことが（少なくとも潜在的には）可能であるのに対し、英語のような「定冠詞を持つ言語」では同様のことは不可能であり、必ず何らかのマーカーが必要とされるのである*1。

　以上の議論で、ある言語に「定冠詞が存在する」ということがどういうことであるかということは明らかになったと思われるが、では「定冠詞」とはどのような機能を担う語なのであろうか。これについて以下 2 つの点から考察する。


## 3. デフォルトの選択肢　論理的デフォルト的定(LDD)

　次の文を考えてみよう。

　(3)　∅首相が辞任した。

　(3) の「首相」は、（2018 年 10 月現在）この文を日本語話者が日本で発すれば「安倍氏」を、ドイツ人がドイツで発すれば「メルケル氏」を指す。このように、「首相」は 1 項名詞であるが、「〜の」の部分の指示対象が「デフォルト的」に決まるという特徴を持つ。ここで、こうした場合、日本語では、「この」も「その」も使えない。

　(3′)　{#この／#その} 首相が辞めた。

　これは英語の (4)(4′) の対比と同様である。

　(4)　The Prime Minister has resigned.

　(4′)　{#This/ #That} Prime Minister has resigned.

　こうした英語では定冠詞、日本語では「ゼロ」で表される「デフォルト的」定と (5) のような「論理的」定を合わせて、「論理的デフォルト的定（Logical and defaultative definite. LDD）」と呼ぶ。

　(5)　{The/ #This/ #That} longest river in Japan is the Shinano River.*2

　すると、次のようになる。

196　Ⅳ　一般言語学との対話を目指して

表1　LDDと定冠詞（1）

|  | 論理的デフォルト的定（LDD） | 定情報 |
|---|---|---|
| 日本語 | ゼロ | ゼロ／この／その |
| 英　語 | 定冠詞 | 定冠詞／指示詞 |

　こうしたLDDを表しうる限定詞を「統語的定冠詞（syntactic definite article. S － 定冠詞)」と呼ぶと、日本語にはこの意味の「定冠詞」は存在しない（cf. 坂原 2000）。

　つまり、英語の"the"はこうした「定性を表さなければならないデフォルトの場合」に使われる要素である。こうした「定を表すデフォルトの要素」という点からも英語の定冠詞は"the"だと言える*3。

　このように、日本語には統語的定冠詞は存在しないが、「定冠詞」と言えるものは存在する。以下では、このことについて述べる。


## 4. 「定冠詞」と唯一性条件

　小田（2012）はフランス語と英語を素材に、「定冠詞」の使用条件を詳述したものであるが、そこでは、「定名詞句」（「定冠詞＋名詞句」）の使用条件として、（6）という「唯一性条件」を挙げている。

（6）　聞き手が、ただ1つの関与的なNが曖昧性なく区別できるような局所的な談話領域または解釈領域を再構築することができるとき定名詞句を使用できる。

　これによれば、（3）（4）の「首相／Prime Minister」の指示対象は、その文脈で「最もあり得る解釈」として決まることになる*4。


## 5. 「この」が定冠詞か「その」が定冠詞か

　さて、以上を踏まえて考えたとき、日本語に何らかの意味で「定冠詞」に近い要素は存在するだろうか。これに関連して、第10章で挙げた例の一部を再掲する。

（7）私は紅茶が好きだ。{この／#その／#φ} 飲物はいつも疲れを癒してくれる。

（8）順子は「あなたなしでは生きられない」と言っていた。{その／??この／#φ} 順子が今は他の男の子供を二人も産んでいる。

（7）は「言い換え」、（8）は「テキスト的意味の付与」に関する例である。

　まず、（7）から、外延的な同一性を保証するために使われる限定詞としての用法を持つのは「この」に限られることがわかる。この場合、「紅茶」が「飲物」であるというフレーム的な知識があったとしても、「飲物」に限定詞を付さない限り、その同一性は保証されない。なぜなら、（7）で「ゼロ」を使うと、「飲物」が総称指示になってしまうからである。

　ちなみに、英語では、統語的に限定詞の使用が義務的であるため、このことは直接は検証できないが、英語でも、（9）のような「言い換え」で最も一般的に用いられるのは「定冠詞」であり、そのことからここでの議論は実質的に英語でも成り立つと言える。

（9）The International Atomic Energy Agency criticized Tokyo Electric Power Co. and Japanese regulatory authorities for their failure to prevent the 2011 Fukushima No. 1 nuclear plant disaster despite knowing the risk of large tsunami hitting the facility, according to a copy of an IAEA report.

　　The U.N. nuclear watchdog said in the final report on the nuclear disaster triggered by a huge earthquake and tsunami in March 2011, obtained Sunday, that "the Fukushima Daiichi (No.1) NPP (nuclear power plant) had some weaknesses which were not fully evaluated by a probabilistic safety assessment, as recommended by the IAEA safety standards." 　　　　　　　　　(*The Japan Times* 2015.5.25)

また、このことがフランス語でも成り立つことについては、Corblin（1983）、小田（2012）などを参照されたい。

　一方、（8）は「「その」しか使えない」例であるが、この場合、

先行詞は固有名詞（定名詞句）であり、指示の同一性は保証されているにもかかわらず＊5、「その」の使用が義務的である。これは別の観点から言うと、「その」は「属性」（「テキスト的意味」）をマークするために使われており、指示の「同定（identification）」のために使われているのではないということである。

　これが、上記の「この」と「その」の違い、すなわち、それぞれが「外延的限定詞」「内包的限定詞」であるということの意味であるが、これを「定冠詞」と結びつけて考えると、「この」のみが「定冠詞」の要件である「唯一性条件」を満たすと言える。

　このことから、「この」を「定冠詞」と見なせる。ただし、LDDの環境では「この」は使えないので、「統語的定冠詞（S‐定冠詞）」とは言えない。以上を踏まえると、日本語の限定詞「この」は「機能的定冠詞（functional definite article. F‐定冠詞）」と呼ぶことができる（cf. 庵2003）＊6。

　この「F‐定冠詞」は、「指示詞」が自らが持つダイクシス性を（少なくとも部分的に）失ったものと考えることができる（これについては、Diessel（1999）も参照）。なぜなら、ここでの「この」「その」の選択基準は現場指示の際にコ系統、ソ系統が持つ機能と直接的には結びつけられないものであるからである。つまり、F‐定冠詞は「指示詞」と「S‐定冠詞」の中間に位置するものとして捉えられるのである。これを図示すると次のようになる。

表2　指示詞と定冠詞

| | 指示詞（ダイクシス） | F‐定冠詞 | S‐定冠詞 |
|---|---|---|---|
| 機能 | テキスト外指示 | テキスト内指示 | |
| 日本語 | この、その（あの＝指示詞のみ） | | |
| 英語 | this（these）, that（those） | | the |

　一方、Lyons（1977）、Greenberg（1991）、Frajzyngier（1991）などで指摘されているように、多くの言語で定冠詞は指示詞から派生している。ということは、そうした言語では定冠詞は（部分的に重なることがあるとしても）指示詞とは異なる機能を担っていると

いうことになる。

一方、指示詞の本質的機能はテキスト外指示であると考えられるので、S－定冠詞の本質的機能は非テキスト外指示、すなわちテキスト内指示であるということになる。このことからもF－定冠詞という概念を設定することには意義があると考えられる。

以上の議論の結果、表1はつぎのように書き換えられる。

表3　LDDと定冠詞（2）

|  | LDD | 定情報 |
|---|---|---|
| 日本語 | ゼロ | ゼロ／F－定冠詞／指示詞 |
| 英　語 | S－定冠詞 | S－定冠詞／指示詞 |

以上は日本語と英語の例であり、これだけで一般化をするのは危険だが、ひとまず表3を敷衍して次のような仮説を立ててみる。

表4　LDDと定冠詞（3）

|  | LDD | 定情報 |
|---|---|---|
| S－定冠詞を持たない言語 | ゼロ | ゼロ／F－定冠詞／指示詞 |
| S－定冠詞を持つ言語 | S－定冠詞 | S－定冠詞／指示詞 |

以下、この仮説について若干の検討を加える（仮説の本格的な検証は今後の課題とする）。


## 6.　フィンランド語（Chesterman 1991）

フィンランド語にはS－定冠詞はなく、語順、格の交替、機能語（function word）の使用などで「定／不定」を表すという（cf. Chesterman 1991: cp.5）。

(10) Kerran　tuli　junaan　　arpakauppias.
　　 once　　came　train-ILL　lottery-seller-NOM
　　 "Once a chap selling lottery tickets got on the train."

(Chesterman 1991: 100)

(11) Riihimäellä    mies       jäi junasta.    (ibid.: 100)
     Riihimaki-ADE   man-NOM    left train-ELA
     "The man got off at Riihimäki."

(12) Heti     oven        takana rappukäytävässä häneltä
     at-once  door-GEN    behind staircase-INE he-ABL
     putosi     se pullo.
     dropped    it-NOM bottle-NOM                    (ibid.: 103)
     "He'd just stepped out onto the staircase when he dropped
     the bottle."

(13) Esine       oli  se kultainen maisterinsormus.
     thing-NOM   was  it-NOM gold-NOM ring-NOM
     "The tiny object was the gold ring."          (ibid.: 103)

(14) Esine       oli  kultainen maisterinsormus.
     thing-NOM   was  gold-NOM ring-NOM
     "The tiny object was a gold ring."

(15) *Se       kuu         paistaa kauniisti.    (ibid.: 151)
     It-NOM    moon-NOM    shine     beautifully
     "The moon shines beautifully."

　まず、無標の語順では動詞の後ろの名詞句は「不定」、前の名詞句は「定」と解釈される（（10）（11）（14））。したがって、動詞の後ろの位置で「定」と解釈させるには、多くの場合機能語se／neの付加が義務的である（（12）（13））*7。このことからこの言語にもF－定冠詞が存在すると考えられる。なお、LDDを表すのに機能語（F－定冠詞）は使えないという（（15））。


## 7.　本章のまとめ

　本章では、これまでの指定指示に関する議論を受け、「この」「その」「ゼロ」と英語の「定冠詞」の比較を試みた。

　その結果、「最もありそうなもの」として指示対象が決まる「論理的・デフォルト的定（LDD）」の環境で使われるのは「ゼロ」であり、この環境では「この」も「その」も使えない。一方、英語で

はこの環境で「定冠詞」だけが使われる。このことから、日本語には「統語的定冠詞（S‐定冠詞）」は存在しないと言える。

　英語では言い換えに典型的に見られるように、小田（2012）の言う「唯一性条件」が満たされる場合に定冠詞が使われる。指定指示における「この」と「その」のうち、こうした「外延的な」捉え方を表すのは「この」に限られる。このことから、日本語で「定冠詞」としての機能を持つのは「この」であると言える。こうした日本語におけるような「定冠詞」を「機能的定冠詞（F‐定冠詞）」と呼ぶと、日本語と類似の要素がフィンランド語にも存在するようである。

　本章の考察は、日本語の指示表現の文脈指示用法を一般言語学的と対話可能な形で記述するという本書の目的において重要な意味を持つが、この点については、第16章で再び取り上げる。

---

＊1　ここで言う「マーカー」はゼロ形式以外のものである。
＊2　これに対応する場合も日本語で使えるのは「ゼロ」だけである。
　　（ア）　{φ／#この／#その} 日本一長い川は信濃川である。
ただし、日本語のような定冠詞を持たない言語において、こうした論理的定を考察対象にすることに意味があるかは疑問である。
＊3　"the"が定冠詞であることなど自明ではないかと言われるかもしれないが、対照言語学的にある言語に定冠詞が存在するかしないかということについて考える際の明確な基準はあまり見当たらないので、それを作るためには自ら基準を考えなければならない。
　その際、最も妥当なのは、「定冠詞を持つ」と言われている言語で「定冠詞でしか表せない」機能を抽出した上で、当該の言語においてその機能を担う要素があれば、その要素を「定冠詞」とし、それがなければその言語には定冠詞がないとする、という方法ではないかと思われる。本書では、以上の考え方に基づき、「LDDを表す文脈で使える」ということをある要素が「定冠詞」であるための必要十分条件と考えることを提案しているのである。なお、LDDを表せるということを定冠詞を規定するための条件とするという考え方はHimmelmann（1996: 210–211）も採っている。
＊4　坂原（2000）も、同様の観点から日本語の「ゼロ」と英語の定冠詞の類似性を指摘している。
＊5　固有名詞は定名詞句であり、指示対象が唯一的に定まっている。この点が固有名詞と普通名詞の最大の違いである（関連する議論については田窪（1989）

を参照されたい）。

**＊6** 坂原（2000）は、日本語の「裸名詞句」（本書の「ゼロ」）と英語の定冠詞句（定冠詞＋名詞句）の類似性を指摘している。これを本章の議論に合わせて読み替えると、日本語で狭義の「定冠詞」に相当するのは「ゼロ」であると見ることもできる。しかし、本書では、次の理由からその解釈はとらない。

日本語には、「定情報」に関して、小田（2012）の言う意味での「唯一性条件」を満たす限定詞として「この」があり、英語やフランス語の「定冠詞」に対応するものとしては「この」を考えるべきであることがある。そうすると、日本語には「ゼロ」と「この」という2種類の「定冠詞」が存在するということになるが、これは記述として余剰的であると考えられる。また、「ゼロ」を「定冠詞」とすると、「冠詞がある」と言いながら、音形のある形式がないことになり、記述としてやや不自然であると思われる。

以上の点から、本書では、英語やフランス語との対照において「定冠詞」と見なせるのは「この」だけであると考える。

**＊7** フィンランド語にはLDDで使える要素はないので、S－定冠詞は存在しないと言える。しかし、se／neは（12）（13）のような単一文中でもその使用が義務的になる（これらを欠くと当該の名詞句が不定と解釈される可能性がある）という点で、日本語の対応形式よりもS－定冠詞に向けての文法化（grammaticalization）が進んでいると言えよう。

第14章

# 指示と代用

　第10章では「指定指示」の「この」「その」「ゼロ」の機能の違いを考察し、第11章では「代行指示」での「この」「その」「ゼロ」の分布を見た。本章では、それらの考察を承け、日本語の指示表現の用法が、「指し方」を問題とするテキストレベルの対立と「指示対象」を問題とする統語論レベルの対立に大別されるということを述べる。合わせて、指示詞と接続詞の関係についても考える。

## 1．2種類の対立

まず、次の例を考えていただきたい。

（1）順子は「あなたなしでは生きられない」と言っていた。{その／#この／#φ}順子が今は他の男の子供を二人も産んでいる。

第11章で見たように、この場合に「その」しか使えないのは、この文脈では先行詞を「（定情報名詞句への）テキスト的意味の付与」という観点から捉えることが義務的であるためであった。

次に（2）を考えてみよう。

（2）実験は{その／\*この／φ}結果が重要なのだ。

（1）でも（2）でも「この」は使えないが、その理由は同じではないと考えられる。

　それは、第一に、（1）と（2）ではコ系統、ソ系統、ゼロの分布が異なるということである。つまり、（1）ではコ系統もゼロも使えないが、（2）ではコ系統は使えないがゼロは使える。

　第二の理由は、先行詞の性質の違いである。

　第10章で見たように、（1）の「その順子」の先行詞は、単なる「順子」ではなく、それにテキスト的意味が付与された「「あなたな

しでは生きられない」と言っていた順子」である。一方、(2) の「そ」の先行詞はテキスト的意味の付与がない「実験」である。これは、テキストに初出の名詞句には付与すべきテキスト的意味が存在しないためとも説明できるが、(3) のようにテキスト的意味の付与がある環境ではコ系統が使えることからも説明できる。

（3）先日実験をしたんだが、{その／この／φ} 結果を見たらきっと驚くよ。

以上のことから、「指定指示」と「代行指示（単一文)」におけるコ系統、ソ系統、ゼロの対立の原理は異なると考えられる。まとめると次のようになる。

（4）a.　コ系統、ソ系統、ゼロが<u>潜在的には</u>交換可能である。

（指定指示）

　　　b.　コ系統は統語的に使えない。ソ系統とゼロとは（ゼロが統語的に許される限り）交換しても意味は変わらない。

（代行指示・単一文）

（4a）と（4b）の違いは機能的には問題とするレベルの違いとして捉えられる。すなわち、(4a) では先行詞をどのように捉えるかという「指し方（way of referring)」が問題であり、「この」「その」「ゼロ」は各々固有の先行詞の捉え方をマークする機能を持つため、3者は潜在的には交換可能である。ただし、文脈によっては3形式の内1つ以上が使えない場合もある。この意味でこの場合の対立はテキストレベルのものである。

一方、(4b) に示された分布は1項名詞の項構造に由来しており、文脈の介在する余地はない。この意味でこの場合の対立は「指示対象（referent)」を問題とする統語論レベルの問題である。

## 2.　H&H と指示、代用

上の議論から明らかなように、日本語の指示表現を考える上で「指し方」レベルの対立と「指示対象」レベルの対立を区別することは重要である。この（4a）と（4b）の区別は Halliday & Hasan（1976）（以下、H&H）の言う「指示（reference)」と「代

用（substitution）」の区別に相当する*1。

　H & H は、「指示」と「代用」を次のように区別している。

(5) a.　指示：先行詞との関係は意味的で、先行詞を得るには解釈が必要である。

　　 b.　代用：先行詞との関係は語彙・統語的（lexico-grammatical）で、先行詞はそのままの形で表層に存在する*2。

本書では、このことを次のように捉え直す。

(6) a.　指示は、指示対象を問題とする統語論レベルの対立ではなく、指し方を問題とするテキストレベルの対立である。

　　 b.　代用は、指示対象を問題とする統語論レベルの対立である。

　以下、本章では、この観点から、これまでに観察した指示表現に関する言語現象を捉え直していく。


## 3.　指示に属する現象

　(6a) では、「指示」はテキストレベルの対立で潜在的にはコ系統、ソ系統、ゼロが交換可能だが「指し方」の違いにより3形式の許容度が異なるということを述べた。一方、第10章では「指示」の代表である指定指示の「この」「その」「ゼロ」の対立を詳論し、対立のパターンをフローチャートとしてまとめた。ここでそれを再掲する（具体例は省略）。

表1　この、その、ゼロの分布

| パターン | 1 | 2 | 3 | 4 | 5 | 6 | 7 |
|---|---|---|---|---|---|---|---|
| この | ○ | ○ | ○ | × | ○ | × | × |
| その | ○ | ○ | × | ○ | × | ○ | × |
| ゼロ | ○ | × | ○ | × | × | × | ○ |
| 可否 | ok | ok | ok | × | ok | ok | ok |

（○＝結束的、×＝非結束的）

上の6つのパターンは次のように分類される。

(7)
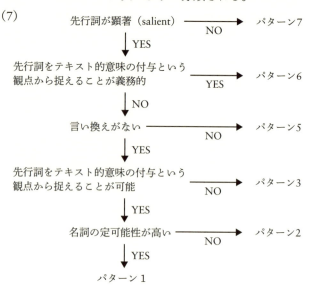

　表1のパターン4を満たす例は存在しないが、このパターンは代用の典型であり、ここで両者は相補分布をなすと考えられる。このように、指定指示の「この形」(この、その、ゼロ)におけるコ系統、ソ系統、ゼロの対立のあり様は多様だが、3系統は潜在的には交換可能であり、その意味で、「指示」における対立は真に範列的(paradigmatic)なものであると言える。

　本節では、「指示」がテキストレベルの対立であることを指定指示におけるコ系統、ソ系統、ゼロの対立のあり様を材料に論じた。ここで重要なのは、こうした対立はテキストレベルのものであり、((7)のフローチャートにあるような)文脈を考慮せずにはある形式を使うことができるかどうかを決められない、ということである。

## 4. 指示詞と接続詞

　指示に関する問題を考える上で、問題になるのが指示詞と接続詞の関係である。本節では、この点について考える。
　第10章では、(8)(9)に表される「この」と「その」の機能と、定情報名詞句のマーカーとしての「は」と「が」の機能の相関から、

「この／その」と「は／が」の組み合わせに関して、(10) のような スケール性が見られるということを考察した。

(8)「この」はテキスト送信者が先行詞をテキストのトピックとの関連性という観点から捉えていることを示すマーカーである。

(9)「その」はテキスト送信者が先行詞を定情報名詞句へのテキスト的意味の付与という観点から捉えていることを示すマーカーである。

(10)←対立性／有標性大　　対立性／有標性小→
　　　その－が ＞ この－が ＞ その－は ＞ この－は

（＝第10章 (93)）

ここでは、特に (9) の性質と、ある種の接続詞の性質との間に重要な相関性があるということについて見ていく。


## 5. 「それが」

まず、接続詞「それが」について考える。この語を初めて接続表現として捉えた浜田 (1993) は次のような「それが」を逆接の接続語として取り上げている ((11)(12) は浜田 (1993) より)。

(11)佐藤 ：それでもうこわくてこわくて、ご飯もノドを通らないの、もうやせて、眼ばかりギラギラして……。

うつみ：東京にお家がおありになるのに。

佐藤 ：それがなぜか帰らないの。とらわれたとしか思えない。

(12)君津製鉄所の粗鋼生産量が、年間900万トンで最大であった73-74年当時、社員は7000人を越えていた。それが、今は5500人に減少。現在の人員の7割は付帯業務関係で、この部門の省人化は、さらに進められようとしている。

浜田 (1993) は接続語「それが」の性質を詳しく論じているが、その中で特に重要だと思われるのは、「それが」が (12) のような「継続的変化」の文脈に頻出するという点、および、「それが」が「物語性」(「話し手が自分の知っていることがらを物語を聞かせる

ように順序よく提示しているという意味特性」（浜田1993））を持つという点である。

本章の分析も基本的に浜田（1993）のものに平行的だが、その上で「それが」の意味特性を次のように規定する。

（13）「それが」は「予測裏切り的関係」を表示する接続詞である。

「予測裏切り」とは、先行文脈から予測されることと対立する内容を述べるということである。（14）を考えていただきたい。

（14）（a）冷戦時代は、キューバからの亡命者は自由の戦士ともてはやされ、米国の市民権を与えられた。（b）それが、いまはすっかり邪魔者扱いである。　　（『週刊朝日』1994.9.23）

（14a）を読んだ／聞いた段階でテキスト解読者は「キューバからの亡命者は今も自由の戦士として厚遇されている」といった予測を持つ。この予測は（14b）文で裏切られることになるが、「それが」は文頭にあってそれを先触れする機能を担っていると考えられる。

## 5.1　テキスト的意味の付与と予測裏切り性

以上見たように、本書では「それが」を「予測裏切り的関係を表示する接続詞」として規定するが、次に問題になるのは、なぜ「それが」という形式がそうした意味を表すことになるのかである。

このことを考える上で重要なのが、「それが」と、第10章で見た「その-が」型の密接な関係である。例を見てみよう。

（15）バラエティー番組などで画才を発揮しているお笑いタレントのジミー大西（31）が13日、初めての絵本「ホームランド」（主婦と生活社刊）を出版した。（中略）3年前にテレビの深夜番組の企画で絵を描くまでは、絵画に関心はまるでなかった。それが、その時の絵が評判になったのがきっかけでプライベートでも描くようになり、1993年には個展を開催。昨年は「画家」としてCDジャケットやカレンダー、JRAのポスターまで手がける活躍だ。

（朝日新聞夕刊1995.10.16）

（16）「生まれた時から胃の入り口付近が弱くて、産後退院した

のは私が先。智は小中学校時代体が弱くて学校をよく休んだ」（光子さん）。それが今や頑強。プロ5年目、23歳にしてキングの座についた。　　　　　　　　　（日刊スポーツ 1993.10.26）

（17）古田：実はそれがし、一度は酒を止めようと女房ともども愛宕神社に詣で断酒を誓いました。その私が（/#は）思いがけなく、お台所奉行を命ぜられ利き酒を。利き酒とはあまりにも残酷な。総目付様、なぜ、なぜ藩は私をお台所奉行に。この私には、古田八太夫には、とても、とても勤まりかねます。　　　　　　（「十時半睡事件帳」1994.12.2放送分）

（18）学校の音楽教育はほとんど西洋音楽一辺倒だから、音階も発声もリズムも日本人が昔から身につけていたものとは違う。（中略）小島さんにいわせると、わらべ歌や民謡は、日本人にとって最も自然な音楽表現ということになる。そのわらべ歌や民謡が（/??は）、田植え歌、舟歌、木やり歌、神楽、祭りばやしなどとともに、このところ急速に消えつつある。　　　　　　　　　　　　　　（天声人語 1986.12.5）

（15）（16）は「それが」の、（17）（18）は「その−が」型の例だが、両者におけるテキストの構造は極めて類似している。すなわち、「それが／そのNPが」の機能は、次の（19）の構造において、先行文脈（S₁）から喚起される予測が「それが／そのNPが」に続く部分（S₂）で裏切られることをテキスト受信者に先触れすることにあると考えられる。

（19）S₁。それが／そのNPが、S₂。

以上のような類似性があることから、先に立てた問題（「なぜ「それが」という形式が予測裏切りという意味機能を表すのか」）に答えるためには、1)「その−が」型が予測裏切り的意味を表す理由と、2)「その−が」型と「それが」の関係、の2つを特定すればよいことになる。以下、この順に述べる。


## 5.2　有標の文脈と有標の形式

まず、「その−が」型が予測裏切りという意味を表す理由について考える。これは、部分的には第10章の議論と重なるが、それと

は別の観点からも論じてみたい。

　議論に入る前に次のことを仮定しておく。

　(20) 予測裏切り的文脈は有標な文脈である。

　この仮定は主題連鎖に関する第10章の議論の延長線上にあるものである。もちろん、これが「証明」されるためには多くの実証的データが必要となるが、本書がよって立つ機能主義的な立場からはこうした仮定はテキスト解析において必要不可欠なものと思われる。

　なお、この仮定をとる場合、「文脈」は予測と一致しない有標の「逆接／対比」とその反対概念で予測と一致する無標の「非逆接」(「順接」) に大別される。以上のことを前提として、以下、(20) の仮定の妥当性を示すと思われる現象をいくつか挙げることにする。

　逆接／対比の文脈の有標性は (21) のような現象に現れている。

　(21) 今朝、太郎が朝食を食べた。

　(21) は「人が朝、朝食を食べる」という一般知識に合致しているという点で通常は情報量が少なく、発話される動機付け (motivation) が少ないと考えられるが、しかし、(21) も (22) のような文脈でなら使われても不自然には感じられないであろう。

　(22) 太郎は朝寝坊で滅多に朝食を食べない。

　つまり、(21) が自然な文として使われるためには、(22) のようなそれと対比的な文脈を設定する必要がある。そして、そのための簡易な方法が「太郎」に「テキスト的意味」を付与して次のように述べることなのである。

　(23) 太郎は朝寝坊で滅多に朝食を食べない。今朝、<u>その太郎が</u>朝食を食べた。

　このように、対比／逆接的な文脈はそれがなければ発話される動機付けがないような文にも発話の動機付けを与えられるという意味で有標なものであると言える。

　予測裏切り (逆接／対比) という文脈の有標性は市川 (1978) の指摘する次のような現象からも示唆される。市川 (1978: 72ff.) は接続語句の省略可能性をアンケートで調べているが、それによると、「そして」等の順接の接続語は省略してもよいという回答が相対的に多いのに対し、逆接の場合は省略できるという回答の割合が

212　　Ⅳ　一般言語学との対話を目指して

低く、浜田（1993）が「それが」と同様に物語性のある接続詞とする「ところが」は最も低い（省略可能とした人は5％のみ）。文連鎖間の意味関係が予測可能（無標）である程、接続語句は省略しやすくなると考えられるので、この現象からも予測裏切り的な文脈は有標であると言えよう。

　以上見たように、「予測裏切り」という文脈は有標なものであると考えられる。一方、第10章で見たように、「その－が」型が使われる構文上の環境は、1）先行詞の捉え方として有標なものである「その」の使用が義務的である、2）定情報名詞句のマーカーとして有標なものである「が」でマークされている、という2点において有標なものである。

　以上のことから、1）予測裏切り的文脈は有標なものである、2）「その－が」型は有標な構文環境で使われる、という2点が明らかになった。まとめると次のようになる。

（24）「その－が」型が表す有標の予測裏切り的意味は、「その－が」型が使われる構文環境の有標性に由来する。


## 5.3　指示性から見た指示詞と接続詞

　前小節では「その－が」型と「予測裏切り」的意味の関係について述べた。ここでは「その－が」型と「それが」の関係、すなわち、指示詞と接続詞の関係について論じる。

　指示詞と接続詞との最大の違いは前者が指標（indexical）であるのに対し、後者はそうではないということである。

　指標とは、「記号とそれが表すものとの関係が両者が同じ1つの出来事（event）の一部分であることによって保証されている」（田中1981）ものである（Lyons（1977）も参照）。つまり、指標はそれ自体の指示対象を持たず、世界の何らかの要素と同定されることで指示対象が決まるものである。こうした特徴のため、指標はそれ自体の語彙的意味を持たない[*3]。

　これに対し、接続詞は通常の実質語と同じく語彙的意味を持つが、指示対象は持たない。

　以上の点を踏まえ、接続詞を次のように規定する。

(25)接続詞は次のような性質を持つ語である。

（テキスト的機能）

a.　複数の文が文連鎖間の連鎖的（sequential）意味で結び
　　ついているとき、その関係を明示する。

b.　通常文頭に位置し、それを含む文が先行文脈とどのよ
　　うな意味関係にあるかを先触れし、テキスト解読者の
　　テキスト解釈を容易にする。

（統語・意味的特徴）

c.　指示対象を持たない。

d.　その内部にソ系統の語を含み、かつ、それを省略した
　　形も a～c の性質を持つならば、そのソ系統の語の有無
　　で意味は変わらない。

（25）a, b はテキスト解読における接続詞の機能を規定したもの
である。（25）c, d について詳しくは後述する。

　ここで「それが」に戻ると、前述のように「それが」の持つ予測
裏切り性は「それ」の部分への先行文脈からの義務的なテキスト的
意味の付与によって生じると考えられる。

　一方、「それが」には、「それ」の部分が指示的（referential）
な指示詞としての用法と、「それ」の部分が非指示的（non-
referential）な接続詞としての用法がある。例を見てみよう。

(26)ブナは「森の母」であり、ブナの森は「命の森」である。
　　命の森は、1 万年、いやそれ以上の昔から私たちの祖先の木
　　の文化をささえてきた。それがわずか数十年で急速に姿を
　　消している。　　　　　　　　　　　　（天声人語 1986.8.24）

(27)太郎君の父長靖さんは 16 年前の冬、吹雪の尾瀬で凍死した。
　　尾瀬自動車道の建設中止に力をそそいだ長靖さんは、小屋
　　を継ぐことを嫌い、悩み続けたことがある。それがいつか、
　　尾瀬にひきつけられていく。　　　　　（天声人語 1987.5.25）

　（26）が「指示詞」としての、（27）が「接続詞」としての「そ
れが」の例である。両者の違いは、「それ」の部分が破線部の名詞
句を先行詞として指し得るか否かにあり、前者ではこれは可能だが、
後者では不可能である。

こうした例から考えると、接続詞としての「それが」は、(27)のような用法においてレ系指示詞（これ、それ、あれ）で人を指すと失礼になるという近藤（1992）の言う語用論的制約のために、「それ」が非指示的になり、その制約が先行詞が固有名詞の時全体に拡張し（第10章で見たように、テキスト的意味の付与が義務的な時の先行詞は固有名詞であることが多い）、最終的に(28)のような指示対象の存在が全く感じられない場合にも使えるようになって接続詞としての用法を確立するようになったのではないかと思われる。

(28)［犯人を追って行って帰って来た男十郎に辰が尋ねる］

　　辰　　：［犯人は］どんな奴だった。

　　男十郎：それが、すまねぇ。すばしっこい野郎で、あっという間に逃げられちまった。

（「宝引の辰捕者帳」1995.8.18放送分）

以上の議論から次のことが明らかになった。

(29)「それが」は「それ」の部分に先行文脈からのテキスト意味の付与がある接続詞であり、そのことによって予測裏切り的な意味を表す。

## 5.4　「それが」の意味の源泉について

以上見てきたように、「それが」は予測裏切り的な意味を持つが、この意味がどのように生じるのかについては議論がある。これに関して、天野（2015, 2016）と竹沢（2016）を紹介する。

天野（2016: 323）は本章のもとである庵（1996b, 2007）の観察について、「逸脱的「それが」*4 全体の意味や諸特徴と、構成要素である「それ」の意味が関与しているという庵（1996b, 2007）の指摘は重要である」としながらも、それによって、「それが」の意味の源泉を説明することはできず、「それが」が表す意味は、「それが」が「サマ主格変遷構文」（天野2015）に属することから生じるとしている。

「サマ主格変遷構文」とは、(30)のように、主格句（「混乱が」）がある状態（サマ）を表し、述語句（「収まった」）がその状態の変

第14章　指示と代用　215

化を表す自動詞からなるものである（天野2016: 323）。

(30) 戦いの後の市中の混乱が、1年もすると嘘のように収まった。

(天野2016の (4))

　天野（2016）の上記の主張に対し、竹沢（2016）は、「接続詞的「それが」の逆接・対比の意味特徴がもともと「それが」全体に張り付いているわけではなく、ソ系統代名詞と助詞「が」の相関によって二次的に派生されるという庵の提案は、それぞれの語彙の特性の相互関係に基づく合成的な説明であり、かなりの程度、納得のいくものである」（p.347）としている。

　また、竹沢（2016）の以下の指摘は、本書第10章8.3節の考察とも響き合うものと言える。

(31) [「それが」の] 代名詞的用法においては、指示詞「それ」の使用によって主語の指示対象は定まっており、通常であれば、そうした場合は「は」を伴って「それ」について何かを語る二重判断形式が用いられる。にもかかわらず、「それ」に「が」を付加して、単一判断形式で事態を表出しているのは、「それ」が先行詞と指示的にはつながっているものの、事態把握の中では先行詞とは異なったものとして認識されなければならないことを示している。つまり、一方では指示的につながりながら、他方では異なった認識のされ方を求められているため、そこから述語に対する状態の変化という意味的特徴が生じると分析することができる*5。

(竹沢2016: 348–349)

　本書でも、竹沢（2016）のこれらの指摘と同様の立場に立ち、「それが」の意味は「それ」と「が」の意味の合成によって基本的に導出可能であると考える。


## 6. 予測裏切り性を持つその他の接続詞

　前小節では予測裏切り性を持つ接続詞「それが」を取り上げ、その性質が現れるメカニズムを見てきたが、予測裏切り性を持つ接続詞は「それが」だけではない。ここでは予測裏切り性を持つ他の接

続詞について考える。

## 6.1 「それを」

第一は、（32）〜（35）のような例の「それを」である*6。

(32) お重：だから、流行病で息子さん夫婦が亡くなっちゃった
んだよ。生まれたばかりの赤ん坊を残してさ。藤吉
さん夫婦はその赤ん坊を引き取って一生懸命育てて
るんだよ。お金がいるのは当たり前だろ。それをあ
んたって男は。

金太：済まなかった。知らなかったんだよ。藤吉つぁん、
すいませんでした。

（「コメディーお江戸でござる」1995.9.14放送分）

(33) 羽柴：いいえ、辞めます。そして、ゼロから、計算できひ
ん（関西方言で「ない」）人生をどうやって生きたら
いいか。考え直します。

京子：将棋やりながらでも考えられるわよ。

羽柴：将棋好きやないんです、僕。

京子：ええ加減にしなさい。ぜいたく言わんといて。私も
森山さんも奨励会に入会したんは18よ。年齢的に
も遅すぎるて散々言われながら頑張ってきたんやか
ら。それを羽柴君は18で五段。あなたみたいに、才
能にも環境にも恵まれた人そうはいてへん（大阪方
言で「ない」）のに。簡単に辞めるなんて言わんとい
て。
（「ふたりっ子」1997.3.28放送分）

(34) 直接に手をかけていないものの、松本代行は文字通り、窪
田さんを見殺しにしたことになる。刑法学者の板倉日大教
授によると、その行為は共同正犯にあたるという。
「末端の信者が驚いて声が出なかったのならともかく、教祖
夫人の松本代行はこうした行為を止められる立場にあるは
ず。それを何もせずに見逃したのなら、黙示の現場共謀と
して殺人の共犯に問われる可能性もあります。（後略）」

（日刊スポーツ 1995.6.15）

（35）私が混合［列車］に乗ったのは、多分八〇年の二月だった。あるいは、あの列車は、あの年の九月までで、姿を消した。それを私は、その後十五年間も、もしかしたら、まだ走ってるかもしれない、と一縷の夢を抱き続けていて、こうして、のこのこやって来て、やっぱり、ということになったわけだ。第三の目的は果たされなかった。

（古川高麗雄「肥薩線今昔」『旅』1995.4）

「それを」は、基本的に「それなのに」に（書きことばでは「それにもかかわらず」にも）置き換えられるが、（32）のような相手を非難する文脈で多用され、その反映としてプロミネンスを伴うことが多い*7。

「それを」も「それが」と同様の予測裏切り性を持つが、その意味の源泉も、「それが」の場合と同じく、先行文脈からの義務的なテキスト的意味の付与である。この場合も、（36）のように、「それ」が指示的な場合（「それ」が破線部の名詞句を指し得る）と（37）のように、「それ」が非指示的な場合（「それ」が破線部の名詞句を指し得ない）が境界を接しており、その延長線上に（32）〜（35）のような接続詞「それを」の典型例が存在すると考えられる。

（36）社会党の村山富市委員長は、「憲法擁護国民連合」（議長・山口鶴男元同党書記長）が主催した集会で「羽田内閣は細川内閣とは異質だ。外相、神田厚防衛庁長官が口にしている『集団的自衛権』は自民党政権さえ憲法に反するとの見解だった。それを羽田政権が見直そうということは憲法の解釈を拡大して、さもなくば改正してでも、米国の軍事出動に自衛隊も武器を持って参加する道を開こうとするものだ」と批判した。

（朝日新聞朝刊 1994.5.4）

（37）［アコナイは］マラソン3回目で、すでに2勝。そのうち、2時間10分を2度破っている。本来は、ソウル五輪の一万㍍にも出場したトラックランナー。それを「マラソン向き」と転向させたのもイカンガーだ。

（朝日新聞朝刊 1994.12.5）

以上のことから次のことが言える。

218　Ⅳ　一般言語学との対話を目指して

(38)「それを」は「それ」の部分に先行文脈からのテキスト意味の付与がある接続詞であり、そのことによって予測裏切り的な意味を表す。

## 6.2 「それなのに」「それにもかかわらず」

　以上見てきた「それが」「それを」では、「それが／を」という形式全体が「予測裏切り」という意味を表すための機能を担っているが、次に取り上げる「それなのに」「それにもかかわらず」の場合は、これらの語の中の「なのに（の中の「のに」）」「にもかかわらず」という部分の語彙的意味が語全体の予測裏切り的意味の源泉であり、そのためこれらの語は「それ」の有無と無関係に予測裏切り的意味を表す（この点は後述する）。

(39)そもそも金属バットは、木のバットが折れやすく不経済なため高校野球に採用されたのではなかったか。φ（それ）なのに、売らんかなの商魂が目的を変えた。よく飛ぶことが売り物になり、耐久性が忘れられていたのである。

(朝日新聞朝刊1985.8.7)

(40)もちろん、西欧的なデモクラシーを全面的に移入するのは無理な場合もあろう。しかしそれぞれの政治的風土や成熟度に応じた民主化は、十分できるはずだ。それ（φ）にもかかわらず、パキスタンの憲法改正案では大統領の権限強化が先行し、これまでどおり軍部の強大な政治介入を許そうとしている。

(朝日新聞朝刊1985.3.6)

## 7. 代用に属する現象

　前節では「指示」がテキストレベルの対立であることを見た。一方、先に「代用」ではコ系統の使用が統語的に禁じられていると述べた。これは、代用で使われる指示詞が「連結詞」にすぎず、かつ、コ系統には連結詞の用法がない、という事実に由来する。

　以下、代用に属する言語現象を見ていく。

第14章　指示と代用　219

## 7.1 代行指示

最初に取り上げるのは代行指示である。代行指示は代用の典型的なものであるが、これについては第11章で詳述したので、ここでは例を挙げるに留める。

(41) ギャンブルは、カッとなり熱くなり酔ったような気分になるのが、その（／*この／φ）醍醐味であるが、［大山］名人は決して熱くなった酔ったりはしない。

(山口瞳『血涙十番勝負』)

(42) ［有吉八段は］今期の王将戦では、ひたすら勝ちたかったという。ようやくそういう心境になれたのである。大山名人が引退しても、十五世名人になることが決定している。大山さんのことだから、その（／*この／φ）生涯を養うだけのものを蓄えてあるだろう。むかしの名人戦のような悲惨なことにはならないはずである。（山口瞳『続血涙十番勝負』）
筆者注：有吉八段は大山名人の弟子で、名人戦で3–4で敗退したことがあった。

## 7.2 名詞句の一部の代用

次に取り上げるのは、名詞句の一部を代用する場合（名詞句代用）である（cf. 神尾 1983、Saito & Murasugi 1990、金水 1995）

(43) 郷田が長考派なのは局面を楽観的に見られないからだろう。（中略）本局も、中原の残り時間2時間12分に対して、郷田のそれ（／??これ／φ）は11分だった。

(『週刊将棋』1992.7.1)

(44) 政権交代、まして与野党間のそれ（／??これ／(?) φ*8）は、過去の経緯のこだわりを解きほぐし、発想を自由にさせるだけでも価値がある。　(朝日新聞朝刊 1993.8.9)

(45) 昭和の記者連中は、記者という職業を英雄視するあまり、取材相手を無神経に扱うきらいがあったし、鼻持ちならないエリート意識を振り回して周囲を辟易させてもいた。
　　それに比べれば、インターネットの誕生以来、マスコミ嫌いのネット民たちに思うさまにイビられ続けている昨今

の記者の皆さんの振る舞いの上品さは、同じ職業に就く人間のそれ（／??これ／?φ）とは思えない水準に到達していると思う。

（小田嶋隆「麻生さん菅さんはなぜあんなに威張るのか」

日経ビジネスオンライン 2018.8.3

https://business.nikkeibp.co.jp/atcl/opinion/15/174784/080200153/?）

## 7.3　動詞句代用

次に取り上げるのは動詞句代用である。

(46)太郎が次郎を殴った。三郎も {そうした／*こうした／φだ}。

(47)官庁と銀行が踏み切れば、社会の大勢が定まる。欧米でもそう（／??こう／φ）だった。　（朝日新聞朝刊 1987.4.30）

## 7.4　先触れ語

次に取り上げるのは先触れ語である（寺村 1977a）。

(48)それで／*これで／φ（で）三島由紀夫が割腹した刀

(49)「それにしてもさ、さていよいよ自分の家を建てるとなるとね、これはこれで問題が別なんだな、自分がそこに（／*ここに／φ（に））住む家となるとさ、民族性は民族性だけれども、現実の問題はまたね」　（山本周五郎「プールのある家」）

## 7.5　強調表現

続いて、強調表現を取り上げる。

(50)奨学金がないと、研究はおろか生活それ／*これ／φ自体が不可能になる。

(51)B：　近鉄は最後に意地を見せたけど、ひどかった。（後略）

　　C：　その通り。シーズン前、優勝候補の呼び声が最も高かったのが近鉄だったのだから。敗因の一つは、鈴木監督その人（／*この人／φ）にもあったんじゃないか。

（「いいたい放談」朝日新聞朝刊 1993.10.14）

(52)隣に座るミッチェルに一瞬、ぼう然とした表情が見えた。

第14章　指示と代用　221

「来年は勝てる可能性があるだろうか」。今期は接戦を演じ、つき始めた自信が、このレースで打ち砕かれたような、そんな（／\*こんな／∅）目だった。　　　（朝日新聞朝刊 1994.9.16）

## 7.6　真性モダリティを持たない文

前小節の強調表現と似たものに、野田（1989）の言う「真性モダリティを持たない文」、野田（2002）の言う「子文」がある。

(53) 国際障害者年の来年、アメリカを訪れ、各地の障害者の施設で日本の折り紙を教えたい。そういう（／??こういう／#∅）全盲の人の小さな夢を主婦や学生が支援し、実らせようとしている。　　　（天声人語 1980.8.9、野田（2002））

(54) 文部省の調査研究協力者会議が、通知表や内申書の原本となる指導要録に記す小、中学校の成績について、絶対評価に重心を移すように、との報告をまとめた。小学校1、2年では相対評価を全廃し、それ以上の学年でも相対評価を緩和する。そういう（／?こういう／#∅）考え方だ。

（朝日新聞社説 1991.3.16）

(55) 男女雇用機会の均等化が進む米国でも、ハイテク技術の世界は圧倒的に男性上位だ。「女性は技術に弱い」という固定観念が、女性の技術系職業への進出を妨げてきた。この環境を崩すには思春期の女子生徒に伸び伸びと数学や理科、コンピューターを学ばせ、彼女たちの才能を開花させることが大切だ。そう（／（?）こう／#∅）考えた女性がシリコンバレーの一角に「ハイテクガールの育成」を目指す女子中学校「ガールズ・ミドル・スクール（GMS）」を開校した。　　　（毎日新聞夕刊 1999.11.10）

## 7.7　現象の説明

このように、「代用」にはいくつかのタイプがある。ここで、これらを本章7.1〜7.3節と本章7.4〜7.6節（および主題化構文）の2タイプに分けて考える。

このうち、前者の派生には「削除」や「挿入」といった統語上の

222　Ⅳ　一般言語学との対話を目指して

操作は関係しない。

　まず、本章7.2節の名詞句の一部の代用の場合の先行詞は（非指示的な）N' レベルの要素である。(56) を見ていただきたい。

(56) a.　先日生協で<u>本</u>を買って読んだ。<u>それ</u>はなかなか面白かった。

　　 b.　漱石の<u>本</u>と鴎外の<u>それ</u>ではどちらが人気がありますか。

(56′) a, b の「それ」の先行詞は一見同じであるように見えるがそうではない。この点に関して次例を考えて頂きたい。

(56′) a.　先日生協で<u>本</u>を買って読んだ。<u>その本</u>はなかなか面白かった。

　　 b.　漱石の<u>本</u>と鴎外の<u>その本</u>ではどちらが人気がありますか。

　もし、(56a) の「それ」の先行詞と (56b) の「それ」の先行詞が同じなら、(56a) と (56b) の「それ」を置き換えた (56′a) と (56′b) も等価なはずだが、実際に等価なのは (56a) と (56′a) だけで、(56b) と (56′b) は等価ではない（(56′b) は「本」が先行文脈で既に言及されているか、現場指示でなければ非文法的である）。

　さらに、次例から分かるように、コ系統に置き換えられるのは (56a) であって (56′a) ではない。

(56″) a.　先日生協で<u>本</u>を買って読んだ。<u>これ</u>はなかなか面白かった。

　　 b.*　漱石の<u>本</u>と鴎外の<u>これ</u>ではどちらが人気がありますか。

　以上から分かるように、(56a) の「それ」の先行詞は表層の「本」ではなく「テキスト的意味」を付与された「「先日生協で買って読んだ」本」であり、その意味でこの場合の照応は「指示」的である*9。

　一方、(56b) の「それ」の先行詞はそうしたテキスト的意味の付与のない表層の「本」であり、その意味でこの場合の照応は「代用」的である。

　これに対し、本章7.1節の代行指示で照応が成り立つには、照応名詞（下線部の名詞）が1項名詞でなければならない。なお、こ

第14章　指示と代用　　223

のタイプの場合、次例からわかるように、「その」の有無で指示対象が変わる可能性がある。ただし、この場合の「その」の機能は「指示対象」の限定（曖昧さの解除）であり、「その」と「ゼロ」が「指し方」レベルで対立しているわけではない。

(57)a.　私は太郎が $\phi$ 弟を殴っているのを見て激怒した。

（弟＝私の弟／太郎の弟）

　　b.　私は太郎が<u>その</u>弟を殴っているのを見て激怒した。

（弟＝太郎の弟）

これに対し、本章7.3節の動詞句を先行詞とする場合は、照応文中で排除されていない最大のものを先行詞として取ることになる。したがって、(58) a, bの「そう」の指示対象は各々「読んでいる」「読まなかった」になり、(58c) の「そうし」の先行詞は（「た」が排除されるため）「花子を殴らな」となる。

(58)a.　太郎は田中の本を読んでいる。山田の本も<u>そう</u>だ。

（そう＝読んでいる）

　　b.　太郎は田中の本を読まなかった。山田の本も<u>そう</u>だ。

（そう＝読まなかった）

　　c.　太郎は花子を殴らなかった。次郎も<u>そうし</u>た。

（そうし＝花子を殴らな）

上の3タイプとは少し異なり、本章7.4〜7.6節（及び主題化構文）では、その派生に「削除」「挿入」といった統語的操作が関わっている。各々の構造は次のようになる。

まず、本章7.4節の先触れ語の場合を見る。

(59)a.　[s 刀で三島由紀夫が割腹した ]

　　b.　[NP[s 刀i で三島由紀夫が割腹した ] 刀i]

　　c1.　[NP[s それi で三島由紀夫が割腹した ] 刀i]

　　c2.　[NP[s $\phi_i$ （で）三島由紀夫が割腹した ] 刀i]

(59c2) は次のように派生する。まず、(59c1) は対応する文(59a) に由来し（cf. 柴谷1978）、それに同一名詞句削除（EQUI）がかかって (59c2) が派生する。

ここで、Keenan & Comrie（1979）の言う接近可能性の階層（accessibility hierarchy）上の低い位置の名詞句の場合は削除では

なく要素が挿入されることも可能だが、そうした要素は構造表示のために挿入されるものなので、代行指示の場合と同様の理由で連結詞であると考えられる。もしこれが正しいとすれば、上記のタイプと同様の理由でノ形及びコ系統との置き換えは困難であることが予測されるが＊10、実際、（60）b, cの許容度は（現場指示でない限り）（60a）に比べて低いと思われる。

(60) a.　それᵢで三島由紀夫が割腹した刀ᵢ

b. ?? その刀ᵢで三島由紀夫が割腹した刀ᵢ

c. ?? これᵢで三島由紀夫が割腹した刀ᵢ

次に、本章7.5節の強調表現の場合を考える。

(61) a.　[NP1 生活自体]

b.　[NP2 生活ᵢ [NP1 [ φᵢ ] 自体 ]]（「生活」が移動）

c.　[NP2 生活ᵢ [NP1 [ それᵢ ] 自体 ]]（連結詞「それ」の挿入）

d. ＊ [NP2 生活ᵢ [NP1 [ これᵢ ] 自体 ]]

この場合は、（61a）のNP1の内部要素の「生活」が移動しNP1に付加されたと考えた方がよいと思われるが、（61b）の分析と本質的な違いはない。この場合も構造表示のために挿入され得るのはソ系統だけなので、（61c）は文法的だが（61d）は非文法的になる。

ここまで見てきた「代用」では、コ系統は例外なく非文法的だったが、それに唯一例外がある。それは次のような主題化構文である（cf. 野田 1994, 1996）＊11。

(62) 前項の目的を達するため、陸海空軍その他の戦力は、<u>これ（／＊それ）</u>を保持しない。　（「日本国憲法」第9条第2項）

(63) <u>規制</u>は、政府や官僚が一方的に<u>これ（／?? それ）</u>を押しつけているわけではない。

（朝日新聞夕刊 1993.9.27、野田（1996）より）

主題化構文は次のような構造を持つ（cf. 野田 1994, 1996）。

(64) a.　[S1 政府や官僚が一方的に規制を押しつけているわけではない]

b.　[S2 規制ᵢは [S1 政府や官僚が一方的に規制ᵢを押しつけているわけではない ]]

c.　[S2 規制ᵢは [S1 政府や官僚が一方的に φᵢ（を）押しつけ

第14章　指示と代用　225

ているわけではない ]]

d.　[s2 規制 i は [s1 政府や官僚が一方的にこれ i を押しつけて
いるわけではない ]]

e. ＊規制 i は政府や官僚が一方的にこの規制 i を押しつけて
いるわけではない。

　すなわち、主題化構文（(64b)）は（64a）のような非主題化構
文の中の一部の要素をコピーして S1 に付加し（(64b)）、それに
EQUI をかけたものである。ただし、ヲ格名詞句の主題化の場合に
は構造表示のために連結詞「これ」が挿入される。この場合、「こ
れ」が連結詞であることは（64e）のようにレ形をノ形に置き換え
られないことからもわかる。

　なお、こうした主題化構文でも代行指示の場合にはコ系統は使い
にくい。

(65) 核兵器は、国際法で ｛その／?? この｝ 使用が禁じられてい
る。

　最後に、本章7.6節の真性モダリティを持たない文の場合は次の
ようになる。

(66) 国際障害者年の来年、アメリカを訪れ、各地の障害者の施
設で日本の折り紙を教えたい。そういう（／?? こういう／
# φ）全盲の人の小さな夢を主婦や学生が支援し、実らせよ
うとしている。　　　　　　　　　　　　　　　　（＝(53)）

　野田（2002）が指摘するように、（66）の破線部（野田（1989）
の「真性モダリティを持たない文」、野田（2002）の「子文」）は、
(66′) のように、1文にすることが可能である。

(66′) 国際障害者年の来年、アメリカを訪れ、各地の障害者の
施設で日本の折り紙を教えたいという（／?? こういう／#
φ）全盲の人の小さな夢を主婦や学生が支援し、実らせよ
うとしている。

　これを逆方向、すなわち、(66′) → (66) から見ると、もとも
と1つの長い連体修飾節を2つの部分に分けたと見ることもできる。
そして、分けられた部分は指示詞で受けるのが普通だが、この場合、
通常はソ系統が用いられる *12 。

なお、本章7.1〜7.5節とは異なり、この場合はコ系統が全く不可能なわけではない（ただし、実例ではソ系統が多数を占める）。

また、この場合は「子文」を受けることで「子文」を文の要素として取り出すことが目的なので、（指示詞を欠く）ゼロは使えない。これは、次のように「代用」でありながらゼロが使えない場合と並行的に考えられる。

(67) 男らしさ（マチスモ）を貴ぶ［キューバの］ラテンアメリカ気質の中で最後に残された差別とは、どうやらホモセクシュアルに対するそれ（／?? これ／* ∅）らしいのだ。

（『週刊朝日』1994.9.9）

本節では「代用」について論じた。ここで重要なのは代用ではコ系統が適格になる文脈はない、すなわち、コ系統は「統語的に」許容されない（つまり非文法的である）ということである。

以上から、「指示」と「代用」の相違点は次のようにまとめられる。

表3 指示と代用の対立パターン

|  | 対立のパターン | ノ形への置き換え | テキスト的意味の付与 |
|---|---|---|---|
| 指示 | 潜在的には3形式とも可能 | 可能 | あり＊13 |
| 代用 | コ系統は非文法的 | 不可能 | なし |

# 8.「指示」「代用」と接続詞

以上、「指示」と「代用」という2つの対立のパターンを区別することの必要性を論じてきたが、ここではこの区別を用いて接続詞についてもう少し考えてみたい。

まず、接続詞の定義を再掲する。

(68)（テキスト的機能）

 a. 複数の文が文連鎖間の連鎖的意味で結びついているとき、その関係を明示する。

 b. 通常文頭に位置し、それを含む文が先行文脈とどのよ

第14章 指示と代用 **227**

うな意味関係にあるかを先触れし、テキスト解読者の
テキスト解釈を容易にする。

（統語・意味的特徴）

c.　具体的な指示対象を持たない。

d.　その内部にソ系統の語を含み、かつ、それを省略した
　　形も a〜c の性質を持つならば、そのソ系統の語の有無
　　で意味は変わらない。

　ここまでは、これらの性質の内、主に b の性質について考察した。
以下では、c と d の性質を中心に考察していく。

　前述のように、c は接続詞を指標である指示詞と分ける決定的な
性質である。すなわち、指示詞は何らかの要素と同定されることを
必要とする言語表現なのに対し、接続詞はそのようなことを必要と
しないものである。

　上で見た「それが」「それを」には指示詞としての用法と接続詞
としての用法があった。その際、両者を区別するのは「それ」が指
示性（referentiality）を持つか否かであった。確認のために例を再
掲しておく。

(69) ブナは「森の母」であり、ブナの森は「命の森」である。
　　命の森は、1万年、いやそれ以上の昔から私たちの祖先の木
　　の文化をささえてきた。それがわずか数十年で急速に姿を
　　消している。　　　　　　　　　　　　　　　　　（＝(26)）

(70) 社会党の村山富市委員長は、「憲法擁護国民連合」（議長・
　　山口鶴男元同党書記長）が主催した集会で「羽田内閣は細
　　川内閣とは異質だ。外相、神田厚防衛庁長官が口にしてい
　　る『集団的自衛権』は自民党政権さえ憲法に反するとの見
　　解だった。それを羽田政権が見直そうということは憲法の
　　解釈を拡大して、さもなくば改正してでも、米国の軍事出
　　動に自衛隊も武器を持って参加する道を開こうとするもの
　　だ」と批判した。　　　　　　　　　　　　　　　（＝(36)）

(71) 太郎君の父長靖さんは16年前の冬、吹雪の尾瀬で凍死し
　　た。尾瀬自動車道の建設中止に力をそそいだ長靖さんは、
　　小屋を継ぐことを嫌い、悩み続けたことがある。それがい

つか、尾瀬にひきつけられていく。　　　　　　（＝（27））

(72) ［アコナイは］マラソン三回目で、すでに２勝。そのうち、２時間10分を二度破っている。本来は、ソウル五輪の一万㍍にも出場したトラックランナー。それを「マラソン向き」と転向させたのもイカンガーだ。　　　　　　（＝（37））

(69)（70）が「指示詞」としての、（71）（72）が「接続詞」としての用法である。両者の違いは破線部の名詞句を先行詞として指示できるか否かにある。

(71)（72）のような「それが」「それを」は接続詞であり、「それ」は非指示的（non-referential）だが、それと同時に「それ」の部分にはテキスト的意味の付与がある。この意味で、この２形式は「「指示」的接続詞（conjunctive of reference）」である。

一方、典型的な接続詞は「「指示」的」ではない。次にこのことについて考える。

接続詞の中には「それで、それなら、それから、それとも」のように「それ」を含むものが多くあるがその中には次のように「それ」が省略可能であるものがある＊14。

(73) 万延元年四月五日、彦根藩井伊家三十五万石は、後継者にそっくり家督相続された。藩主が生前跡目を決めずに死ねば、掟によりお家断絶、家臣は浪々の身となる。直弼は急に死ぬとは思ってないし、正室との間には子がなかった。それ（／φ）で、襲われて八日後、死んでいる直弼から幕府へ「痛所痛候に付（つき）登城致し難し」の届けが出され、さらに側室との子を世嗣としたい、自分は傷の治療のため彦根へ帰りたい旨が届けられた。（朝日新聞朝刊 1993.4.5）

(74)「なぜ、一般競争入札が駄目なのか」との質問に、建設省は、「（前略）工事中に倒産したり、途中で投げ出すケースを防ぐ必要もある。φ（／それ）で、信頼できる業者を選定したい。外国を見ても、何らかの事前審査制はある」と強調する。（『AERA』1993.5.25）

(75) 業界では「昭シェルには財務のプロが多く、金融取引がうまい」という定評があった。それ（／φ）なのに失敗した

第14章　指示と代用　229

のは、先物取引がいかにリスクが大きいものかを示してい
る。　　　　　　　　　　　　　　　　（朝日新聞朝刊 1993.2.24）

（73）〜（75）からわかるように、こうした接続詞では「それ」
の有無で意味は変わらない。

　この場合のソ系統とゼロの関係は、先に見た代用の場合の分布に
等しい（この場合、コ系統は一貫して非文法的である）。実際、こ
れらの形式の派生は代用の場合と平行的に分析できる。このことに
ついて見るためにまず林（1973=2013）の分析を見ることにする。

（76）a.　もうくろは、まだ小さくて、力がよわいから、畑のし
　　　　　ごとも車をひくこともできません。それで、お父さん
　　　　　が畑へ出かけるときには、もうくろは、母牛について
　　　　　行って、そばで草をたべながらあそんでいるのです。

　　　　　　　　　　　　　　　　　　　　　　（林 1973=2013）

　　　b.　[c [s もうくろは、まだ小さくて、力がよわいから、畑
　　　　　のしごとも 車をひくこともできない／ません ] ので、]
　　　　　お父さんが畑へ出かけるときには、もうくろは、母牛
　　　　　について行って、そばで草をたべながらあそんでいる
　　　　　のです。　　　　　　　　　　　（c は節の境界を表す）

　　　c.　[s もうくろは、まだ小さくて、力がよわいから、畑の
　　　　　しごとも車をひくこともできません。]i øi で、お父さ
　　　　　んが畑へ出かけるときには、もうくろは、母牛につい
　　　　　て行って、そばで草をたべながらあそんでいるのです。

　林（1973=2013）は（76a）を（76b）と対応させるような方法
で接続助詞と接続詞の関連性を捉えている。本書では基本的にこの
分析を正しいと認めた上で、次のような派生の経路を考える。

　まず、（76a）は（76b）に由来する。次に、（76b）のノデ節を
「真性モダリティを持たない文（S）」と「ので」に分ける（この際
「ので」を「で」に変える）。

　以上の操作は（76a）と（76c）の意味上の等価性を捉えている
ものと思われる。この分析が正しければ、「で」の前にはSの移動
によって生じた空白が存在する。ここに入り得るのは連結詞だけな
ので、ソ系統である「それ」を挿入すると（76a）が得られる。な

お、「で」はそれだけで独立できるので、「それ」が挿入されなければ（76c）が表層の形になる*15。ここで採った分析は上記の代用に関する分析（特に強調表現の場合）と平行的なので、これらの接続詞は「代用的接続詞（conjunctive of substitution）」であると言える*16。

さて、先に見た「それが」「それを」という「指示」的接続詞の場合は、「それ」の部分の指示性が指示詞と接続詞を分ける弁別素性（distinctive feature）であった。ここでは、同様の議論が「それで」などの代用的接続詞の場合にも成り立つことを見る。

ここでは、議論を単純にするために「それで」という語列に絞って論じる。まず、「それで」という語列は次のような環境に生じる。

(77) 昨日新しい包丁を買った。(a) それで／(b) その包丁で野菜を刻もうとしたら、切れすぎて指を切ってしまった。

(78)(a) それで／(b) ??その刀で三島由紀夫が割腹した刀

(＝ (59))

(79) A： 山田が社長の娘と結婚するっていう話知ってるか？

B： ああ。(a) #それで／(b) その件で、後で話がある。

(80) 昨日は頭が痛かった。(a) それで／(b) ??そのことで学校を休んだ。

(77) 〜 (80) は「それで」と「そのNPで」の関係を見たものである。まず、(77) は最も典型的な指示の例であり、この場合にはノ形とレ形は交換可能である。次の (78) は代用の例で、この場合はレ形は適格だがノ形は使いにくい。これは先行詞（この場合はレ形より後に現れているが）が完全名詞句ではないためである。続く (79) は「それで」（の中の「それ」）の非指示性（non-referentiality）を示している。つまり、この場合「それで」は破線部を指し得ない（(79) からわかるように、この環境でもノ形は破線部を指し得る）。(80) は「それで」の非指示性をより典型的に表している。すなわち、この環境では（ノ形が使えないことからわかるように）破線部はコトとして名詞化されたものとして認識することが難しい。

以上のことから、接続詞の場合は「それで」の中の「それ」は非

第14章　指示と代用　231

表4　指示、代用と接続詞の関係（1）

| | 「それ」にテキスト的意味の付与あり | 「それ」にテキスト的意味の付与なし |
|---|---|---|
| 「それ」が省略不可能 | それが、それを | それから、それに etc. |
| 「それ」が省略可能 | 該当形式なし | それでは、それなのに etc. |

指示的であることがわかる。ここでは「それで」という語列についてのみ考察したが、ここでの議論はその他の代用的接続詞にも当てはまる。したがって、代用的接続詞の場合にも「それ」（およびそれに相当する要素）は非指示的であり、指示詞と区別される。

　以上の議論から接続詞は次のように分類される。

　表4は「それ」の部分の機能の違いによる分類だが、この他に、「それX」全体が表す意味機能（「予測裏切り性」の有無）に基づく分類も可能である。両分類は基本的には一致するが、「それなのに、それにもかかわらず」に関する部分で異なる。

　「（それ）なのに」「（それ）にもかかわらず」は（81）や（82）から分かるように、意味的には「それが」や「それを」と同様の予測裏切り性を持つ。例えば、（82）では、「あの辺は中曾根や福田赳夫の地盤である」という記述から、（有力な政治家の地元には新幹線が止められることが多いといった百科辞典的知識に基づいて）「高崎には（いつも）新幹線が止まるはずだ」といった予測が生まれるが、（82）の内容はその予測を裏切っている。

　　（81）狭軌の鉄道の速度は、軌道の規格や状態にもよるが、時速60キロないし100キロぐらいが適当なように私には思われる。それ以上になるとスリルを感じ、以下になるとまだるっこしくなる。30キロ以下ではいらいらしてしまう。
　　　　　それ（／φ）なのに、宮原線の運転士はハンドルを左手で軽く握ったままの姿勢で前方を見つめ、たまに右手で鼻の先を掻く程度で、じいっと20分を過すのである。

　　　　　　　　　　　　　　　　　　　　　　（宮脇俊三『終着駅は始発』）

　　（82）「高崎に停車しないなんてすごいでしょう」
　　　　　「有力な政治家がいないからですか」

「いや、むしろ逆で、あの辺は中曾根や福田赳夫の地盤です。(a) $\emptyset$ （／それ）にもかかわらず、高崎に停まらない勇ましいのが1日2往復だけあります。これが、その1本。(後略)」

（宮脇俊三『途中下車の味』）

このように、「（それ）なのに」「（それ）にもかかわらず」は意味的には「指示」的な性質を持つ一方、統語的には「それ」の有無で意味が異ならないという代用的な性質を持っている。これは、この場合の予測裏切り性が「なのに」（の中の「のに」）「にもかかわらず」という語の意味に由来しているためである。この点でこれらは「それX」全体で予測裏切り性を表す「それが」や「それを」とは異なる。以上を図示すると次のようになる。

表5 指示、代用と接続詞の関係（2）

| | 予測裏切り性を持つ | 予測裏切り性を持たない |
|---|---|---|
| 「それ」が省略不可能 | それが、それを（「指示」的＊17） | それから、それに…（代用的） |
| 「それ」が省略可能 | それなのに、それにもかかわらず（「指示」・代用的） | それで（は）、それなら（ば）…（代用的） |

## 9. 本章のまとめ

本章では、これまで見てきた指定指示、代行指示を中心に、それらをHalliday & Hasan（1976）の「指示」と「代用」という違いから捉える分析を提示した。

その結果、「指示」はテキストレベルの問題で意味が関わるのに対し、「代用」は統語的な問題であり、意味が関わる度合いは小さいことを示した。

---

＊1 指示と代用との区別の意義については安井・中村（1984）も参照されたい。なお"substitution"の訳語として安井・中村（1984）は「代示」を用いて

いるが、彼らも、これは次善の訳であり「代用」を用いる方がよいと述べている（p.26）。

**＊2** H&Hが「指示」に含めるのは、指示詞、定冠詞、人称代名詞などであり、「代用」に含めるのは、名詞を代用するone、動詞句を代用するdo (so)、節を代用するso等である。なお、(5)のように規定したとき、「指定指示」は「指示」に、(単一文中の)「代行指示」は「代用」に属する。

**＊3** 「私」が持つ「話し手が自らのことを言及するときに使う」とか、ア系統が持つ「話し手の遠方にある要素又は話し手の観念の中の要素を指す」といった「意味」は指示対象を同定するために利用されるものにすぎず、「犬」が持つ「防犯、家畜番、愛玩などの目的のために最も古くから飼育されている四本足の哺乳類」といった「意味」とは質が異なる（後者の場合、「意味」がわかっていれば指示対象が同定できるが、前者の「意味」がわかっても文脈がなければ指示対象は同定できない）。

**＊4** 「逸脱的「それが」」は本章で扱っている「それが」に当たる。

**＊5** 二重判断、単一判断はそれぞれ、Kuroda (1972)の"categorical judgement"、"thetic judgement"に相当する。これらの概念について詳しくはKuroda (1972)、井川 (2012)、Iori (2017)など参照。

**＊6** このタイプの「それを」が接続詞であるか否かは次のような、二重ヲ格制約（double-o constraint）(cf. Harada 1973)に基づくテストで確かめられる。なぜなら、もし (a) の「それを」が指示詞ならば、(b)「こうした行為を」の存在のために二重ヲ格制約によって排除されるはずだからである。

> （ア） 「末端の信者が驚いて声が出なかったのならともかく、教祖夫人の松本代行は<u>こうした行為を</u>止められる立場にあるはず。(a) <u>それを</u>何もせずに (b) <u>こうした行為を</u>見逃したのなら、黙示の現場共謀として殺人の共犯に問われる可能性もあります。」(cf. (34))

**＊7** 次のような例は、「それ」が、「ケーキ」と照応する指示詞とも、照応しない接続詞とも解釈できるが、「それを」にプロミネンスを置くと接続詞の解釈が極めて強くなる。

> （イ） 太郎は花子のために暑い中並んでケーキを買ってきた。<u>それを</u>花子は開けて見もせずにゴミ箱に捨てた。

**＊8** この例ではゼロが若干使いにくく感じられるが、それは「の」が話しことばで使われやすいことに由来する文体的な問題である。

**＊9** 本書では「指示的」という語を2つの用法において用いる。1つは、具体的な指示対象を持つ（"referential"）という意味であり、もう1つは、「指示」の形容詞形としての"of reference"という意味である。後者の場合は「「指示」的」のように「指示」の部分を「」で囲んで示すことにする。

**＊10** 代用である (51)で「その人」が使えるのは、人の場合は適当な代用形がないためであろう。例えば、（ウ）aに比べ、（ウ）bは不自然だが、これは「彼」が固有名詞に近い高い指示性を持っており、英語のheのように純粋の照応詞として使いにくいことによると思われる（cf. 田窪・木村1992）。そして、その穴を埋めるために「その人」が使われているのであろう。この場合の「人」はタクソノミー上最も高い位置にある「一般名詞（H&H）」であり、指示性が最も低いためこの機能を担い得る。実際、（エ）からわかるように、

「人」より指示性が高い名詞は使いにくい。

 （ウ）　a.　敗因の一つは、鈴木監督<sub>i</sub>その人<sub>i</sub>自身にもあった。
 　　　　b.?　敗因の一つは、鈴木監督<sub>i</sub>彼<sub>i</sub>自身にもあった。
 （エ）　??　敗因の一つは、鈴木監督<sub>i</sub>その男<sub>i</sub>自身にもあった。

**\*11**　こうした連結詞のコ系統について三上（1955:185）に次のような記述がある。

 （オ）　承前中称の「之」を指示近称の「コレ」で訓読したのは先人の過失であった。

　　　子曰、聖人吾不得而見<u>之</u>矣　　　　　　　　　（「述而篇」）
　　　学而時習<u>之</u>　　　　　　　　　　　　　　（「学而篇」）

　　　　初の「之」は読んではいけないのであり、後の「之」は読むに及ばないものである。…日本語の語法に逆って読むのに、なまじ順当な中称の「ソレ」を使うと、かえってマサツがひどくなる。逆う以上は、ついでに無理な近称「コレ」を当てた方が、二重の不自然さがいわば相殺されて通用しやすくなる。

　連結詞のコ系統についてはこの説明が的を射ていると思われる。

**\*12**　この派生は「ので」節などに関する後述の林（1973=2013）の分析と並行的に考えることができる。

**\*13**　第10章で見た、言い換えがある場合とラベル貼り用法にはテキスト的意味の付与はないが、先行詞に至るためには解釈が必要なので「指示」に含める。

**\*14**　これに関して三上（1955:183）に次のような記述がある。

 （カ）　「デハ」や「ナラ」は「ソレデハ」「ソンナラ」から出てきたように思われる。「ソレ」が残っていても消えていても意味がほとんど違わないところを見ても、それが代名詞離れしていることがわかる。

**\*15**　「それから」のように「それ」を除いた部分が接続詞として使えないものも同様に分析できる。

 （キ）　a.　さんちゃんは、おので木をきりました。<u>それから</u>、のこぎりでひきました。　　　　　　　　　　　　　　（林1973=2013）
 　　　　b.　さんちゃんは、おので木をきっ<u>てから</u>、のこぎりでひきました。
 　　　　c.　[s さんちゃんは、おので木をきりました。]<sub>i</sub> $\phi$<sub>i</sub><u>から</u>、のこぎりでひきました。

　「それで」の場合との違いは、「から」は接続詞としては使えないので、「それ」の挿入が義務的であるということである。

**\*16**　ここでは「それ」を含む接続詞のみを考察対象としたが、（76）のような分析は「そして」「そこで」などその他のソ系統を含む接続詞についても有効である。なお、「それ」以外のソ系統を含む接続詞は全て「代用的」である。

**\*17**　竹沢（2016:347）は、接続詞と指示詞を「指示性」の違いで捉えようとする本章の考え方を批判し、次のように述べている。

 （ク）　また、彼［庵］は代名詞的「それが」と接続詞的「それが」を指示性のあるなしの違いとして捉えようとしているが、指示性をもたないにもかかわらず先行文脈からのテキスト的意味の付与に関わるというのはかなり無理のある説明であろう。むしろ、代名詞的「それ

第14章　指示と代用　235

が」は先行文脈で提示された個体（entity）を指示するのに対し、接続詞的「それが」は先行文脈の状況（situation）あるいはイベント（event）を指示するとする方が妥当であると思われる。

（竹沢 2016: 347）

筆者にも（ク）の見方が基本的に正しいと思われるが、それを踏まえた上でどのように枠組みを再編成するかについては今後の課題としたい。

第15章
# Halliday の機能主義と文脈指示

第2章で、本書の理論的枠組みとして Halliday の機能主義を採用するということを述べた。本章では、これまで見てきた内容がハリデーの枠組みとどのように関係するかについて述べる。

## 1. ハリデーの機能主義と日本語への適用

最初に、第2章で引用した機能主義に関するハリデーの主張を再掲する。

(1) 形式主義的文法研究では「これらの形式はどのような意味を表すか」が問題になるのに対し、機能主義的文法研究では「これらの意味はどのように表現されるか」が問題となる。
(Halliday 1994: xiv)

第2章でも述べたように、こうした見方は対照研究にとって重要である。ただし、そこでは次の点に留意する必要がある。

(2) ハリデーの機能主義を英語以外の言語に適用する際にはその言語の構造との対応関係をアプリオリに前提としてはならない。

これは、(1) から自動的に出てくるものである。つまり、この枠組みにおいては、「意味の共通性」を前提に言語間の比較を行うわけであるから、「これらの意味がどのように表現されるか」、すなわち、具体的な構造の共通性は前提とすることはできない。なぜなら、もし意味の共通性に加えて、構造の共通性までも前提とするとすれば、言語間の差異が存在しなくなってしまうからである。

そうだとすれば、意味的に共通する場（意味フィールド）を設けた上で、当該言語（本書の場合では日本語）に関して、その意味がどのように現れるかは、日本語の言語事実にそくして、研究者が自

237

らの手で考える必要がある*1。この点が、対照研究におけるチョムスキー的な手法との根本的な違いである。

　以上の問題意識のもと、本書では、日本語の指示表現の分析を行ってきた。その記述的な成果は第3部の第10章と第11章にある。

　一方、ハリデーの機能主義の日本語への適用可能性という点からの本書の成果は前章にある。

## 2. 「指示」「代用」と日本語指示表現の文脈指示用法

　前章では、Halliday & Hasan（1976）の「指示（reference）」と「代用（substitution）」という観点から、日本語指示表現の文脈指示用法の分析結果を説明した。すなわち、次の通りである。

（3）a.　指示に属する現象：指定指示

　　　b.　代用に属する現象：代行指示、先触れ語など

このように「指示」と「代用」を解釈することにより、（4）に掲げた日本語指示表現の文脈指示用法に見られる2つのタイプの分布をきれいに説明することができる。

（4）a.　コ系統、ソ系統、ゼロが潜在的には交換可能（指定指示）

　　　b.　ソ系統とゼロは交換可能だが、コ系統は使えない（代行指示など）

（4a）について言えば、第10章で見たように、コ系統、ソ系統、ゼロが（潜在的に）交換可能であるというのは、それが文脈の影響を受けているためである。この場合の「文脈」は第5章で定義した「閉文脈」である*2。例えば、（5）～（7）における3系統の分布は次の通りである。

（5）　来年四月一日に合併する住友工業系の鉄鋼商社、住金物産（本社・大阪市）とイトマン（同）は二日、大阪中央区の住友金属本社で合併準備委員会の初会合を開いた。φ（／この／その）会合では、イトマン社員の動揺を防ぐため、合併後も当面はそれぞれの組織や給与水準を尊重し、性急な一本化はしないことで合意した。（第10章（64））

238　Ⅳ　一般言語学との対話を目指して

(6) エリザベス・テーラーがまた結婚した。{この／#その／??φ} 女優が結婚するのはこれで7回目だそうだ。

(第10章 (61))

(7) A君は泳ぎが得意で国体にも出たことがあるんです。{その／#この／#φ} A君が溺れ死ぬなんて信じられません。

(第10章 (60))

　一方、(4b)でソ系統とゼロが交換可能であるというのは、ソ系統の要素の存在が意味の違いに関わらないということである。例えば、(8)(9)の通りである＊3。

(8) 先日学会の会場で林先生が {その／φ／* この} 著書に目を通されていた。　　　　　　　(第11章 (4)(10))

(9) 郷田が長考派なのは局面を楽観的に見られないからだろう。(中略) 本局も、中原の残り時間2時間12分に対して、郷田のそれ (／φ／* これ) は11分だった。　(第14章 (43))

　また、(8)(9)ではコ系統が使えないが、この場合の作りの悪さは「閉文脈」レベルのものではなく、「無文脈」レベルのものである。

　以上のことから、(4)はテキストレベルの現象であるのに対し、(4)は語彙・統語レベルの現象であると考えられるが、これは、Halliday & Hasan (1976) の「指示」と「代用」という分析上の概念が日本語の指示表現の記述に有効であることを示している。ここにハリデーの機能主義の日本語への適用可能性が実証されたと言える。

　これは、これまでハリデー理論を用いてなされてきた日本語に関する記述には見られない、理論的にも記述的にも重要な成果である。


## 3. 本章のまとめ

　本章では、ハリデーの機能主義理論を日本語にどのように適応するかという課題に関する本書の考察の結果を述べた。

　本書では、文脈指示用法におけるコ系統、ソ系統、ゼロの分布について考えたが、前章で見たように、その分布を適切に扱うには

Halliday & Hasan（1976）の「指示」と「代用」の区別が援用できる。このことは、ハリデー理論の他言語への応用可能性を実証的に示したものとして、理論的にも記述的にも重要な成果であると言える。

---

**＊1** 第17章でも述べるが、意味に基づく対照研究は日本語教育の観点からも重要である。それは、第二言語（L2）話者が第二言語を用いて行おうとすることのかなりの部分が「母語（L1）でなら表せることをL2で表そうとする」ことであるからである。

庵（2017b）ではこうした観点から「母語の知識を活かした日本語教育」の重要性を提唱している。また、庵（2019予定）、Iori（2018）では、そうした教育の前提として、意味フィールドを設けて、日本語のテンス・アスペクト体系を記述し、それを英語と比較するという試みを行っている。これは、本書において指示表現の文脈指示用法について用いた方法論を他の分野に適用したものである。

**＊2** 第10章で詳しく見たように、「潜在的に交換可能」というのは、常に交換可能であるということではなく、文脈的条件が整わなければ、コ系統、ソ系統、ゼロの1つ以上が使えないこともあり得る。

**＊3** (8)(9)におけるソ系統とゼロの違いこそが、Halliday & Hasan（1976）の言う"substitution"と"ellipsis"の違いである。したがって、彼らの言う"ellipsis"と日本語のいわゆる「省略」とは全く異質のものである（第9章4節参照）。

# V

本研究の貢献と今後の課題

第16章
# 文脈指示研究に対する本研究の貢献


　前章までで、本章の記述的、理論的考察は終わったが、第5部では一般言語学に対する本書の貢献について論じることにする。


## 1. 研究の枠組み

まず、研究の枠組みについてである。

　本書では、研究の枠組みとして、基本的にはハリデーの機能主義に依拠しつつも、部分的には統語論的な議論を行った。

　それは、本書で扱った現象のうち、指定指示に関するものはHalliday & Hasan（1976）の「指示」に当たるものである一方、代行指示などに関するものは同書の「代用」に当たるものであり、前章で見たように、前者はテキストレベルの、後者は語彙・統語レベルの現象であるからである。

　また、他言語との比較を可能にするために、分析のレベルとして文脈のタイプ（無文脈、閉文脈、開文脈）を設定した。さらに、指示表現の解釈がどのように行われるかということを考えるために、テキストタイプ（自己完結型テキスト、非自己完結型テキスト）の違いを設定した。

　以上を踏まえ、閉文脈に対応する結束性は「語用論」ではなく「文法」として考察できることを示した。


## 2. 言語事実の掘り起こし

　本書では一般言語学との対話を目指し、他言語との比較、言い換えれば、他言語の研究者にも開かれた記述の枠組みを提供することを心がけたが、それと同時に、日本語の言語事実の掘り起こしにも

心を砕いた。

## 3. 結束装置とテキストの構造化に関わる装置

ここからは、記述の枠組みに関する本書の貢献について述べる。最初は、結束装置に関するものである。

本書では、庵（2007）と同じく、結束性を作り出す装置である結束装置としては、指示表現と磁場表現のみを認める立場を採った。庵（2007）との違いは、結束装置と異なる形で結束性に貢献するものとしてテキストの構造化に関わる装置の存在を認めたことである。

タクシスを作り出すテンス・アスペクト、「のだ」、認識的モダリティ形式をテキストの構造化に関わる装置と見なしたわけだが、これらは、テキストの図示（configuration）に関わり、テキストの主筋と副筋を表し分ける働きをしている。これらは、自らテキストの結束性を作り出すものではないので「結束装置」とは言えないが、テキストの構造化を可能にするものとして、テキスト研究において重要な位置を占めるものであると言える。

## 4. 名詞の構造とテキスト的機能

次に、名詞についてである。

本書では、名詞についても深く考察を行った。そして、0項名詞と1項名詞という区別の重要性を指摘した。

本文中でも指摘したように、1項名詞に相当する概念（の多く）は「意味的には」どのような言語にも存在する普遍的なものであると考えられる。しかし、それが統語現象にも反映するかについては、言語間で差異がある。例えば、英語にはこの区別が反映すると考えられる言語現象は多くない（ただし、Barker（1995）を参照）。

その一方、日本語では1項名詞が様々な統語現象に反映している。そして、それが、結束性をはじめとする日本語の文法現象をより深く理解するために、非常に重要なのである。

## 5.「省略」をめぐって

次は、「省略」に関するものである。

本書では「省略」という語を排し、「項の非出現」という表現を用いた。これは、日本語の言語事実にそくしたものであるが、一般言語学的に見ても、「最も継続性／予測可能性が高い要素はゼロ形式を取る」という Givón（1985: 196）の指摘に適ったものであると言える。

## 6.「文法」のレベル

最後は、「文法」のレベルについてである。

第6章で詳論したように、本書で考察した「結束性」は、Leech（1983）の言う「文法」に属するレベルである。このことは、テキスト言語学の理論的枠組みという観点からも重要な意味を持つ。

テキスト言語学の重要な課題の1つは、母語話者が線条性の制約の中で言語を理解する過程（「実時間内処理可能性（online processability）」）を明らかにすることである。

実時間内処理可能性の実態を明らかにすることは、人間の言語処理のプロセスを具体的に明らかにすることであり、言語学の「本丸」とも言える研究課題である。

このことは単に言語学、脳科学、認知心理学などにおいて重要であるだけでなく、「予測」の実態の解明という点を通して、言語教育（日本語教育）においても重要である。

日本語学／日本語教育における予測の研究は寺村（1987）の先駆的な指摘をほとんど活かせずに今日まで来ている*1。しかし、「理解のための文法」を真に開発するためには、この点に関する研究を進めていくことが不可欠である*2。

このように、テキスト言語学は重要な研究分野である。しかし、上記のような課題を一度に行うことは極めて難しい（現実にも、具体的な成果はほとんど挙がっていない）。その意味でも、その目的に至る上で、「文法」として考えられる問題と、「語用論」として考

えるべき問題を切り分けることが必要である。そのことを通して、テキスト分析に関するより深い分析が可能になると考えられる。

## 7. 本章のまとめ

本章では、文脈指示用法に関する本書の貢献について述べた。

本書では、他言語の研究者にも開かれた装置を用いた記述を心がける一方、日本語の言語事実の掘り起こしにも努めた。

また、結束装置、名詞、「省略」などについても、重要な指摘を行った。さらに、テキスト言語学を具体的に構築することを念頭に、本書の研究対象を「文法」として研究可能な「結束性」に限定したことについても述べた。

─────────────

*1 この点における重要な例外に石黒（2008）がある。また、石黒（2017）が指摘するように、予測研究において、林（1973=2013）も重要な示唆を与えてくれる。

*2 庵（2017b, 2018）など筆者の日本語教育文法に関する研究では「産出のための文法」の重要性を強調しているが、それは、「理解のための文法」が不要であるとするものではない。事実はむしろ逆で、上記のように、「理解のための文法」を記述するための基礎的研究が全くと言っていいほど欠けている現状では、理解のための文法は実現不可能なので、実現可能性が相対的に高い産出のための文法から着手すべきであるということなのである。

第17章
# 対照研究に対する本研究の貢献

　前章では、文脈指示研究における本研究の貢献について述べたが、本章では、対照研究における本研究の貢献について述べる。

## 1. 言語教育と対照研究

　第2章でも述べたように、対照研究は言語教育においても重要な意味を持つ*1。さらに、そうした場合の対照研究は意味を基準としたものである必要がある。この意味で、筆者は研究手法として、宮島（1983, 1985）や井上（2013, 2015）に親近感を持つものである（第2章および庵（2019予定）、Iori（2018）参照）。

　以上を踏まえた上で、以下では対照研究における本書の貢献について述べることにする。

## 2. 概念規定の明確化

　まず、挙げられるのは、概念規定の明確化である。

　前章でも見たように、本書では、これまで厳密に議論されることがほとんどなかった、「文脈」や「テキストタイプ」といった問題について、明確に定義を行い、本書の考察対象を明示的に位置づけた。

　これは、まさに対照研究を念頭に置いたものであり、異なる類型的特徴を持つ言語間で、名詞の限定表現という共通の意味フィールドにある要素を比較するという研究は、ハリデー理論の日本語への適用可能性という観点と合わせて、今後、対照研究の1つの理論的にモデルになり得るものであると考えている。

247

## 3. 分析上の新しい視点

第二に、分析上の新しい視点が挙げられる。具体的には、「定情報」「項の非出現」「名詞の項」といったものである。

まず、「定情報」である。これまで、英語やフランス語など欧米の言語を対象に、「定性（definiteness）」について論じた研究は数多くあるが、「定性」をどのようにマークするかは「定冠詞」の有無によって大きく異なり、それ自体は対照研究の対象となりにくい。

これに対し、「定情報」は定冠詞の有無とは独立に論じられるものであり、名詞限定表現を研究対象とした場合、真に対象可能なのは、定情報であると言える。

次に、「項の非出現」である。これまでの文献では、表層に必須項が現れない現象を「省略」と考えるのが一般的である。しかし、実際には、通言語的に見ても、文脈からの回復可能性（retrievability）が極大であるものはゼロ形式を取るという傾向性がある（Givón 1985）。こうしたことから、日本語では、「ゼロ代名詞」をデフォルトの代名詞形と見なすべきだと考えられる（Kuroda 1965）。

このように捉え直すことにより、三上が「ピリオド越え」と見ていた現象（三上 1960）などについてもより自然な解釈が与えられるようになることが期待される。

最後に挙げた「名詞の項」については、前章で取り上げたので、ここでの議論は省く。


## 4. 限定詞と定冠詞

次に取り上げるのは、定冠詞についてである。

本書では、日本語指示表現の文脈指示用法を記述的に研究し、限定詞「この」と「その」の分析において一定の成果を挙げたと考えるが、指定指示に関する部分を挙げると次のようになる。

(1) a. 「この」は外延的限定詞である。

b. 「その」は内包的限定詞である。

また、LDD（論理的デフォルト的定）の環境を考察することを通して、次の結論を得た。

(2) 日本語には、LDDの環境で使える統語的定冠詞（S－定冠詞）は存在しない。

さらに、小田（2012）に基づき「定冠詞」の機能として「唯一性条件」を立て、それを満たすか否かという観点から次の結論を得た。

(3) 日本語には、定情報をマークする際に「唯一性条件」を満たす限定詞が存在する。その意味で、「この」は機能的定冠詞（F－定冠詞）である。

以上が定冠詞研究に対する本書の記述的、理論的貢献である。

これまで、日本語では名詞（句）に関する研究は必ずしも活発に行われてきていないが、このように概念規定を行うことによって、「冠詞」を持つ言語との比較が可能になると思われる。さらに、本書で用いた記述のための様々な装置を援用することによって、日本語と同様に「冠詞」を持たないとされている言語についても、新たな観点からの研究が可能になることが期待できる。


## 5.　本章のまとめ

本章では、対照研究に関する本書の貢献について論じた。

本書は言語教育のための対照研究を念頭に、他言語との比較可能な記述装置を設けて議論を行ってきた。

例えば、「定」（だけ）ではなく「定情報」を考察対象とすることで、テキスト内にいったん導入された情報がどのように扱われるか、という観点からの比較が可能になる。

対象をこのように限定することによって、「（定）冠詞」を持つ言語と持たない言語の差が相対化され、共通の意味フィールドのもとに比較を行うことが可能となると考えられる。

*1 この点について、筆者は張（2011）の主張する「三位一体の習得研究」の枠組みに基本的に賛同する。

第18章
# 日本語教育に対する貢献


本章では、日本語教育に対する本書の貢献について述べる。


## 1. 「言い換え」と日本語教育

第一は、「言い換え」についてである。

日本語のテキスト（特に、論説文などのアカデミックな文章）では、かなり頻繁に言い換えが行われる。また、言い換えは、概念の定義などで用いられることも多く、大学などのアカデミックな日本語教育においては、理解（読む、聞く）だけでなく、産出（書く、話す）においても重要な役割を演じている。

### 1.1　名詞句による言い換えと文による言い換え

言い換えには、名詞句による言い換えと文による言い換えがある。

### 1.2　言い換えとラベル貼り

名詞句による言い換えには、本書で扱った言い換えとラベル貼りがある。それぞれの例を再掲してみよう。

(1)　私は<u>クリスマス</u>にキリスト教の洗礼を受けたので、<u>この（／#その／#ゼロ）祝日</u>には特別の思いがある。

（第10章 (11)）

(2)　自分が苦しい時は相手も苦しいものだ。この辺からプロでも二転三転することはよくある。が、<u>羽生</u>が勝つとだれもが思っていた。時代が、<u>この（／#その／φ）21歳の天才</u>を呼んでいるようにも映った。

（第10章 (12)）

(3)　「<u>ネプ　アエルスイカ　ネプ　アコルスイカ　ソモキ</u>」（何を食べたいとも何を欲しいとも思わない）ウエペケレ（昔

話）を読んでいると、しばしばこの（＃その）表現に出会う。

（第10章（16））

　（1）（2）は「言い換え」の、（3）は「ラベル貼り」の例である。より厳密には、（1）は「上位型の言い換え」、（2）は「内包型の言い換え」である。

（4）　今日の政治で重要な対立軸は、伝統的な右派対左派ではない。現代が抱える課題に対処するには、考えを同じくする国々が協調して努力するのが最善だと理解している者たちと、国境に壁を築きたがる者たちとの対立である。前者の声は、手にしていたものを奪われた人々の怒りの声にかき消されてきた。ポピュリストたちの主張がたわ言であることは、これには関係がない。

　　　ドイツは一つのテストケースだ。かつてナショナリズムによって滅ぼされたこの（／＃その／？φ）国は、欧州主義を足がかりに安全保障と繁栄を手に入れた。豊かな民主国家の中でドイツほど、ルールに基づく開かれた国際体制に依存している国はほかにない。

（「選挙後の懸念は極右よりメルケル氏」日経ビジネスオンライン　2017.10.9、
https://business.nikkeibp.co.jp/atcl/NBD/15/world/100400443/?ST=pc）

（5）　需要が供給を上まわればモノ不足なので価格が上昇し、逆に、供給が需要を上まわればモノが売れ残るので価格が低下する。この（／＃その／＃φ）単純な原理にしたがって、「何が」「どれだけ」「いつ」「どれだけの波」が「誰によって」作られるべきかが決まるというわけです。

（中谷巌『入門マクロ経済学（第4版）』）

（6）　国民所得統計においては、国内総生産を生産面からみようと、分配面（所得面）からみようと、または支出面からみようと、すべて等しい、つまり等価である、と定義されています。この（／＃その／＃φ）原則を「三面等価の原則」といいます。　　　　（中谷巌『入門マクロ経済学（第4版）』）

　（4）は言い換え（内包型の言い換え）の例で、（5）（6）は同じマクロ経済学の教科書から例であるが、（5）（6）の下線部はラベ

252　Ⅴ　本研究の貢献と今後の課題

ル貼りであり、破線部の内容に「単純な原理」「原則」というラベルをつけてテキスト内に取り込む働きをしている。

英語などと異なり、日本語では（4）のようなタイプの言い換えはそれほど頻用されない*1。その一方、（5）（6）のようなラベル貼りはかなりしばしば用いられるものであり、少なくとも、この用法の存在を知っておくことは、読解面で重要である。

## 1.3 「のだ」と「わけだ」

論説文など、アカデミックリーディングで必要とされるテキストで頻用される言い換えは「のだ」（「わけだ」）を用いたものである。

（7）　ところで、現実の経済においては、民間部門で売れ残ったものを政府部門や海外部門がかならず買ってくれる保証もありません。したがって、<u>どこかで売れ残りや品不足が発生しているのが現実の姿であり、国民経済計算で示されるような三面等価、すなわち、生産されたものが過不足なく需要されていると考えることは非現実的です。</u>国民所得統計における総供給と総需要は「約束事」によって常に等しくしただけであり、統計上の総供給と総需要が一致しているからといって、現実の経済が「均衡状態」すなわち生産された商品、がすべて計画どおりに売れる状態にあるわけではない<u>のです。</u>

（a）<u>この点</u>はマクロ経済学を学ぶうえで非常に重要な点であり、十分な理解に到達することが必要です。（b）<u>このパズル</u>を解く重要な鍵は、国民経済計算においては、消費財と投資財の区別があくまで便宜的になされたものであり、消費財でも売れ残って追加的な在庫品になると、たちまち投資財として扱われるようになるということを理解することにあります。　　　　　（中谷巌『入門マクロ経済学（第4版）』）

論説文などの書きことば（厳密には、非自己完結型テキスト）における「のだ」はほとんどの場合「言い換え」として用いられる（庵2013b）。例えば、（7）では「のだ」に前接する□で囲んだ部分が破線部の言い換えになっている。このことを理解することは

読解にとっても重要であり、さらに、「のだ」の適切な産出において
も重要である（庵2013b, 2018）。ちなみに、（7）では（a）（b）
において、ラベル貼りも併用されている。

「わけだ」も「のだ」と同様にアカデミックな場面で問題とな
るジャンルでは言い換えとして用いられることが多い（庵・三枝
2013）。

## 2. 指示詞の機能の違いと外国にルーツを持つ子どもに
## 対する日本語教育

本書の内容の日本語教育への応用という点で最後に取り上げる
のは、外国にルーツを持つ子どもに対する日本語教育との関連で
ある。こうした子どもに対する外国語教育において問題となる概
念に BICS（Basic Interpersonal Communication Skills）と CALP
（Cognitive Academic Language Proficiency）の区別である（cf. バ
トラー 2011）。

この区別をどう捉えるかに関しては、指示詞の解釈が役に立つよ
うに思われる（庵2016a）。

（8）私は先週、<u>その本</u>を読んだ。（現場指示）

（9）先日面白そうな<u>本</u>を手に入れた。私は先週<u>その</u>本を読んだ。
　　（文脈指示）

第8章で見たように、（8）と（9）の違いは、（9）では発話の現
場の情報を共有していなくても、先行文が理解できれば、「その本」
が何を指すかがわかるのに対し、（8）では発話の現場の情報を持
っていないと、「その本」が何を指すかがわからないという点にあ
る。

これは言い換えると、指示対象の同定に「その」という（言語）
記号が一義的な役割を担っているのは文脈指示であり、現場指示で
は指示対象の同定は「指さし」や「視線」などの非言語的要素によ
って担われているということである＊2。一方、文脈指示において
は、指示詞の解釈にとって文脈が重要な意味を持っている。

BICS と CALP の違いは、（8）と（9）の違いになぞらえて考え

254　　Ⅴ　本研究の貢献と今後の課題

ることができる。つまり、(8) のように、発話の現場の情報に依存する言語の使い方であるBICSができたとしても、(9) のように、言語で構成される文脈が理解できないと解釈ができない現象が数多くあり、特に、学校で学ぶ教科学習では、「言語的文脈の中で概念を理解する」ことが求められるため、そうした言語の使い方であるCALPを身につけないと教科学習は十分にできないということになるのである。

こうした特徴付けが正しいとすれば、CALPの理解という観点からも、文脈指示に特化した研究である本書の成果はこうした方面にも応用できる可能性があると考えられる。

## 3. 本章のまとめ

本章では、日本語教育に対する本書の貢献について考えた。

最も重要なのは、「言い換え」に関するものである。言い換えやラベル貼りはアカデミックなテキストでよく用いられる。特に、「のだ」は頻用されるので、これらの特徴を理解することは日本語教育においても重要な意味を持つと言える。

また、外国にルーツを持つ子どもに対する日本語教育においても問題となるBICSとCALPの違いが指示詞の現場指示用法と文脈指示用法に対応することを指摘し、CALPの習得に対する本書の内容の応用可能性を示唆した。

---

*1 日本語では、「言い換え」はテキストのジャンルとも関連性を持っているようである。定量的な調査を行ったわけではないが、新聞では、言い換えは、スポーツ面やスポーツ新聞、署名記事、コラムなどに出やすく、事実を伝えるタイプの記事には出にくいと思われる。

*2 実際、(9) は視覚障害者でも解釈できるのに対し、(8) は視覚障害者だけでなく、指示対象が視野に入らない場合は誰も解釈できない。

# 参考文献

天野みどり（1993）「文脈照応「その」の名詞句解釈に果たす役割」『小松英雄博士退官記念日本語学論集』三省堂

天野みどり（2015）「格助詞から接続詞への拡張について」阿部二郎・庵功雄・佐藤琢三編『文章・談話研究と日本語教育の接点』くろしお出版

天野みどり（2016）「逸脱的「それが」文の意味解釈」藤田耕司・西村義樹編『文法と語彙への統合的アプローチ』開拓社

庵功雄（1995b）「語彙的意味に基づく結束性について」『現代日本語研究』2、大阪大学

庵功雄（1996b）「「それが」とテキストの構造」『阪大日本語研究』8 大阪大学

庵功雄（2002）「「この」と「その」の文脈指示用法再考」『一橋大学留学生センター紀要』5、一橋大学

庵功雄（2003）「見えない冠詞」『月刊言語』32–10

庵功雄（2007）『日本語研究叢書21 日本語におけるテキストの結束性の研究』くろしお出版

庵功雄（2011）「日本語記述文法と日本語教育文法」森篤嗣・庵功雄編『日本語教育文法のための多様なアプローチ』ひつじ書房

庵功雄（2012）『新しい日本語学入門（第2版）』スリーエーネットワーク

庵功雄（2013a）『日本語教育、日本語学の「次の一手」』くろしお出版

庵功雄（2013b）「「のだ」の教え方に関する一試案」『言語文化』50、一橋大学

庵功雄（2016a）『やさしい日本語』岩波新書

庵功雄（2017a）「テキスト言語学から見た『文の姿勢の研究』」庵・石黒・丸山編（2017）

庵功雄（2017b）『一歩進んだ日本語文法の教え方1』くろしお出版

庵功雄（2018）『一歩進んだ日本語文法の教え方2』くろしお出版

庵功雄（2019予定）「意味領域から考える日本語のテンス・アスペクト体系の記述」『言語文化』56、一橋大学

庵功雄・高梨信乃・中西久実子・山田敏弘（2001）『中上級を教える人のための日本語文法ハンドブック』スリーエーネットワーク

庵功雄・三枝令子（2013）『上級日本語文法演習 まとまりを作る表現』スリーエーネットワーク

庵功雄・石黒圭・丸山岳彦編（2017）『時間の流れと文章の組み立て 林言語学の再解釈』ひつじ書房

井川壽子（2012）『イベント意味論と日英語の構文』くろしお出版

池上嘉彦（1984）「テクストと言語学」『言語生活』393

石黒圭（2008）『日本語の文章理解過程における予測の型と機能』ひつじ書房

石黒圭（2014）「指示語に見るニュースの話し言葉性」石黒圭・橋本行洋編『話し言葉と書き言葉の接点』ひつじ書房

石黒圭（2017）「読解研究から見た『文の姿勢の研究』」庵・石黒・丸山編（2017）

市川孝（1978）『国語教育のための文章論概説』教育出版

井上ひさし（1984）『自家製文章読本』新潮文庫

井上史雄（1998）『日本語ウォッチング』岩波新書

井上優（2013）『そうだったんだ！日本語　相席で黙っていられるか』岩波書店

井上優（2015）「対照研究について考えておくべきこと」『一橋日本語教育研究』5、ココ出版

遠藤喜雄（2014）『日本語カートグラフィー序説』ひつじ書房

太田陽子（2014）『文脈をえがく』ココ出版

沖裕子（1999）「地域方言と社会方言」『日本語学』18–13

奥津敬一郎（1974）『生成日本文法論』大修館書店

小田涼（2012）『認知と指示』京都大学学術出版会

甲斐ますみ（1991）「「は」はいかにして省略可能となるか」『日本語・日本文化』17、大阪外国語大学

蒲谷宏・坂本恵・川口義一（1998）『敬語表現』大修館書店

神尾昭雄（1983）「名詞句の構造」『講座現代の言語第1巻 日本語の基本構造』三省堂

川口義一（2017）『もう教科書は怖くない!!日本語教師のための初級文法・文型完全「文脈化」・「個人化」アイデアブック 第1巻』ココ出版

金善美（2006）『韓国語と日本語の指示詞の直示用法と非直示用法』風間書房

金水敏（1985）「日本語のタクソノミーと指示」『談話行動のモデル化に関する認知科学的研究』昭和60年度科学研究補助金一般研究（B）研究成果報告書

金水敏（1995）「日本語のいわゆるN'削除について」『第三回南山大学日本語教育・日本語学国際シンポジウム報告書』

金水敏（1997）「日本語指示詞の歴史的変化」m.s.

金水敏・田窪行則（1990）「談話管理理論からみた日本語の指示詞」『認知科学の発展』3 講談社サイエンティフィック

金水敏・田窪行則（1992）「日本語指示詞研究史から／へ」金水・田窪編（1992）

金水敏・田窪行則編（1992）『日本語研究資料集　指示詞』ひつじ書房

工藤真由美（1995）『アスペクト・テンス体系とテクスト』ひつじ書房

久野暲（1973）『日本文法研究』大修館書店

久野暲（1978）『談話の文法』大修館書店

黒田成幸（1979）「（コ）・ソ・ア」について」『英語と日本語と』くろしお出版

児玉徳美（1991）『言語のしくみ』大修館書店

小松英雄（1999）『日本語はなぜ変化するか』風間書房

近藤泰弘（1992）「レ系指示詞の意味論的性格」『文化言語学』三省堂

坂原茂（2000）「英語と日本語の名詞限定表現の対応関係」坂原茂編『認知言

語学の発展』ひつじ書房

佐久間鼎（1936）『現代日本語の表現と語法』厚生閣

真田信治（1989）『日本語のバリエーション』アルク

柴谷方良（1978）『日本語の分析』大修館書店

正保勇（1981）「「コソア」の体系」『日本語教育指導参考書8　日本語の指示詞』国立国語研究所

白井賢一郎（1985）『形式意味論入門』産業図書

鈴木康之（1978）「ノ格の名詞と名詞とのくみあわせ（1）」『教育国語』55

田窪行則（1984）「現代日本語の場所を表す名詞類について」田窪行則（2010）『日本語の構造』くろしお出版に再録

田窪行則（1989）「名詞句のモダリティ」仁田・益岡編（1989）

田窪行則・木村英樹（1992）「中国語、日本語、英語、フランス語における3人称代名詞の対照研究」大河内康憲編『日本語と中国語の対照研究論文集（上）』くろしお出版

田窪行則・金水敏（1996）「複数の心的領域による談話管理」『認知科学』3–3

竹沢幸一（2016）「接続詞的「それが」の意味解釈は「それ＋が」から導出可能ではないのか」藤田耕司・西村義樹編『文法と語彙への統合的アプローチ』開拓社

田尻英三（1992）「日本語教師と方言」『日本語教育』76

建石始（2017）『日本語の限定詞の機能』日中言語文化出版社

田中望（1981）「「コソア」をめぐる諸問題」『日本語教育指導参考書8 日本語の指示詞』国立国語研究所

張麟声（2011）『新版中国語話者のための日本語教育研究入門』日中言語文化出版社

陳嫄如（2018）「日中両言語における名詞の照応と指示詞の省略に関する研究―名詞の個体性と文脈の連続性に着目して」『日本語／日本語教育研究』9、ココ出版

筒井道雄（1984）「「ハ」の省略」『月刊言語』13–5

堤良一（2012）『現代日本語指示詞の総合的研究』ココ出版

角田太作（2009）『世界の言語と日本語（改訂版）』くろしお出版

寺村秀夫（1968）「日本語名詞の下位分類」『日本語教育』12

寺村秀夫（1977a）「連体修飾のシンタクスと意味―その2―」寺村秀夫（1992）『寺村秀夫論文集Ⅰ』くろしお出版に再録

寺村秀夫（1977b）「連体修飾のシンタクスと意味―その3―」寺村秀夫（1992）『寺村秀夫論文集Ⅰ』くろしお出版に再録

寺村秀夫（1982）『日本語のシンタクスと意味Ⅰ』くろしお出版

寺村秀夫（1987）「聴き取りにおける予測能力と文法的知識」寺村秀夫（1993）『寺村秀夫論文集Ⅱ』くろしお出版に再録

遠山啓（1982）『初等整数論』数学評論社

長田久男（1984）『国語連文論』和泉書院

西山佑司（1990）「「カキ料理は広島が本場だ」構文について」『慶応大学言語文化研究所紀要』22、慶応大学

西山佑司（2003）『日本語名詞句の意味論と語用論』ひつじ書房

仁田義雄（1977a）「文の連文的側面」『大阪外国語大学学報39　文学編・言語編』大阪外国語大学

仁田義雄（1977b）「「文の文法」から「文を越える文法」へ」『佐藤喜代治教授退官記念国語学論集』桜楓社

仁田義雄（1988）「国語学から日本語学へ」『月刊言語』17-9

仁田義雄（1997）『日本語文法研究序説』くろしお出版

仁田義雄（2009）「語り物の中のモダリティ」『仁田義雄日本語文法著作選第2巻　日本語のモダリティとその周辺』ひつじ書房

仁田義雄・益岡隆志編（1989）『日本語のモダリティ』くろしお出版

野田春美（1997）『日本語研究叢書9「の（だ）」の機能』くろしお出版

野田尚史（1985）『セルフマスターシリーズ1「は」と「が」』くろしお出版

野田尚史（1989）「真性モダリティを持たない文」仁田・益岡編（1989）

野田尚史（1994）「日本語とスペイン語の主題化」『言語研究』105

野田尚史（1995）「ハとガ」宮島達夫・仁田義雄編『日本語類義表現の文法（上）』くろしお出版

野田尚史（1996）『新日本語文法選書1「は」と「が」』くろしお出版

野田尚史（2002）「単文・複文とテキスト」野田尚史・益岡隆志・佐久間まゆみ・田窪行則『日本語の文法4　複文と談話』岩波書店

バトラー後藤裕子（2011）『学習言語とは何か』三省堂

浜田麻里（1993）「ソレガについて」『日本語国際センター紀要』3、国際交流基金日本語国際センター

林四郎（1972）「指示代名詞『この』『その』の働きとその前後関係」『電子計算機による国語研究Ⅳ』国立国語研究所

林四郎（1973）『文の姿勢の研究』ひつじ書房から復刊（2013）

林四郎（1983）「代名詞が指すもの、その指し方」『朝倉日本語講座5運用Ⅰ』朝倉書店

春木仁孝（1985）「ルーマニア語の冠詞」『ロマンス語研究』18日本ロマンス語学会

春木仁孝（1991）「指示対象の性格からみた日本語の指示詞」『言語文化研究』17、大阪大学

福田嘉一郎（2016）「主題に現れうる名詞の指示特性と名詞述語文の解釈」福田嘉一郎・建石始編『名詞類の文法』くろしお出版

彭飛（2006）『日本人と中国人とのコミュニケーション』和泉書院

堀口和吉（1978）「指示語の表現性」『日本語・日本文化』8、大阪外国語大学

堀口和吉（1990）「指示詞コ・ソ・アの表現」『日本語学』9-3

前田直子（1995）「逆接を表わす「～のに」の意味・用法」『東京大学留学生センター紀要』5、東京大学

益岡隆志（1991）『モダリティの文法』くろしお出版

益岡隆志・田窪行則（1992）『基礎日本語文法（改訂版）』くろしお出版

三上章（1953）『現代語法序説』くろしお出版から復刊（1972）

三上章（1955）『現代語法新説』くろしお出版から復刊（1972）

三上章（1960）『象は鼻が長い』くろしお出版

三上章（1970）『文法小論集』くろしお出版

水本篤・竹内理（2010）「効果量と検定力分析入門」『よりよい外国語教育研究のための方法』外国語教育メディア学会関西支部

三井さや花（2013）「英語母語話者による日本語名詞複数形の産出について」『日本語教育』154

南不二男（1974）『現代日本語の構造』大修館書店

三原健一（1994）『日本語の統語構造』松柏社

宮島達夫（1983）「日本語とヨーロッパ語の移動動詞」宮島達夫（1994）『語彙論研究』むぎ書房に再録

宮島達夫（1985）「ドアをあけたが、あかなかった」宮島達夫（1994）『語彙論研究』むぎ書房に再録

三好伸芳（2017）「カキ料理構文における「XのZ」の意味的関係」『日本語文法』17–2

安井稔・中村順良（1984）『現代の英文法10　代用表現』研究社出版

安井稔編（1987）『現代英文法事典』大修館書店

山崎誠（2017）『テキストにおける語彙的結束性の計量的研究』和泉書院

山田孝雄（1908）『国語文法論』宝文館

山梨正明（2017）『新版推論と照応』くろしお出版

渡辺実（1971）『国語構文論』塙書房

Barker, C.(1995) *Possessive descriptions*. Kurosio Publishers.

Benveniste, É.(1966) *Problèmes de linguistique générale*.1 Édition Gallimard.（岸本通夫監訳 (1983)『一般言語学の諸問題』みすず書房）

Carlson, G.N.(1977) "A unified analysis of the English bare plural", *Linguistics and Philosophy*. 1

Chafe, W. L.(1994) *Discourse, consciousness, and time*. The University of Chicago Press.

Chafe, W.L.(ed.)(1980) *The Pear Stories*. Norwood, NJ: Ablex.

Chesterman, A.(1991) *On definiteness*.Cambridge University Press.

Chomsky, N.(1970) "Remarks on nominalization", in J., R. A. & Rosenbaum, P.S. (eds.) *Readings in English transformational grammar*. Ginn.

Corblin, F.(1983)"Défini et démonstratif dans la reprise immédiate", *Le français modern*. 51–2

de Beaugrande, R.A.& Dressler, W. U.(1981) *Introduction to text linguistics*. Longman.

Diessel, H.(1999) *Demonstratives*. (Typological Studies in Language 42), John Benjamins.

Frajzyngier, Z.(1991)"The de dicto domain in language", Traugott, E. C. & Heine, B. (eds.) *Grammaticalization* I. (Typological Studies in Language17) John Benjamins.

Fukui, Naoki(1995) *Theory of projection in syntax*. Kurosio Publishers.

Givón, T.(1983) "Topic continuity in spoken English", Givón, T.(ed.) *Topic continuity in discourse*. (Typological Studies in Language 3) John Benjamins.

Givón, T.(1984) *Syntax* I. John Benjamins.

Givón, T.(1985)"Iconicity, isomorphism and non-arbitrary coding in syntax",

Haiman, J.(ed.)*Iconicity in syntax*. John Benjamins.

Greenberg, J. H.(1991) "The last stages of grammatical elements; contrastive and expressive desemanticization", Traugott, E. C. & Heine, B.(eds.) *Grammaticalization* I. (Typological Studies in Language 17) John Benjamins.

Grice, H.P.(1975) " Logic and Conversation", in Cole, P. & Morgan, J.(eds.) *Syntax and semantics*. Academic Press.

Grimshaw, J.(1990) *Argument structure*. The MIT Press.

Halliday, M. A. K.(1994) *An introduction to functional grammar*.(2nd Edition). Edward Arnold.

Halliday, M. A. K. & R. Hasan (1976) *Cohesion in English*. Longman.

Harada, S.- I.(1973) "Counter EQUI-NP deletion", *Annual Bulletin*. 7, 東京大学

Hawkins, J. A.(1978) *Definiteness and indefiniteness*. Croom Helm.

Higginbotham, J.(1984) "Indefiniteness and predication", in Reuland, E. J. & ter Meulen, A. G. B. (eds.)*The representation of (in)definiteness*. The MIT Press.

Himmelmann, N. P.(1996) "Demonstratives in narrative discourse" in Fox, B. (ed.) *Studies in anaphora*. (Typological Studies in Language 33) John Benjamins.

Hinds, J.(1986) *Situation vs. Person Focus*. くろしお出版

Hopper, Paul J.(1979) "Aspect and foregrounding in discourse" in Givón, T.(ed.) *Discourse and syntax*.(Syntax and Semantics 12) Academic Press.

Iori,I.(2017) "A brief survey of functional differences between the "topic" marker *wa* and the "subject" marker *ga* in modern Japanese", *Hitotsubashi Journal of Arts and Sciences*. 58–1, 一橋大学

Iori, I.(2018) " A Comparative Study of the Tense-Aspect System between Japanese and English: As a Basis of Pedagogic Grammar of Japanese Using Learners' Knowledge of their Mother Tongue", *Hitotsubashi Journal of Arts and Sciences*. 59–1, 一橋大学

Jakobson, R.(1957) "Shifters and verbal categories", Reprinted in Waugh, L., R. & Monique Monville-Burston (eds.)(1990) *On language*. Harvard University Press.

Keenan, E. L. & Comrie, B.(1979) "Noun phrase accessibility and universal grammar", *Linguistic Inquiry*. 8–1

Kuroda, S.-Y.(1965) "Generative grammatical studies in the Japanese language". Ph.D. Dissertation. M.I.T.

Kuroda, S.-Y.(1972) "The categorical and the thetic judgement", *Foundations of Language*. 9.

Leech, J.(1983) *The principles of pragmatics*. Longman.

Levinson, S.C.(1983) *Pragmatics*. Cambridge University Press.

Lyons, J.(1977) *Semantics* II. Cambridge University Press.

Ochs, E.(1979) "Planned and unplanned discourse" in Givón, T.(ed.) *Discourse and syntax*.(Syntax and Semantics 12) Academic Press.

Prince, E.F.(1981) "Toward a taxonomy of given-new information" in Cole, P.

(ed.) *Radical Pragmatics*. Academic Press.

Saito, M. & Murasugi, K.(1990) "N'-deletion in Japanese" in Hoji, H.(ed.) *Japanese-Korean linguistics*. SLA Stanford.

Shibatani, M.(1990) *The languages of Japan*. Cambridge University Press.

Stoddard, S.(1991) *Text and texture*.(Advances in Discourse Process XL) Ablex Publishing Corporation.

Tsutsui, M.(1983) "Ellipsis of ga", *Papers in Japanese linguistics*. 9, くろしお出版

Widdowson, H.G.(1978) *Teaching language as communication*. Oxford University Press.

Yoshimoto, Kei(1986) "On demonstratives KO/SO/A in Japanese"『言 語 研 究』90（＝吉本啓（1992）「日本語の指示詞コソアの体系」）金水・田窪編（1992）


### 本書のもとになった論文（上記のものを除く）

庵功雄（1993）「「この」と「その」の文脈指示用法の研究」1992 年度大阪大学文学研究科修士論文

庵功雄（1994a）「結束性の観点から見た文脈指示」『日本学報』13、大阪大学

庵功雄（1994b）「定性に関する一考察」『現代日本語研究』1、大阪大学

庵功雄（1995a）「テキスト的意味の付与について」『日本学報』14、大阪大学

庵功雄（1995c）「コノとソノ」宮島達夫・仁田義雄編『日本語類義表現の文法（複文・連文編)』くろしお出版

庵功雄（1995d）「ソノ N とソレ」宮島達夫・仁田義雄編『日本語類義表現の文法（複文・連文編)』くろしお出版

庵功雄（1996a）「「それが」とテキストの構造」『阪大日本語研究』8、大阪大学

庵功雄（1997a）「「は」と「が」の選択に関わる一要因」『国語学』188

庵功雄（1997b）「国語学・日本語学におけるテキスト研究」『言語とコミュニケーションに関する研究概観』平成 8 年度文部省科学研究費補助金基盤研究（B）（1）（企画調査）研究成果報告書

庵功雄（1997c）「日本語のテキストの結束性の研究」1997 年度大阪大学文学研究科博士学位取得論文、大阪大学

庵功雄（2012）「指示表現と結束性」澤田治美編『ひつじ意味論講座第 6 巻意味とコンテクスト』ひつじ書房

庵功雄（2016b）「近代語から現代語における名詞修飾に関わる言語変化についての一考察—1 項名詞に前接する限定詞を例に—」福田嘉一郎・建石始編『名詞類の文法』くろしお出版

庵功雄（2017c）「限定詞「この」と「その」の機能差再考—大規模コーパスを用いた検証—」森山卓郎・三宅知宏編『語彙論的統語論の新展開』くろしお出版

Iori, Isao(1997c) "The effect of inherent characteristics of nouns on co-reference", 『阪大日本語研究』9、大阪大学

Iori, Isao(2013) "Remarks on some characteristics of nouns in Japanese", *Hitotsubashi Journal of Arts and Sciences*. 54-1, 一橋大学

Iori, Isao(2015) "What can the research on Japanese anaphoric demonstrative contribute to general linguistics?", *Hitotsubashi Journal of Arts and Sciences*. 56-1, 一橋大学

# あとがき

　本書の執筆動機は、現代日本語文法研究（日本語学）の再活性化にある。庵（2013a）で述べたように、筆者は、現在の日本語学（特に記述的研究）は停滞しており、その状況を打破するためには、一般言語学への貢献と、日本語教育のための文法研究という日本語学の建学の精神に立ち返る必要があると考えている。

　このうち、後者の立場からの研究としては、庵（2019予定）、Iori（2014, 2018）などにおいて、日本語教育文法の立場からの研究が一般言語学的貢献をなすことが可能であることを示してきた。

　本書は、前者の立場から、日本語学の再活性化の起爆剤となることを企図したものである。

　本書の執筆動機をひつじ書房の松本功氏に伝えたところ、前著（庵2007）において理論的な記述を行っている前半部分に焦点を当てた研究書の出版を勧めてくださった。その後、本書出版までにかなりの時間を要したが、これは全て筆者の責任によるものである。

　言語学的研究は他言語の研究者に共有されなければ真価を発揮できない。それには英語での発信も必要となろう。筆者自身、一橋大学の英文紀要において日本語学に関する拙論を公開しているが、本書の内容の一部もIori（2013, 2015）として公刊している。

　庵（2012）の「初版あとがき」に記したように、筆者は、言語学の目的を「神様が作ったパズルを解く」ことと考えている。ことばというパズルは複雑で、筆者の手に余ることは明らかである。筆者にできることは、ともにパズルを考えてもらえるように世界中の研究者に材料を提供することだけであり、本書の目的もこの点にある。この考えを読者のみなさまにも共有していただければと願っている。

　本書をなすに当たって、ひつじ書房の松本功氏と兼山あずさ氏に

大変お世話になった。記して心より感謝申し上げます。

　本書の出版に際し JSPS 科研費 18HP5066 の助成を得た。本書は科研費 18H00694（研究代表者：大津由紀雄）の研究成果の一部でもある。

2019 年 2 月

庵　功雄

# 索　引

## A-Z

Benveniste　55
BICS　254
CALP　254
categorical judgement　234
Chafe　44
coherence　31
cohesion　29
DOR　177
ellipsis　240
Field　8, 43
Givón　85
grammaticality　27
Halliday　237
Halliday & Hasan　53
ill-formed　27
L1　9
L2　9
LDD　196, 201, 249
Leech　51
Mode　8, 43, 47
ne　201
se　201
substitution　240
Tenor　8, 43
Textually evoked　25
thetic judgement　234
well-formed　27
Widdowson　30, 31, 56

## あ

曖昧さの解除　224
アスペクト　90

ある　22

## い

言い換え　102, 117, 198, 251, 252
依存　81
一貫性　31, 42, 52, 56
1項名詞　6, 86, 87, 145, 151, 177
逸脱的「それが」　215
一般言語学　4
一般名詞　234
意味　9
意味フィールド　237
意味領域　9

## う

運用論　58

## え

描かれた現場　76
Xバー理論　150
Nバー　150
F−定冠詞　201
遠距離照応　105

## か

外延　130
外延的限定詞　123, 199
外国にルーツを持つ子ども　254
開文脈　41, 52
書きことば　44
数　18

ガノ可変　95
関係づけられ度　177
冠詞　15, 249
間接経験領域　66
間接照応　176, 186
完成相　90
含蓄的意味　39
定冠詞　196
観念構成的メタ機能　8
観念指示　76
間文的　149

―――
## き

聞き手　15, 16
記号　56, 254
規則　51
気づかれない（気づかれにくい）方言　37
機能主義　4, 7
機能的定冠詞（F‐定冠詞）　199, 249
規範　42
逆接　129, 212
逆接的な意味関係　131
旧情報　130
教科学習　255
狭義文脈指示　73
境遇性　47, 82
強調表現　221
近代語　161

―――
## く

黒田成幸　85

―――
## け

形式　9
形式主義　7, 9
形式的な指標　31
結束的な単位　34
結束性　4, 29, 52, 56, 71
結束性理論　156

結束性に基づく文脈指示　73
結束装置　81
結束的　29
結束力　145
言語教育　8, 247
言語教育のための対照研究　9
言語的文脈　38, 54, 82
言語理論のための対照研究　9
現代語　160
現代日本語書き言葉均衡コーパス（BCCWJ）　133, 160
限定詞　25
現場指示　62, 75

―――
## こ

語彙的意味　213
語彙的結束性　156, 157, 177
項　84
広義文脈指示　73
後景　91
項構造　150
恒時　16
構造標示　154
項の非出現　248
コ系統　152, 235
この　110, 123, 159, 199
「この‐が」型　132
「この‐は」型　128, 131
個別言語　4
コマ（カット）　90, 91
固有名詞　16
語用論　51, 52, 245
これ　154

―――
## さ

先触れ語　221
指し方　206, 207
サマ主格変遷構文　215
産出のための文法　246

## し

自己充足型テキスト　44
指示　55, 207, 223, 234, 238
指示詞　61, 229
指示性　228
指示対象　130, 206, 207
指示的　214, 234
「指示」的　234
「指示」的接続詞　229
指示トリガー・ハイアラーキー　68
指示表現　62, 81, 88
辞書項目　57
視線　254
実時間内処理可能性　245
知っている　16
指定指示　99, 159
指定部　150, 151
視点遊離指示　76
始発文　142
磁場表現　82, 88
指標　82, 88, 213
子文　222, 227
修飾語　172
柔軟性　7
主題　8
主題化構文　225, 226
順接　212
上位型の言い換え　102
照応　54, 176
状況依存的　44
状況への依存度　44
省略　55, 84, 85, 86, 240, 248
所有傾斜　180
所有者敬語　180
所有者表示　188, 190
所有物　183
知らない　16
自律的　36, 59
しりとり　139
新情報　130
真性モダリティを持たない文　222,
　226, 230

## す

親族名詞　17, 189
人名詞　184

推論　176
図示　94

## せ

生産物　182
接続詞　229
接近可能性の階層　224
絶対指示　75, 76
ゼロ　85, 117, 159
ゼロ形式による代用　86
0項名詞　144, 151, 177
ゼロ指示　114
ゼロ代名詞　85
ゼロ名詞句　62
線過去　95
前景　91
先行詞　63
前出の　107

## そ

そ　163
層　8
総称名詞　16
相対名詞　145
そうですかテスト　144
属性　130
その　124, 159
「その－が」型　129, 131
「その－は」型　132
それ　154, 228
それが　209
それで　231
それなのに　219, 232
それにもかかわらず　219, 232
それを　218

索引　269

## た

題　100
第一言語　9
第一発話　28, 55, 85, 142
代行指示　159, 220
対照　4
対照研究　8, 247
対人関係的メタ機能　8
第二言語　9
対比　212
typeレベル　178
太陽コーパス　161
代用　55, 86, 207, 220, 223, 234, 238
代用的接続詞　231, 232
対立型　62
卓越性　69
タクシス　89, 90, 93
タ形　91
正しい　27
脱状況的　44
他動性　8
誰か　22
単一文　151
単純時　92
単数　18
談話管理理論　64, 66

## ち

地域的変異　36
知識管理に属する文脈指示　67
着衣　182
直示中心　45
直示表現　47, 62
直接経験領域　66
直接照応　176, 186
チョムスキー　7

## つ

通時的変異　36
作りの良さ　35
作りの悪さ　27, 35
って　16
つながり　28, 29

## て

定　15
定化　112, 172
定可能性　21
定冠詞　15, 20, 197, 198, 199, 202, 203, 248
定情報　23, 24
定性　15, 20
テキスト　8, 29
テキスト外指示　54, 75
テキスト形成機能　93
テキスト言語学　50, 245
テキスト受信者　32
テキスト送信者　32
テキストタイプ　44, 52
テキスト的メタ機能　8
テキスト的意味　101, 212, 214
テキスト的意味の付与　112
テキスト内指示　54, 74, 75
テキストの構造化　94
テキスト文法　53
テキストレベル　207
適用可能性　238
デフォルト的指示　23
デフォルトの意味関係　129, 131
点過去　95
テンス　90
テンスを越える照応　171

## と

という　16, 165
同一名詞句削除　224
統語的変異　36
統語的定冠詞（S-定冠詞）　197, 199, 249
統語論レベル　207
動詞句代用　221

透明 116
特定 21
tokenレベル 178
トコロ性 86
トピック 100
トピックとの関連性 100, 107, 108,
110, 119

## な

内包 130
内包型の言い換え 102
内包的限定詞 124, 199
なのに 233

## に

二重ヲ格制約 234
日本語学 3
日本語教育 251
日本語教育文法 3
にもかかわらず 233
認識的モダリティ 93
人称 55

## の

のだ 91, 253

## は

派生名詞 146
発話時を基準とする相対的時名詞 149
発話内行為 31
発話役割 55
話しことば 44
話し手 21
場面性 51
林四郎 56
パラミター 148
ハリデー 4, 7
反省時 92
範列的 208

## ひ

非一貫性 42
非逆接 129, 212
非逆接的意味関係 131
非結束的 30
非言語的要素 254
非自己充足型テキスト 44
非指示性 231
非指示的 214, 229
非出現 85
被制御 178
非単一文 152
非＝人称 55
非文法性 42
非文法的 42
非飽和名詞句 148
百科事典的知識 32, 39, 46

## ふ

フィンランド語 200
付加語 170
複数 18
不定 15
不定冠詞 15
不定時を基準とする相対的時名詞 149
不透明 116, 117
不特定 21
プロトタイプ 36
文法 4, 36, 51, 52, 53, 245
文法化 203
文法性 27, 35, 52
文法的 35
文法能力 36
文脈 35
文脈化 58, 59
文脈指示 63, 71

## へ

閉文脈 38, 52
変数 88

## ほ

法　8
飽和名詞句　148

## ま

マーカー　196

## み

未完成相　90

## む

無標　212, 213
無文脈　35, 40, 52

## め

名詞句代用　220
名詞句による言い換え　251
名詞の項構造　150
命題による展開　31
メッセージの出発点　69

## も

持ち込み　101
持ち込み詞　58
モニター　36

## ゆ

唯一性条件　197, 199, 249
融合型　63
有標　212, 213
有文脈　40
指さし　62
ゆれ　36

## よ

要素　56
予測　246
予測裏切り　210, 212, 213, 219
予測裏切り性　216, 232

## ら

ラベル貼り　103, 167, 251, 252

## り

理解のための文法　245, 246
離散的　44, 52
論理的デフォルト的定　196

## る

ル形　91

## れ

レ系指示詞　154, 215
レジスター　8, 43
連結詞　151, 152, 154, 230, 235

庵功雄（いおり いさお）

略歴

1967年大阪府生まれ。大阪大学文学研究科博士後期課程
修了。博士（文学）。大阪大学文学部助手、一橋大学留学
生センター専任講師などを経て、現在一橋大学国際教育交
流センター教授。専門はテキスト言語学、日本語学、日本
語教育。

主な著書

『日本語におけるテキストの結束性の研究』（くろしお出版、
2007年）『一歩進んだ日本語文法の教え方1，2』（くろし
お出版、2017、2018年）、『新しい日本語学入門（第2
版）』（スリーエーネットワーク、2012年）、『やさしい日
本語』（岩波書店、2016年）など。

ひつじ研究叢書〈言語編〉第157巻
日本語指示表現の文脈指示用法の研究

Study of the Anaphoric Usage of Demonstrative
Expressions in Japanese
Iori Isao

| | |
|---|---|
| 発行 | 2019年2月20日　初版1刷 |
| 定価 | 5200円＋税 |
| 著者 | ©庵功雄 |
| 発行者 | 松本功 |
| ブックデザイン | 白井敬尚形成事務所 |
| 組版所 | 株式会社 ディ・トランスポート |
| 印刷・製本所 | 株式会社 シナノ |
| 発行所 | 株式会社 ひつじ書房 |

〒112-0011　東京都文京区千石2-1-2 大和ビル2階
Tel: 03-5319-4916　Fax: 03-5319-4917
郵便振替 00120-8-142852
toiawase@hituzi.co.jp　http://www.hituzi.co.jp/

ISBN978-4-89476-957-1

造本には充分注意しておりますが、落丁・乱丁などがございましたら、
小社かお買上げ書店にておとりかえいたします。
ご意見、ご感想など、小社までお寄せ下されば幸いです。